紹興大典 史部

康熙紹興府志 4

中華書局

紹興府志卷之十七

水利志附圖

海塘圖
臨山衛
西門鋪
斷塘
韓家村
老寨
四門鋪
弟四門
汝仇湖
道塘基
道塘鋪
方家路
周家路
王家路
干家路
周郎巷
化龍鋪
歷山
張家路
許家路
崔家路
首官街
樸山
官山嶺
傍家路
三山所
白沙路
蔡山墩
吳山墩
龍山

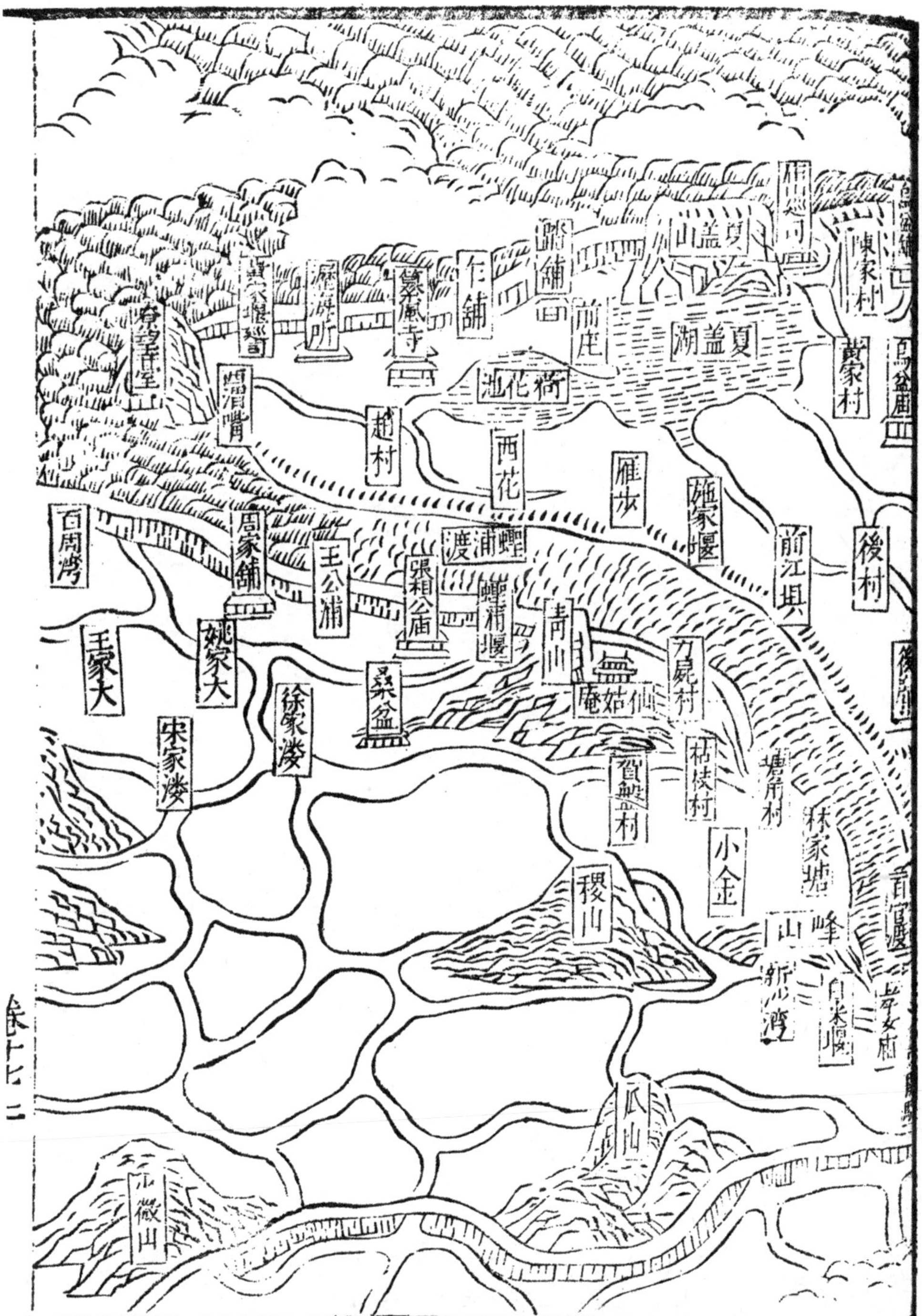
夏蓋山
夏蓋湖
前庄
荷花池
陳家村
黃家村
趙村
西花
雁步
施家堰
前江壩
後村
周家鋪
王公浦
張相公廟
蟶浦渡
蟶浦堰
青山
仙姑庵
桑盆
姚家大
王家大
徐家溇
宋家溇
賀盤村
稷山
小金
林家塘
峰山
白米堰
孝女廟
瓜山

三江閘圖
禹廟
三江巡司
大海
巫山
三江所
陸路舖

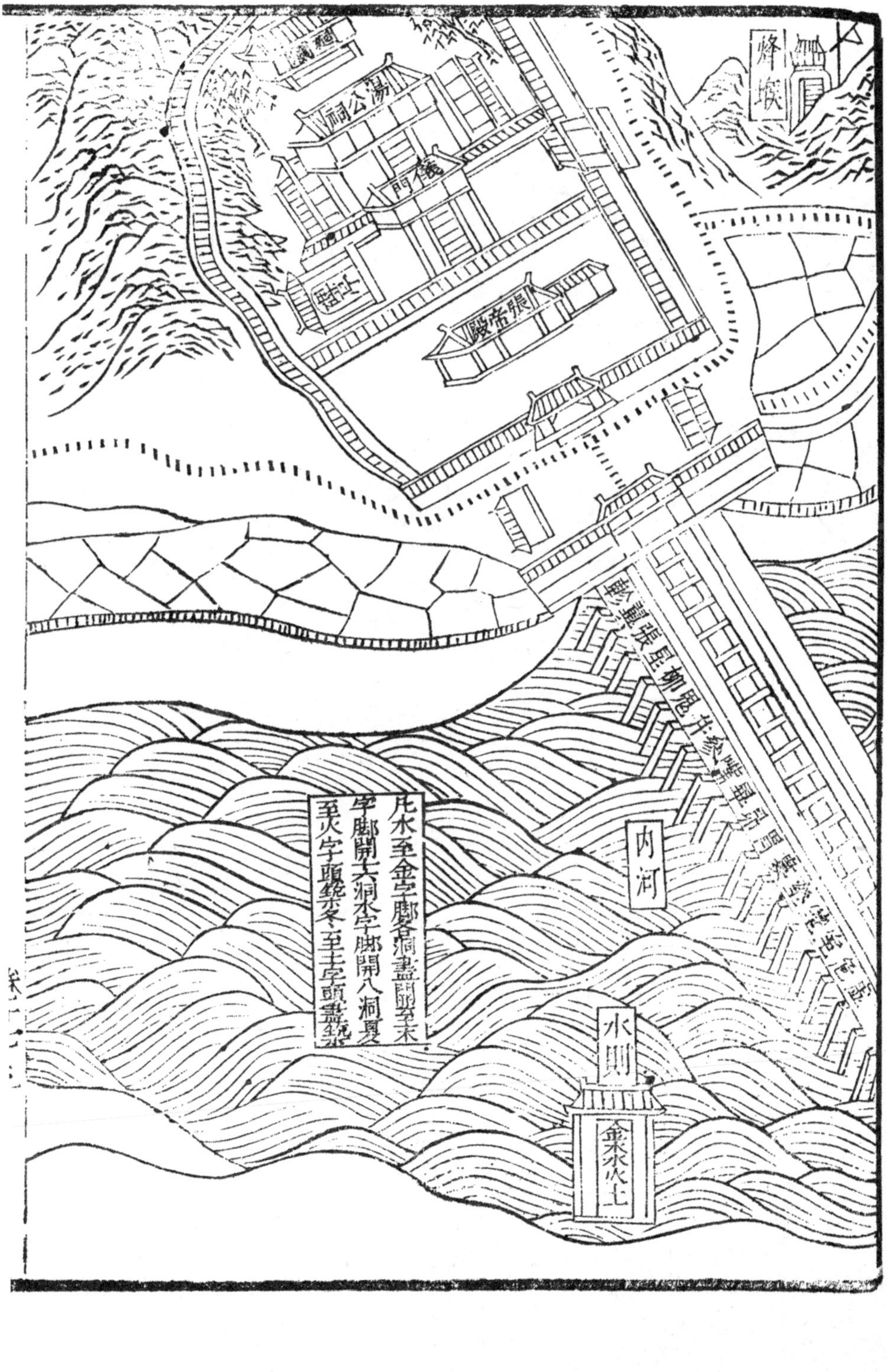
烽墩
湯公祠
儀門
張帝殿
軫翼張星柳鬼井參
內河
凡水至金字腳各洞盡開至木字腳開十六洞水字腳開八洞夏至火字頭築冬至土字頭盡築
水則
金木水火土

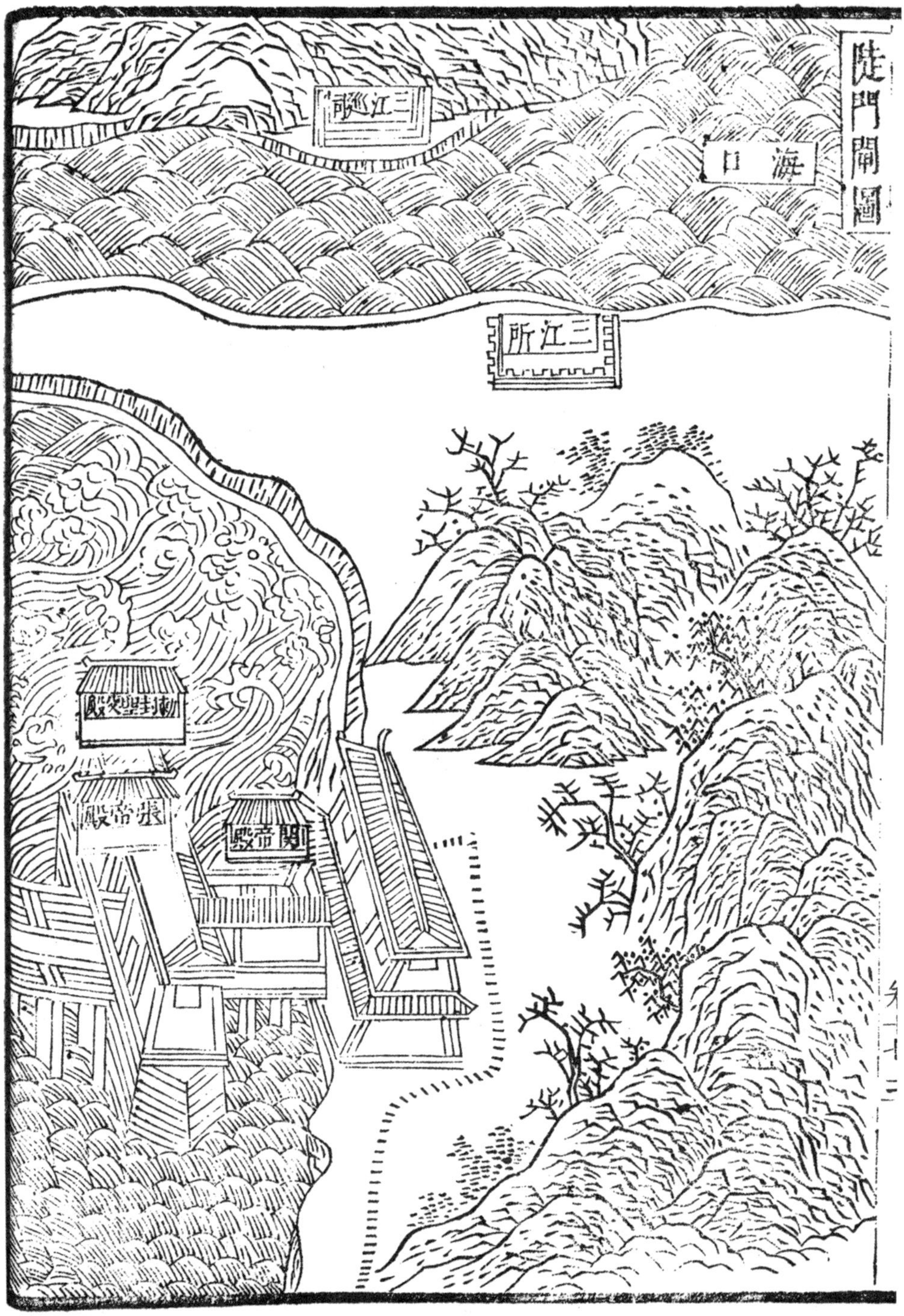
陡門閘圖
海口
三江巡司
三江所
張帝殿
關帝殿

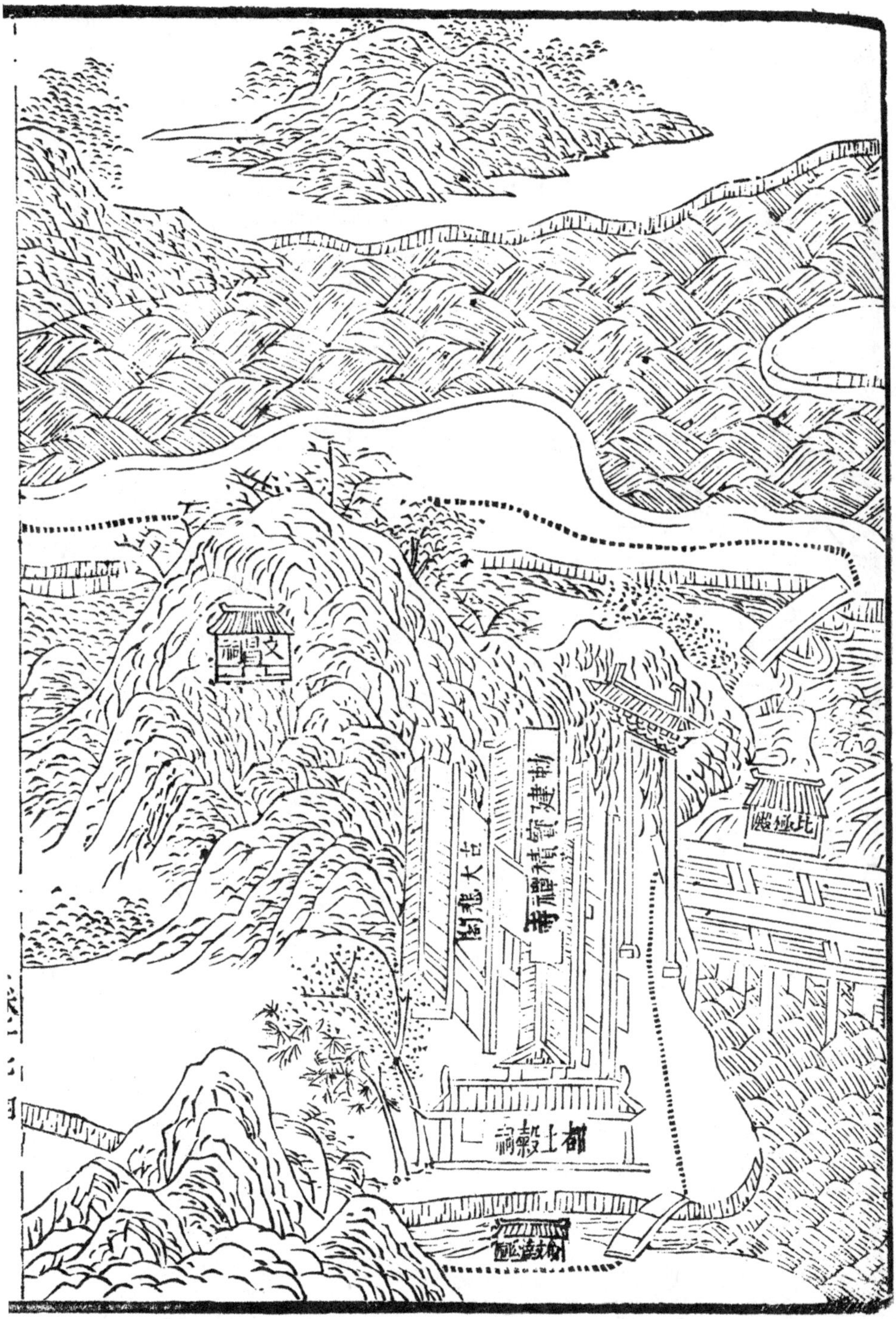
文昌祠
勅建寶積禪寺
古大悲閣
都土穀祠

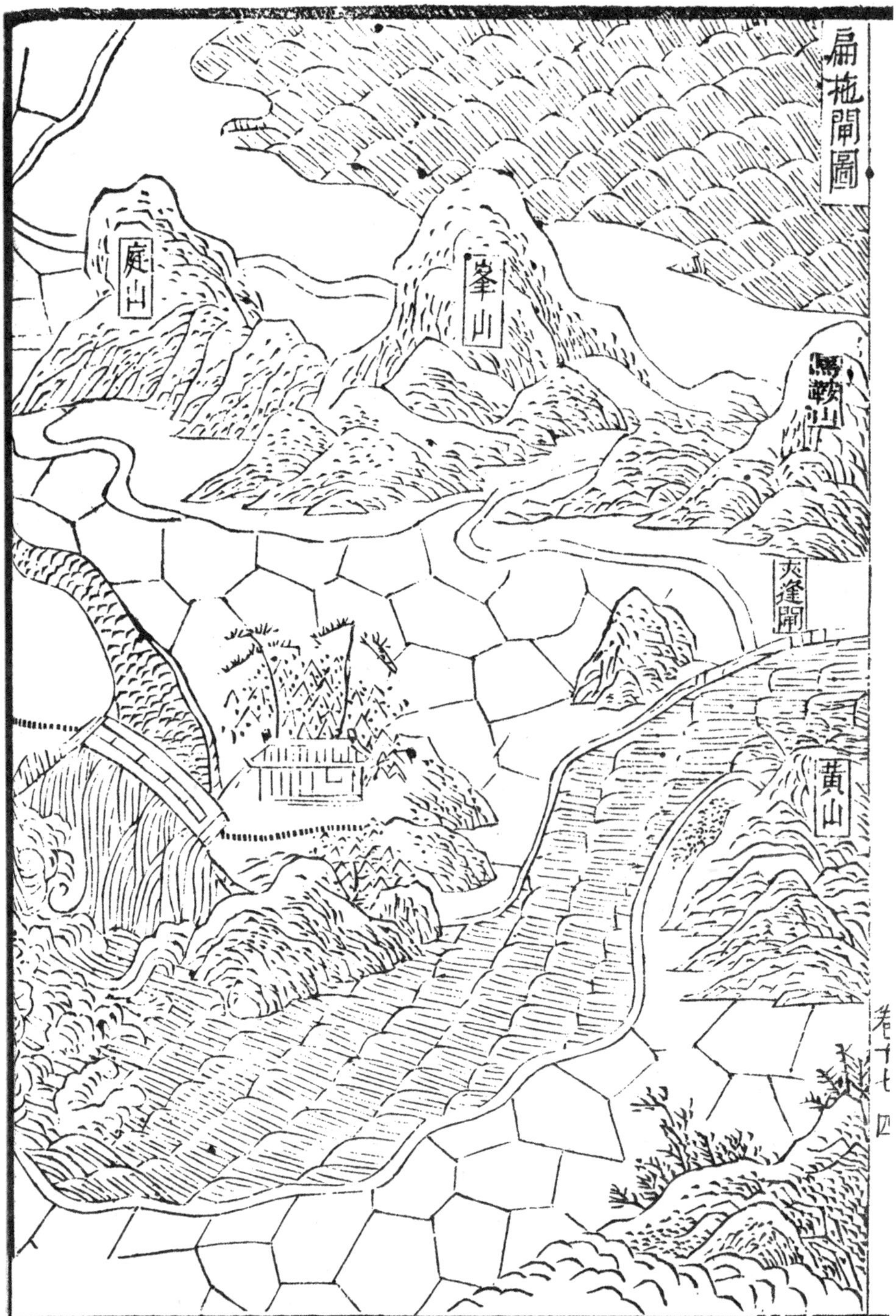
扁拖閘圖
庭山
峯山
馬鞍山
夾篷閘
黄山

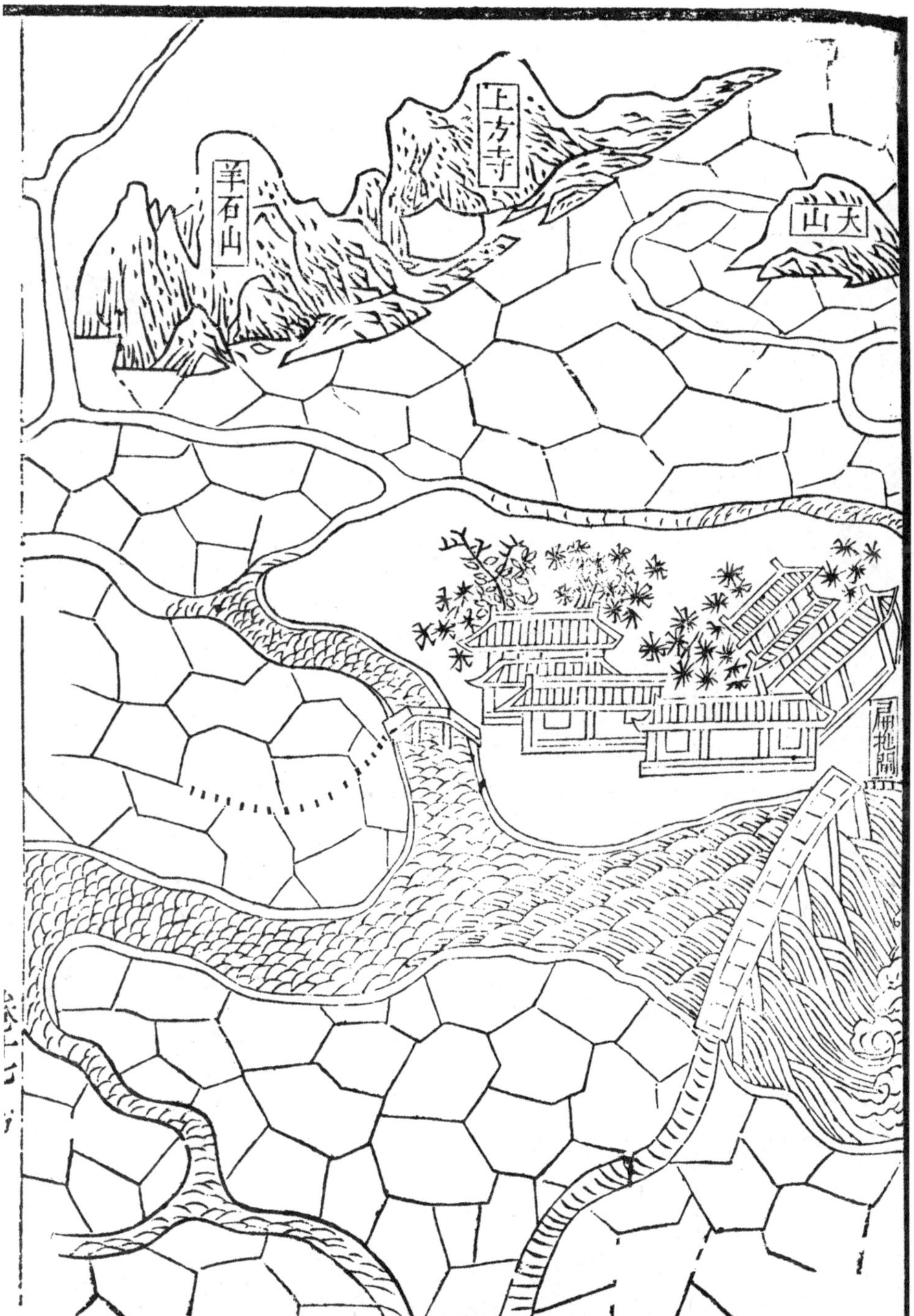
上方寺
羊石山
大山
扁拖閘

長山閘圖

龕山
長山
英濟祠

龕山閘圖

卷十七　七

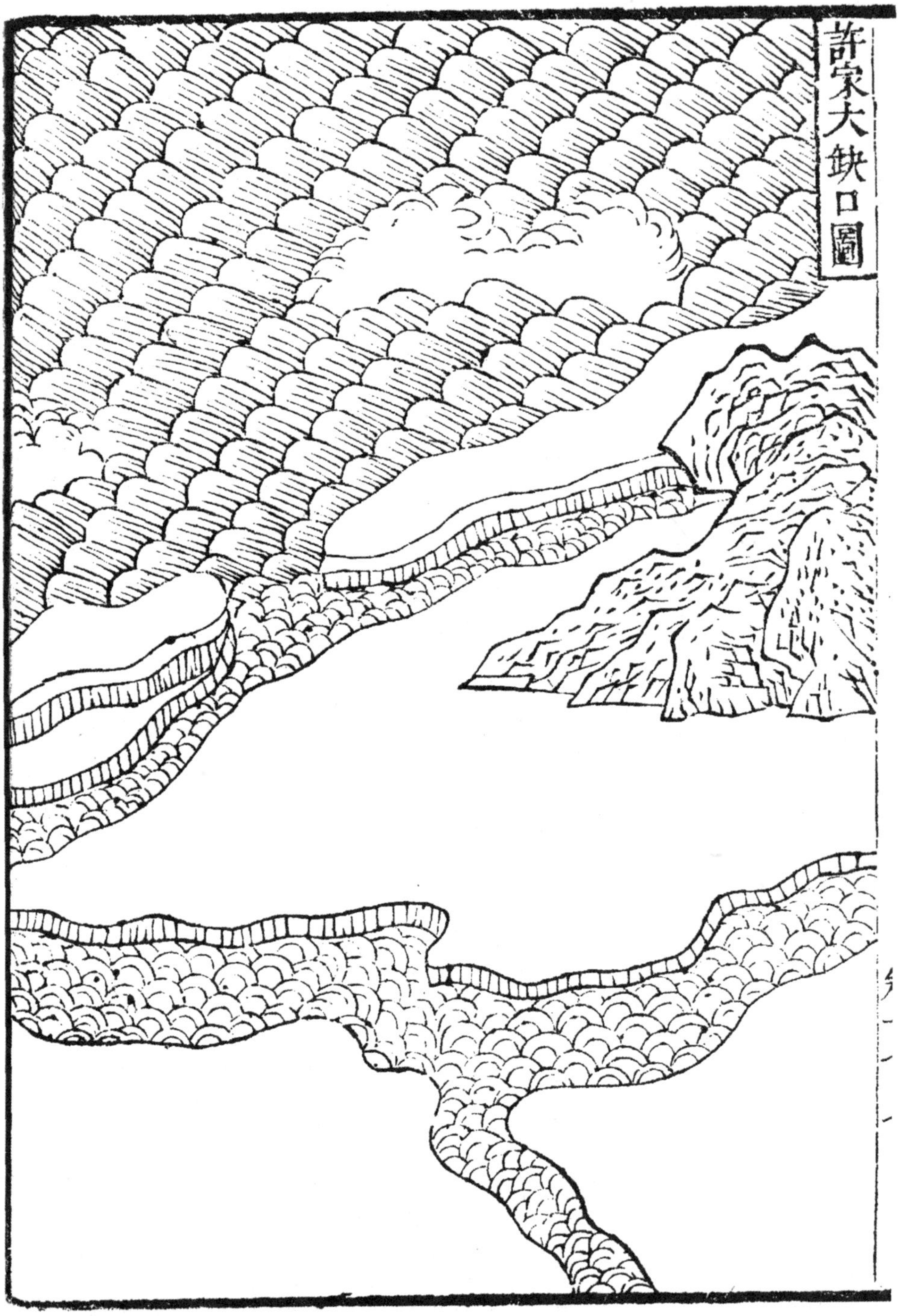
許家大缺口圖

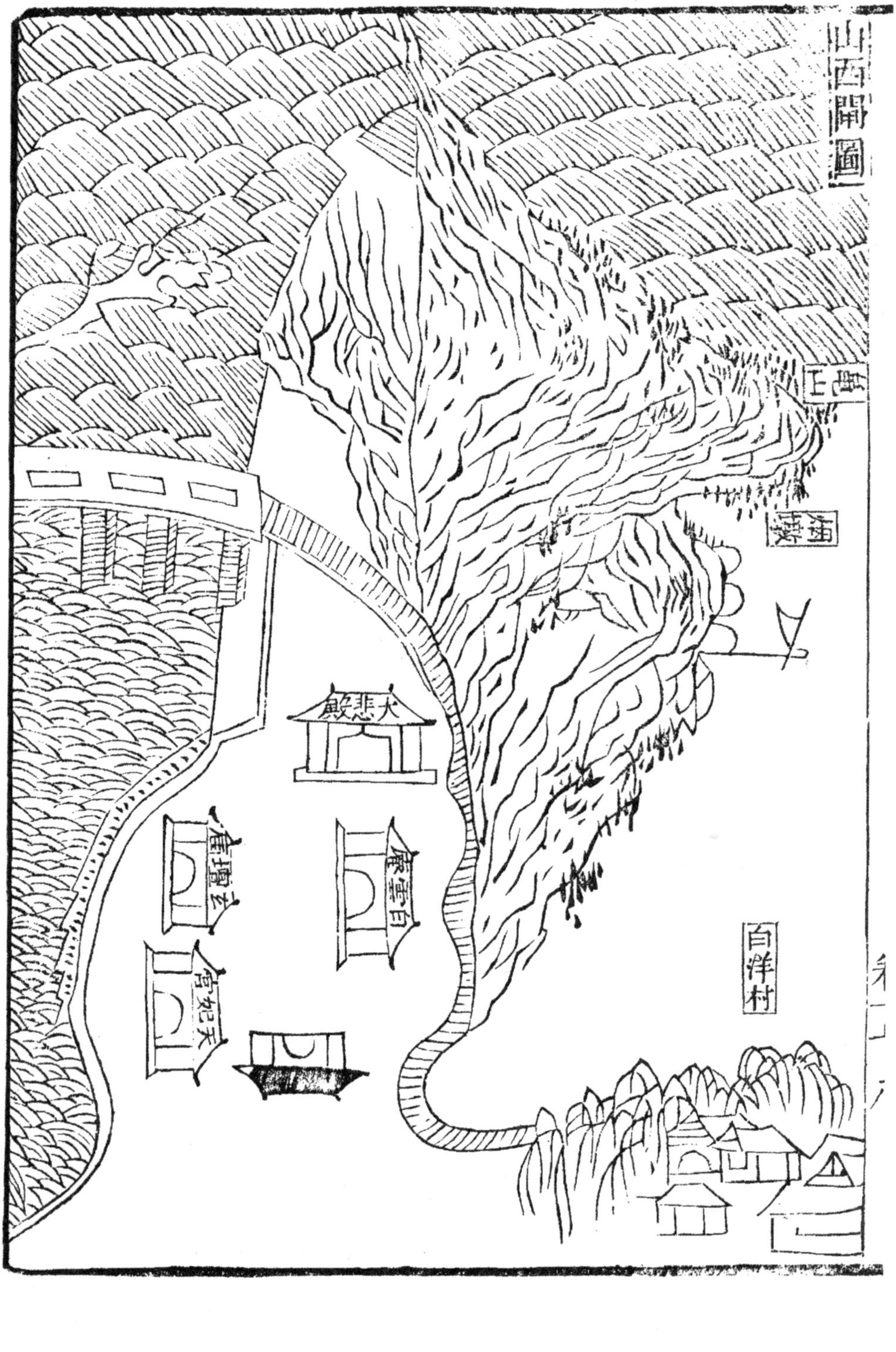
山西閘圖
大悲殿
白雲庵
玄壇庵
天妃宮
白洋村

小亹
倉林村
內河
山西村

紹興府志卷之十七

水利志二

隄塘　壩　閘斗門　堰　砩　水碓

隄塘海塘最長而工力大起蕭山之長山抵餘姚之上林接慈谿至定海逶迤五百餘里中更七縣而五爲紹興境

蕭山北海塘在縣東北新林白鶴兩鋪之間長二十里西是長山之尾東接龕山之首爲海水出沒之衝邑之汙鄉屢被患焉宋咸淳中塘爲風潮所齧盡圮

千海越帥劉艮貴移入田内築之植柳萬餘株名萬柳塘明洪武初又傾于風潮知縣王國器疏聞命下合鄰府諸縣夫力築之於切患處易土以石三十二年復壞主簿師整增築四千餘丈弘治八年潮又齧隄幾圯太守游興以聞事下參政韓鎬議屬同知羅璞督工築爲石堤今其石已蕩然漂没無復存矣而洪武初所築塘水落時猶或見其樁石之跡焉萬曆十四年海潮大作漸洗入西興進舊址數十丈漂民居數百家民爭毁屋以避知府蕭良榦大發樁石築

之通判卜鎧董其役長三百餘丈高一丈六尺二寸用石板十八層毎層石高九寸其費請於朝取諸倉穀及庫羨并派蕭山田畝八釐山會田畝三釐兩院復捐贖金數百两之總約費二萬金云

宋黃震記

咸淳六年庚午秋海溢浙東新林被虐爲甚岸址蕩無存矣太守劉公具以其狀聞朝廷亟爲遣吏經度議改築新塘計費用石當緡錢三百萬用土費十之一公以力未及石請用土而故地弃爲一壑潮汛翕忽土立輙湍去公親臨按視禱之神曰此朝廷所加念者願有以相之未幾沙果驟漲始得立巨松數萬如櫛爲外捍吏民讙譟舂鍤雲與四閱月而工役就其高踰丈其廣六丈其長千九十丈横亘彌望屹若天成公率僚吏行塘上釃酒相賀曰非朝廷之賜不及此而川后效靈其忠亦不可忘也命立之祠且植柳萬株扁曰萬

飄塘以冀歲久根蟠塘以益固既而念不可忘日葺也復請之朝籍新林寨兵屬之西興都巡檢使任責焉

（明）魏驥築堤論　天吳若作孽壞此長江堤沃壤變斥鹵平地成深池况值天雨雪敢及農興時迺年轉豐歲須在人維持顧此長堤壞不葺害無涯鄉老訢縣官縣官惟戲嘘至委十大戶大戶不敢違大戶雖竭力十家豈能支樁石且不備夫匠尤甚虧葺寸反壞尺可奈心不齊欲求官總督總督刑必施刑施先姦頑姦頑生怨咨于是果何若只願天垂慈山水勿淜湃江潮忽奔馳移沙與換港扶桑吐晴曦天吳速悔禍庶免民流離

山陰後海塘在府城北四十里亘清風安昌兩鄉實瀕大海宋嘉定六年潰決五千餘丈田廬漂沒轉徙者二萬餘戶斥鹵漸壞者七萬餘畝守趙彥倓請於

朝頒降緡錢殆十萬米萬六千餘石又益以留州錢千餘萬倉司被旨督辦復致助焉重築兼修補者共六千一百二十丈砌以石者三之一起湯灣迄王家浦彥倓又請買諸暨民杜思齊沒入田五百七十八畝山園水塘三百七十二畝置莊古博嶺委官掌之備將來修築費復請行下吏部今後差注山陰尉職添帶巡修海塘刻碑郡庠後汪綱復加修護明萬曆二年白洋口塘稍圮知縣徐貞明又修築之

皇清値海塘以四十四五六七等都共田九萬三千

四百六十七畝名曰江田專護海塘不預縣中一切雜泛徭役後奸民爲詭避計逸出江田一萬九千餘畝寄於中鄉於是值塘之田日少其存者止七萬餘力不能支竟委塘不修而郡縣復置之事外故漸至傾圮康熙五十一年秋颶風大作塘岸盡頹漂沒田廬人畜無算十二月郡守俞卿至視事二日卽往海塘堵築先及丈午村蔡家塘馬鞍山三患口沿海三十餘里亦次第完好五十二年八月水復大至怒潮狂驟甚於前諸塘盡潰乃謀一勞永逸之計欲遍易

以石名匠人計之需銀十五萬兩延問者老縉紳皆搖首畏難籌畫數載先易丈午村得其工役程度遂毅然力請于中丞徐公元夢方伯段公志熙倡率其事追前詭避之田悉歸于江定議江田每畝輸銀一錢中鄉每畝三分値禹陵者每畝二分山田免徵共得銀二萬二千七百餘兩又告助於上臺大功遂成起五十五年四月訖五十六年三月爲費止三萬三千餘而壘石者四十餘里爲越中百世利焉知府俞卿碑記

事有當爲而不爲者因循廢弛貽數萬人之害喪數十倍之利至數十年而不可救山陰之海塘是也有

不可爲而不得不爲者勉強拮据盡心力爲之不避怨不畏難若有天焉默相其成俾民去其害而更收其利則山陰易石之海塘是也山陰通縣田六十餘萬畝濱于海者名曰江田江流自西南而下海潮自東北而上江田首當其衝餘田隨浸于鹵海塘一日不可不修一處不可不固明矣乃當日議者不合縣公脩獨摘二十里田九萬三千餘畝值之計亦左矣蓋其時錢粮雜差浩繁塘外尚有高阜無恐值塘之説無非勢豪避勞趨逸有司特遷就從之耳嗣後承平日久差徭減省適潮流遷徙海塘間有冲決諸豪陸續謀避中鄉值田已去四之一所存又多貧戶或賄書寫册或賣產留差值田又去三之一康熙四十三四年以後但聞冲決不聞脩築即有泥土塞塡朝完而夕潰壞禾稼蕩廬舍汨墳墓壬辰秋八月余以駕部承乏茲土是年海潮橫溢山陰爲最越紳士寓都門者告余曰此世患也公何以救吾越人十二月十八日抵武林謁撫憲王公首責以塘務蒞郡二日率同官勘蔡家塘患缺十八丈餘次日勘丈午村患

缺二十丈餘二處前任者已估工料三千四百兩給
里民包脩議借帑泒補又勘馬鞍山患缺七丈餘前
此未有也是三患者潮水內射河水外削日深一日
時潤一時欲賭成功蓋已岌岌乎難哉越明年正月
上旬具扁舟登塘環視豈特三患可慮通塘四十餘
里倚山椒者十餘里餘三十里坦如平地斷若危橋
河海中流孤撑一線循塘而走不覺望洋滋懼父老
爲余言曰歲不登連三四年矣官不至此十數年矣
民力竭于脩塘十室而十空矣夫儆衣頹屋徒事補
葺無以庇人欲救茲患也非因土易石不爲功余曰
如父老云事綦難由丈午等患計之易石非十五萬
金不可於何出盍權築土塘用救目前可乎父老皆
唯唯從前塘册殘失塘長散處上元日傳至十餘人
各犒酒醴花紅給示一紙委官分督余郡務初集暇
輒加察焉民亦無怠事至四月丈午村蔡家塘報成
核減工料千兩有奇馬鞍山工費六百餘兩民出其
半余捐貲措置其半土塘三十餘里亦報成悉井井
可觀方幸從此遞年增修足保無虞何意七八月間

霪雨連旬山水瀰漫穀不沒者僅穗不得已齋戒撰
文臨塘禱祀中鄉幸免漂蕩而江田不可問矣唯時
有以江歸江之議偕縣令將原田九萬餘畝造册闔
分歸江承值業經通詳批允豪猾輩復借端妄聳督
憲范公甞批行審詳彼此躭延歲餘方成定案而告
災告籲告賑紛紛無虛日民情愁怨有不能一朝居
者次年撫憲王公允余請咨部發官銀四千六百餘
兩核減繳庫四百七十兩星夜促脩以故丈午屢坍
之塘得堅固者一百九十一丈雖他處間有罅隙是
年田不獲十之三四矣越紳士里民見此易石有效
乃同詞哀鳴詳請撫憲徐公卽委藩憲段公親勘勘
明卽發銀五千兩預備工料除丈午村一百九十餘
丈已修不估九墩餘塘二百九十丈七里餘塘八十
六丈先係余捐脩不估外寔計險工三千六百餘丈
節估工料三萬三千五百有奇江田九萬餘每畝捐
銀一錢得九千餘兩通縣田除免派減派每畝捐銀
三分得一萬三千餘兩與工於五十五年四月搶險
工告成于七月次險工告成于十二月又次險工告

成于五十六年三月向之未佔需修者已脩需補者又四百六十七丈告成于八月是役也勞民將五載而民世世賴之費資近四萬而十餘萬之工竣焉一開于上憲之恩澤一出于小民之膏脂余滇南寒士宦槖蕭然媿無以助大工父老曰此正吾守數年來一片血心有以成之耳是何也上憲之惠人爭分焉吾民之膏人爭嚙焉獨太守心血所注强者不得而撓貪者不得而蔽至其營度周密懲勸協情不問寒暑晝夜每事必親歷焉又皆千萬人時時耳目者不然何以用力若此之簡成功若此之速而民情若此踴躍如一哉不見夫今年六七月之交乎大風鼓浪海潮數日不退水勢洶湧止遜塘一二尺許而我田我廬安然無恙果誰之賜歟且也塘以外滷地數十里日出鹽千萬計塘之易石可以解民之愠兮可以阜民之財兮我越人不其奕世永賴哉余曰是亦有民社之責者禦災捍患之一端也當其作斯亦孔之艱成不成未可知今幸而成矣尤望將來同志君子勤恤民瘼克保成功是不可以不記若夫出納不染

者山邑大尹楊爲棫辦事得宜者二尹李蕙督工勤慎者白洋巡檢曹淲三江大使張斌東關驛承黃以信例得並勤名于石書役宕戸工匠有勞者姓名亦刻碑陰其詳稿示文關塘務者另立石記之〔陳紹兪〕

〔公塘紀事〕海塘者越之巨患也越環江而負海爲潮汐出沒之地其民與魚鼈黿鼉雜處然至於今生聚繁茂蔚然爲東南名郡則實賴司牧者奮不顧身力肩鉅任以彌縫天地之鈌陷迨至功成而民食其德者或千餘年或數百年自有越以來其局凡三變而越民之托命者凡三三公三公者漢馬公明湯公今陸凉俞公也三公遙望於二千餘年之間而其相須若左右手前人之力既窮則後人起而救之故每變而滓益深蓋今日稱極備焉馬公以順帝永和五年莅會稽郡相度其地形南列萬山淸泉迸注乃築爲大堤以蓄三十六源之水而名之曰鏡湖其東堤自五雲門至曹娥江其西堤自常禧門至西小江堤之下皆田田高於海者丈餘湖高於田者又丈餘旱則洩湖之水以漑田澇則洩田之水以歸海湖周回三百

五十八里溉田九千餘頃而越郡遂爲樂土此一變也鏡湖自漢歷唐至宋眞宗時緣湖之民始侵耕湖壖爲田然其初止二十七戸耳至徽宗政和末郡守侈供奉乃聽民播種起科遂决湖爲田至二千三百餘頃歲歲徵米六萬石以爲天子私藏而九千頃者無歲不罹水旱司農奏請蠲賑其所出比所入較多故宋人之議復湖者前後十餘公終絀於力而止葢事之易敗而難成也如此其後湖田日闢屋廬墳墓日稠千村萬聚一望如屯雲自元迄明人不敢議復湖乃專事於海瀕海之地築塘以貯水民旣受水之利而害亦隨之每歲霖雨浸霪山漲驟發則陸地皆成江河明成化間浮梁戴公守越建扁拖閘與舊時玉山斗門爲兩尾閭以瀉之然二閘之口稍隘洪濤横流却行而不能出安岳湯公來於三江之滸兩山對峙泗得石脈如門遂建大閘百餘丈分爲二十八洞然後三邑之水漂駛直走雖稽天之浸不數日而循故道越民思之比周人於召公有加焉此又一變也湯公建閘在嘉靖丁酉去今百八十年甲子之數三

周水不能以久安康熙壬辰八月風雨大作海波矗立數十丈怒號澎湃如排山奔馬而南池上竈諸山又裂湧洪水彌望無畔岸沿海一線土塘內外相激射頃刻盡崩漂沒禾稼室宇不可勝計十二月俞公以夏官大夫出守越郡視事纔二日即至海塘遍閱之塘夷爲平地而馬鞍山丈午村蔡家塘諸要害爲內水所激齧深至五六十丈以簣土塡之若飛雪之入紅爐立化爲烏有公歸而仰屋躊躇乃貸金三千餘兩於方伯庫中僱夫千餘人畚挶齊舉塘遂告成此癸巳四月事也至秋颶風復盛潮之狂驟甚於前而海塘數十里復潰如故民相聚哀呼謂府君力憊矣安能更救我公沉思默運毅然身任之盡出俸薪所餘不足則佐之以罰鍰又不足乃大索江鄉隱田隱田者何也山陰四十四七諸都名江北田共九萬三千餘畝不預縣中一切徭役專修築海塘塘成則先受其利塘毀則先被其害以其爲切膚故前人捐而予之使之自護康熙二十年間豪民爲詭避計逸出二萬畝寄於中鄉其存者以力弱不能支皆相率

坐視故塘日趨於壞公乃精心鈎摘其田之在中鄉
者報聞各上憲盡歸於江豪民不便乘制府范公至
浙攀輿環愬且以忠貞公撫浙時手定爲詞忠貞公
者制府尊人也冀因此聳動賴公力持之卒不爲撼
公又念土塘者一時之計土踈而潮悍其勢必不能
當非盡易以石則不堅乃泣告於大中丞王公請官
銀四千有奇先築丈午村後中丞徐公至又輸銀五
千兩餘則江田與通邑任之長堤四十里俱纍纍疊
以巨石牝牡相啣膠結不可解屹然如鐵甕銀城始
于丙申訖於丁酉年餘而大功成邉海數十萬户欣
然有更生之慶此又一變也天生鉅人必非無因而
出易曰窮則變變則通夫馬公之湖其於水也利在
瀦湯公之閘其於水也利在洩瀦以防其旱洩以防
其水然非公今日之塘則沙土善崩其於瀦與洩將
無一可也馬湯之功得公善其後而萬全無弊乃公
之心力亦交瘁矣葢公之事比之於古人其難十倍
人情澆薄怨謗易興一難也馬公所障者湖水耳今
公則大海之潮湖止三十六源而潮之衝突千里二

難也湯公建閘銀課之田畝役槩之丁夫然其費不滿萬金今則五倍於昔而工皆僦募三難也今國家裁抑浮費而方面大臣皆耆老重德不樂有更張非公精誠信於各憲不能呼而輒應四難也憸民駕言紹述以起范公孝思惟公百折不回故排群議而從之五難也非常之原黎民所懼今辰巳二年之間塘再成而再圮人人倦且怯雖有盛氣熱腸亦束手諉於天數而公獨卓立不顧六難也公糾工庀石而鄰郡亦以塘與大役控於諸臺以羽檄徵越之石與匠人非公調劑得宜則勢將坐絀七難也公負此七難以成百世之大利惟斷而行之故金石開而鬼神避至於經營之巧便巡視之勤勞此猶其小者也塘成民共爲祠以祝公而名之曰俞公塘云（俞卿江田歸江詳文）看得事有習久不察積成大患者莫如山陰之海塘有循名核寔可以救弊補偏于民無損而事有濟者莫如以折補中鄉與歷年詭避之江田統歸江北之一策紹興八屬五縣濱海如餘姚上虞雖有潮決幸患處尚少卑府逐處親勘稍稍捐助鼓厲與

工會稽海塘雖多低薄然地形原高離海稍遠亦遂恃以無恐蕭山地居上游塘分三等承築歷年脩砌如爪瀝塘最險之處亦漸次易石築完已收寔力協築之效獨山陰海塘承築之人皆零星散處而附近居民又視非巳事漠不相關上年潮衝丈午村蔡家塘二處患口共約二十餘丈估計與脩借發司庫銀三千四百兩臯府于五十一年十二月二十日到任二十四日即往海塘勘督尚謂只此二處須脩耳及至本年正月初間再往查看自宋家漊至九墩止其塘四十餘里內中有土有石者十之一二離海稍遠十之一二尚可無虞其餘則在在低窪處處坍塌竟有人不能行之處查訊土人何以竟至于此則謂歷久不修花戶亦不知自巳應值之塘在于何處再三搜求日逐提比二旬方有值塘底册因令照册承值缺者補完低者築高薄者加厚委員耑督臯府親歷催勘十數往返除丈午村蔡家塘二處親行勘築完工計到塘工料日報核寔減銀一千零四十兩八錢五分報明在案其餘各塘亦幸成一規模此本年四

月間[illegible]也不料七八月內大雨風潮較往歲尤加狂
縣一路堤岸不但低者薄者遭冲而石塘併向來老
塘亦冲去大半水勢稍退重新催督漸次築起遇寔
在貧難者又經設法借助至如四十四都一啚等甲
馬鞍山今歲冲缺塘口七丈非七八百兩不能築起
而承值之田止四十餘畝因積患之後自認每畝出
銀一兩已屬竭盡膏血不償工價十分之一卑府只
得幸同山陰新令發工食數次築成土塘開春方得
加石即此一處其難其苦不能盡述通縣之塘大率
類此况來歲秋雨風潮仍有坐絀之憂矣所以至此
極者一由于前人立法不善一由于豪猾詭避多端
海塘最厚者不過二丈如四十四七等都內爲河水
侵灌外當潮汐衝激時時修築猶有意外之虞卑府
查山陰通縣共田六十餘萬畝糧分六則如湖田每
畝徵銀一錢三分零中田下田每畝徵銀一錢一分
零山田每畝徵銀一錢零至于江北共田九萬三千
四百六十七畝零每畝徵銀九分一釐零原因近海
須築塘自保故輕其稅額康熙十年間遇豪猾恃勢

賄脫將九萬餘畝江田內分出一萬九千餘畝折補
中鄉當四千八百畝之差徭名爲均畐實開詭避之
始夫通縣之塘不令通縣之田同值而于江北值塘
田內又縱其詭避所謂立法之不善也然從前猶無
大潮大患之事自四十四年迄今歲歲潮患而現在
江北之人皆視折補者爲得計凡有勢力資財之家
祗知囑托情面賄買册書百計鑽營以圖巧避剩下
眞正窮人反令年年坐值所謂豪猾詭避貽害更無
窮也風潮難以預料修築工費若問之有司現在無
項可那責之坐塘彼已筋疲力盡有具呈請泒通縣
併泒山會蕭三縣者不知上年三千四百兩內通縣
亦衆議協帮二千兩又經核減至今尚未徵還是通
泒仍非長策正在斟酌妥議間據余清等以江歸江
衆擎易舉等詞具呈本司批發臯府查議而何大鏞
周聖泰等請照蕭山分作三等通行承值等詞具呈
到府臯府查折補一說原屬支離海潮爲患先及江
田不因折補而免其漂沒乃藉折補而抗不築塘是
移害他人而實自貽伊戚況今里長既革徭役全無

尤不得以從前均圖之說混行搪塞應請俯順輿情將折補中鄉一萬九千四百餘畝之江田併前詳凡有詭避坊都之江田盡行還歸江北仍合九萬餘畝之數照蕭山之例查明通縣海塘以不用修者爲一則需小修者爲一則需歲修者爲一則各令均分承値倘遇大潮冲决臨時又統行公築俾有定例而無偏枯且循名核寔較之攤派合縣岀責坐塘均爲無弊積久歲修漸次易石誠爲萬全之策亦出合縣公論獨倪金章等數人以曾在中鄉役過軍輿爲詞不知折補寔係伊等巧避自四十四年後叠次潮患彼皆安然事外勞逸尚難相抵無容再爲藉口惟是積久錮弊急思釐正補救非詳奉憲允不敢輙行區別岀候憲批至日細行分別造册另送憲核定案以杜弊端以垂永遠〔江田歸江告示〕居官莫大于爲民避害莫切于自保山陰海塘十餘年來時坍時築五十一年潮冲戈午村蔡家塘馬鞍山三處成患蒙各憲借帑興工但初報之時馬鞍山不在其內及本府查勘該甲田最少只得另行那助併催花戸竭力築完

其餘一應坍塌小缺但查令應值隨地修補幸皆粗
具規模但風潮最難預料而時時復有沖決計其修
築之資併被淹之禾每歲輕則數千重則數萬此皆
江田切膚之害本府日夕焦勞計無所出訪問輿情
揣度形勢因有以江歸江之議然恐勞逸不均當于
詳內聲明以不用修者為一則需小修者為一則需
歲修者為一則按里分承遇小患則一里同修大患
則全塘共協併不假手吏胥將一應詭避折補還歸
之田面同縣令當堂拈鬮造册詳憲方期衆志成城
漸圖易土為石以垂久遠此本府一片苦心恐爾民
未能周知因示取遵依二十二里中已據十七里繳
送在案獨有數輩狥私之徒不思築塘所以自衛反
行妄控皆因蠹胥奸棍從中煽誘謂戶在中鄉可以
狡避承值豈知田在江北何嘗不仍受潮患況此輩
祇知鼓衆科歛以飽一己之私橐不顧衆人永遠利
害有產之人與其徒思詭避而田廬聽命于波臣何
如通力合作永圖鞏固為此示仰山陰江田人等知
悉嗣後無論新歸舊存俱要一例承值海塘不得藉

口中鄉折補爾等自思近海之田歷來潮患會因折補免其漂没否節年江田無收曾以戶在中鄉不與江北同患否以此度之則歸江原以自保而違衆適以自害况平日分值遇患逼修成規可遵有何偏枯尚爾執迷不悟今本府方不憚仰屋咨嗟百計保固而有田之人反以詭避爲得計則亦良心喪盡者矣除爲首科歛之人廉訪得寔毋論衿監里書勢豪蠹棍通詳重究恐愚民被其煽惑特再諄切曉諭各宜猛省毋貽後悔〔董雯朋等看語〕審看得力役不均必致窮黎失所全書有據豈容豪猾私刊查山邑全書額田六十二萬一千七百餘畝分爲六則肆于城坊中鄉等都者水旱無虞素稱沃壤坐落江北四都等啚者計九萬三千四百六十七畝歷受潮患名曰荒都其苦樂相去不啻霄壤江田自康熙四十四年以後潮信轉徙居民遭害然猶未至大患至五十一年八月初四日海潮大作塘岸四崩而丈午村蔡家塘馬鞍山等處冲成徹底患缺禾稼廬墓飄没不可勝數十二月卑府抵杭奉憲責成履任二日星夜赴塘

發銀分撥督修隨沿塘周行共約四十餘里倒坍無算跬步難行值塘花戶杳杳數人時值署縣漫不經心卑府日夜搜求至次年正月十五日畧得值塘册十數本傳乎册書總甲令其星馳催攢各赴塘工又分委屬員督理卑府不時親加查察至五十二年四月患塘告成餘塘數十里亦經補完方謂自此逼年加修永保無虞不料八月初三四日內則山水大發外則潮信頻冲不唯患塘盡倒卽自來堅固餘塘亦圮此時上無公帑可動下則民力已窮婉轉勸諭多方設法至十月以後患處復加堵築然而旋築旋坍智窮力竭睹此斷岸横流之狀對此鶉衣鵠面之人惟有淚視潮神悲號風伯而已因博採輿論細查原委方知江田九萬三千四百六十餘畝向來田坐何處卽值何塘從無推諉亦無詭避自康熙十年間據嘉善縣條陳每里以三千畝爲則遂有奸猾之徒乘機借名折補將從前歷久值塘之田抽出一萬九千餘畝補入中鄉而江田減去十之二矣四十年後又有效尤避入坊都者共一千四百餘畝而江田減去

十之二矣自此江田日少潮患日大稅雖撥入坊都而田坵仍存江北無人代築害及通縣因攄余淸等以江歸江之請批行到府將江北顛連困苦情形剴切詳明以江歸江通力合作已蒙各憲鑒悉批允在案今有董婁朋等同係一事分爲七詞各稱中鄉城坊之田向來承値禹陵城垣等語卑府查禹陵上年奉文遣官諭祭係卑府捐資差會稽縣官脩理並不問之山陰城垣亦係卑府同邑令設法捐脩次第告竣原無絲毫有累里民又稱十三年軍興旁午中鄉毎畝費銀三十兩等語查十三年七月十三日有諸暨嵊小賊騷擾府城偏門外至十五日即有提標援兵及城兵內外夾攻四散奔逃兩月之內有何大費其後雖有官兵往來不過船隻人夫自十三年七月至十五年隨即蕩平卑府檢查舊案是跱江田一例供役至二十八年始詳免差役以六十餘萬民田迎送兩年過往官兵即使毎畝費銀五錢統計亦有三十餘萬今云毎畝費銀三十兩是山陰一邑已費銀一百八十餘萬不知紹郡各縣費過幾千萬兩又稱

一田兩役不甘苦累夫從前旣補中鄉則江北無差今將補田復入江北則中鄉無差有何苦累况據其所造刊書內有江田一萬七千九百餘畝折作中鄉田四千八百畝等語是江田一畝僅抵中田二分七釐伊等旣避江北值塘之役又暗減中鄉一萬四千餘畝之差尚云一田兩役亦良心盡喪之言也行據山陰縣回稱康熙十年並無刊書底本存房明係捏造郎使是眞亦係前任縣令賄徇轉詳司府之案並未奉有督撫批語何云忠貞公手定其餘破綻更多難以盡述查江田九萬三千四百餘畝載在全書不知幾千百年今刊書云亘古以來江田止有七萬六百八十餘畝等語是違部之全書竟不足憑而一時之私刊反足爲據矣此項江田自詳蒙批允造册之後卑府同縣令當堂鬮撥繕册呈送督撫二憲并取各戶遵依在案其未繳遵依者董婁朋劉吉人等計其田不過數百畝而作偏倡梗者又僅董婁朋朱信友沈文謙等二三人而已今歲照田照塘董事典工沿江各戶欣然樂趨獨此輩懷私簧鼓以致衆人觀

塈不前若不少加儆飭則江北二十里力不能支將來之害有不可勝言者矣伏乞憲臺速賜轉詳免彼等中鄉差徭着令承值海塘更懲一二頂名健訟之生監救萬千流離瑣尾之災民造福海疆非淺鮮也

看語山陰海塘歷年修築費盡工資而坍塌時聞必得如丈午村一概易石方可永砥狂瀾先經卑府詳明一面行令確估自四十四都一啚起至四十七都下五啚止一十八里塘工計長三千六百一十四丈九尺寸將石料土方層數人工石沙椿脚分別險要及稍次處所統計估銀三萬三千五百二十兩零卑府議令江田每畝出銀一錢據數可得九千三百四十六兩七錢五分零通縣除山天田不派外凡湖中下等田每畝出銀三分內有坐值禹陵等處例免一半者每畝出銀三分通邑計田可得銀一萬三千六十四兩四錢六分零共得二萬二千七百四十兩四錢八分卑府極知江北歷受潮患不能多出而事同剝膚築成可以永享利賴通縣協帮原有成例此番大工各里更誼無可辭其催收銀兩分修築督事宜

每啚報殷實塘長一名耑司催輸每甲報殷實甲長一名耑司修築催銀不齊責在塘長工程遲悞責在甲長收銀之法仿照征糧成式每都設櫃一張用兩連印串并日收櫃簿令民自封投櫃塘長輪流自收給照歸農工匠領銀務同各啚塘長面同具領賫赴卑府驗明給領取領二紙一報卑府一存縣卷工完之日據實報銷甲長經役人等止令催趲工程不許銀錢涉手庶實工實料可杜侵漁更有請者山陰歷年修築海塘卑府捐發不下二千餘兩今易石大工統計三萬三千有奇除分别勸輸外尚不敷銀一萬七百八十兩零不得不仰懇憲慈將通省公務內撥給以成不世鉅工冒昧直陳伏候憲裁

會稽海塘在府城東北四十里東自曹娥上虞界西抵宋家漊山陰界延亘百餘里以蓄水溉田宋隆興中給事中吳芾重加浚疊李益謙記云自李俊之皇

甫政李左次躬修之莫原所始明弘治間易以石費巨萬正德七年風潮壞之復易以土嘉靖十二年居民復有以石請者知縣王教難其費仍令築土塘

本朝康熙五十六年知府俞卿築山陰石塘四十里自九墩至宋家漊接會稽界功績甚偉會稽知縣姚恊于因倣其規制爲之鳩工伐石刻日告成萬民欣欣望大澤焉後海塘在府城東北八十里周延德鄉纂風鎮几三千七百一十一丈舊時發該縣丁夫修築近年以來止令本鄉居民照丁派修以抵一應差

徑

上虞海塘在縣西北寧遠新興二鄉東自餘姚蘭風鄉西抵會稽延德鄉元大德間風濤大作漂没寧遠鄉田廬縣役闔境民捍之費錢數千緡完而復壞至元六年六月潮復作遂成海口陷毁官民田三千餘畝餘姚州判葉恒相視言海高於田非石不能捍禦府委恒督治適滿代去縣尹于詞宗募民出粟築之至正七年六月復潰府檄吏王永築之永勸民每田出粟一斗伐石於夏蓋山其法塘一丈用松木徑尺

長八尺者三十二列爲四行參差排定深入土内然後以石長五尺濶半之者平置木上復以四石縱横錯置于平石上者五重犬牙相銜使不動揺外沙窋窋者疊置八重其高逾丈上復以側石鈐壓之内則塡以碎石厚過一尺壅土爲塘附之趾廣二丈上殺四之一高視石復加三尺令潮不得滲入塘内塘成凡一千九百四十四丈二十二年秋颶風大作土塘衝齧殆盡府檄斷事官王芳以督制兼縣尹治之乃度夏蓋所灌之田畝出米一升於西偏鵲子村作石

塘二百餘丈明洪武四年土塘潰太守唐鐸知縣趙
允文築之以石三十三年其西又潰臨山把總聞于
朝府檄縣主簿李彬典史陳仕修築後歲久漸圮其
石爲土民竊用　本朝康熙五十年間土隄盡崩荷
花池復成海口與夏蓋湖通居民大病五十七年知
府俞卿委署篆山陰知縣王國楹築之又於內築備
塘俞卿捐俸金爲倡各都民協力助之塘遂告成
餘姚海塘在縣北四十里縣之北壤東起上林西盡
蘭風七鄉十八都之地悉瀕於海作堤禦海所從來

久遠文字鈌蔑莫可考宋慶曆七年縣令謝景初自雲柯達于上林爲隄二萬八千尺其後有牛秘丞者又嘗爲石隄巳乃隤決於是歲起六千夫夫役二十日費緡錢萬有五千修之民疲而害日甚慶元二年縣令施宿乃自上林而蘭風又爲堤四萬二千尺其中石堤五千七百尺歲令令丞簿尉分季臨視之廟山三山寨官月各遣十兵與鄉豪邏察有鈌敗輒治仍請于朝建海隄倉歲刮上林沙田及汝仇桐木等湖廢地總二千畝課其入備修隄費至寶慶及元大

德以來復潰決海壖內移入鄉之地悉漸於海至正元年州判葉恒乃作石堤二萬一千二百十一尺下廣九十尺上半之高十有五尺故土堤及石堤缺敗者盡易以石蓋沿海壖之南自慈谿西抵上虞袤一百四十里初名蓮花塘今俗呼爲後海塘云宋時分東西部自雲柯以東者號東部塘始築於景初（謝景初詩）五行交相陵海水不潤下處處壞隄防白浪高於馬董衆完築塞跋履率曠野使人安其生茲不羞民祇其雲柯以西者號西部塘西部之內曰謝家塘王家塘和尚塘皆前人觀水勢抵止便宜分部築之長短

高下異焉至葉恒所築則包山限海綿亘爲一無復
部分矣自明初百餘年以來海無大害者多恒之功
德然民皆習安利排海壖居之堤日削不完成化七
年海溢民多溺死正德七年海又大溢溺死者至無
算於是始興人徒築之成化時知縣劉規主簿張勛
董役正德時巡撫都御史陶琰檄縣丞傷昌廷及崇
德縣典史李滋董役堤僅完久之堤又多毀缺每三
秋值大汛潮天皆連雨東北風張甚海鷗啾啾夜鳴
瀕海而居者多憂海溢考之史傳海溢或由天地之

變又非盡以巨風而溢農書有之冬至後七日逢王
王海翻騰其言頗驗有司重民命歲治堤防則可繼
前人之績生生民矣先是海塘未完築土堤於內地
以防潮汐溢決其制隨地形上下散漫不一曰散塘
今皆不治及海塘漸固潮寖卻沙壖日墳起可藝永
樂初始於舊海塘之北築塘以遮斥地曰新塘以別
於舊塘云巳而沙壖益起海水北郤十許里其中俱
可耕牧成化間風張潮洶稍蕩決壖際水利僉事胡
某復於海口築塘以禦潮曰新禦潮塘自是斥地之

利歲登而國家重鹽法亭民苦煮海天順間寧紹分司胡琳請以新塘至海口之地盡給竈永爲鹽課根業毋令軍民侵漁之詔可乃豪强罔利者告訐無已弘治初詔侍郎彭韶整理鹽法議非竈戶敢有侵地者每畝歲科銀八分謂之蕩價給竈補課而豪强愈益爭不解群竈苦之其明年紹興府推官周進隆察民竈之情相地淺深於新塘之下築塘界之塘以南與軍民共利其北惟竈戶是業爭緣是得息以其周姓因稱周塘云〔宋王安石記〕自雲柯而西有隄二萬八千尺截然令海水之潮汐不得冐

其旁田者知縣事謝君爲之也始隄之成謝君以書
屬予記其成之始曰使來者有考焉得卒任完之以
不隳謝君者陽夏人也字師厚景初其名也其先以
文學稱天下而連世爲貴人至君遂以文學世其家
其爲縣能不以材自負而忽其民之急方作隄時歲
丁亥十一月也能親以身當風霜氛霧之毒以勉民
作而除其菑又能令其民翕然皆驩趨之而忘其役
之勞遂不踰時以有成功其仁民之心效見於事如
此亦可以已而猶自以爲未也又思有以告後之人
令嗣續而完之以永其存善夫仁人長慮卻顧圖民
之菑如此其至其不可以無傳而後之君子考其傳
得其所以爲其亦不可以無思而異時予嘗以事至
餘姚而君過予與予從容言天下之事君曰道之閎
大隱密聖人之所獨鼓萬物以然而皆莫知其所以
然者蓋有所難知也其治政教令施爲之詳凡與人
共而尤丁寧以急者其易知較然者也通塗川治田
桑爲之隄防溝澮渠川以禦水旱之災而興學校屬
其民人相與習禮樂其中以化服之此其尤丁寧以

急而較然易知者也今世吏者其愚也固不知所爲而其所謂能者務出奇爲聲威以驚世震俗至或盡其力以事刀筆簿書之間而已而反以爲古所爲丁寧以急者吾不暇以爲吾嘗爲之而嘗不足以爲之萬有一人爲之且不足以名於世而見謂材嘻其可嘆也夫爲天下國家且百年而勝殘去殺之效則有未也其不出於當時予以其言爲然既而聞君之爲縣其至則爲橋於江治學者以教養縣人之子弟既而又有隄之役於是又信其言之行而不予欺也已爲之書其隄事因并書其言終始而存之以告後之人〔樓鑰記〕餘姚爲紹興壯縣岸大海者八鄉分東西二部綿地一百四十餘里舊有長隄蔽遮民田孝義龍泉雲柯三鄉沙漲土高無風潮衝決之患開原東山蘭風梅川上林五鄉間有缺壞實爲民憂慶元七年縣令謝景初自雲柯至于上林爲隄二萬八千尺王文公記之後百五十年爲慶元二年縣令施君宿又自上林而蘭風爲隄四萬二千尺其中石隄四所爲尺五千七百又其創建者也邑人來記於予予

曰文公之文不可及始記其實則可爾余外祖汪公思温宣和中嘗爲是邑修燭谿之湖建承宣之亭後伯父琚從兄録皆嘗爲之婦家王氏自尚書侯而下四世寓邑中熟知海隄之爲害而近世尤甚大率歲起六千夫役二十日計工一十二萬費緡錢萬有五千民力不堪曾不足支一歲焉施君始至詢究利害得乃要領選鄉豪公直强幹人所信附者十五人分地而共圖之尉曹趙君伯威復協力佽助務爲久計以蘇民瘼葢在承平時提刑羅公適知縣秘書丞牛君嘗伐石爲堤今既百年蕩在海塗乃按迹取之得其故石創業二千七百尺用工二十萬三百六十而東部之田始有蔽障其西部之謝家塘王家塘和尚塘悉爲紹熙五年秋濤所决於是復度爲石堤三千尺鄉民趙明釋子行球董其役約費甚重縣不足供列于府監司提舉常平劉公誠之首助穀三百斛勉爲之凡所陳請率應如響通守王公介幹辦公事王君柄左右尤力令得展布而堤用告成其高一丈石厚一尺爲一層用石三萬尺縣出緡錢四千三百有

奇縣之士大夫與其鄉人助工三百萬費尤未足也然則兹役亦甚重且大矣思其重大而慎於守護縣之官分季臨視廟山三山兩寨官月遣十兵巡之鄉豪仍伺察焉稍損缺即白諸邑補治之復議刮上林海沙田二百三十餘畝及汝仇湖外之地六百八十三畝桐木礇湖七百四十五畝凡爲田一千六十八畝又將益求曠土以足二千畝之數築倉於縣酒務之西儲其歲入以備修堤之用歲省重費民遂息肩而劉公復請諸朝乞以其田準常平法一毋他用仍禁官民戶之請天子輒報可士民祇拜明命刻之堅珉（元陳旅記）當宋爲縣時慶曆七年知縣事謝景初自雲柯至上林爲隄二萬八千尺慶元二年知縣事施宿自上林至蘭風爲隄四萬二千餘尺中石堤四計五千七百尺餘盡累土耳施令以土累者易敗當每歲勤民糜財乃請於其土之人置隄田二千畝以得於田者時其敗而治之而寶慶中民淪於海者殆百家土隄雖僅治不足恃也海塘自是內移大德以來復益衝潰今塘去舊涯之墊海中者十有六里歲

樓木籠竹納土石潮輒齧去之謝家塘南爲汝仇湖大將千頃餘支湖連之其大强半州西北田悉受灌注海既迫潮奪爲廣斥而潮勢卬於平地鹹流入港遂達内江田失美溉故連歲弗穫而殫民力廢農功與風濤抗而卒不勝葢四十年矣至元再元之四年四月方成堤六月復大壞紹興路總管府檄委州判葉君恒治之君視壞堤自開原至蘭風見凡土爲者皆闕惡憮然曰是則爲民禍也有窮已乎遂與其鄉老人議爲石堤則又曰攻石費鉅出錢大農當煩文書遲歲月比得請州其沼矣若等能與我共爲之乎今費雖鉅常歲之費則省而若與子孫奠居無虞也聞者咸曰民志則然白於府府亦聽民所爲於是有田者願計畝出粟或輸其直以力至者亦喜於服役君屬民高年與正於里者掌出納以率作又請於府免民他科徭以悉力是役宜闔亦下書毋以他事使葉判官輒去州君先使人浚河渠復廢防蓄湖水伐石于山以舟致之分衆作爲十有五所所有程督君往來蒞之其法布杙爲址前後叅錯杙長八尺盡入

土中當其前行陷寢木以承側石石與杙平乃以大石衡縱積疊而厚密其表隄上側置衡石若比櫛然又以碎石傅其裏而加土築之隄高下視海地淺深深則高丈餘淺則餘七尺長則爲尺二萬一千二百十又一也其中舊石塘之危且闕者亦皆治完之〔王沂記〕餘姚濱海之田歲墊潮汐判官葉君恒作石隄以捍之爲尺二萬一千二百十有一既告成而他土隄之差可緩而未甃以石者則所未暇也時宋公文瓚守紹興嘉葉君之功而惜其將代請於江浙行省丞相及部使者俾得終其役而葉君謝事矣未幾宋者都來代宋公因督完者都成之繼宋公之後者爲泰不華公其督成是役亦竊窺心焉乃又作石隄三千一十有四尺總爲尺二萬四千二百二十有五自是以往民不病海而歲入倍他壤〔楊維楨詩〕天吳蜚精衛啼娥江之北蛟門之西大禹東來朝會稽九河一疏錫玄圭冢冢三千載桑田幾滄海洚水日橫流我思訴真宰相門于葉大夫蒞政三月初海如瓠子決齧頹邀紅濤黑浪爭吞屠元光白馬有祭璧羽山

黄熊無玉書蛟眼赤射日蠶民不寧居葉大夫海砥柱驅鬼鞭運神斧五丁一力萬夫一語新甫取栢崑山取石金椎築土手鎖陽侯之咽脚踏支祈之股玉繩永奠三萬六千尺陳公隄自公渠無足數石人夜語魯以仙河伯血面上訴天葉大夫回狂瀾障百川海不波石不穿河淸海晏三千年

官塘跨山會二縣在山陰者又謂之南塘西自廣陵斗門東抵曹娥亘一百六十里卽故鏡湖塘也東漢永和五年太守馬臻所築以蓄水水高於田田高於海各丈餘旱則泄湖之水以溉田潦則泄田之水以入海沿塘置斗門堰閘以時啓閉有十一堰五閘然其後堰閘或通或塞或爲橋往往爲居民塡佔明嘉

靖十七年知府湯紹恩改築水滸東西橫亘百餘里遂爲通衢

山陰官塘即連道塘在府城西十里自迎恩門起至蕭山唐觀察使孟簡所築明弘治中知縣李良重修甃以石

界塘在府城西五十里唐垂拱二年築與蕭山分界

昌安塘在昌安門外直抵三江海口三十里明洪武二十年築三江城因爲堤置鋪舍焉

西小江塘在府城西北三十里宋嘉定間太守趙彥

俟築以禦小江潮汐
大江堤在府城西南一百餘里每遇江水漲漫則溢入爲山會蕭三縣之患或者謂宜帖堤內可椿閣木砌巨石而高築之
蕭山西江塘在縣西南三十里邑之盡處也塘外爲富陽江受金衢嚴徽四府之水其上源高勢若建瓴蕭山在其下流獨賴此一帶之塘捍之明嘉靖十八年六月水大發塘壞蕭山大困延及山會邑人黃進士九皋以書上巡按御史傅鳳翔傅爲感動移文藩

臯行府縣大興塘役山會二邑協力築之基濶七丈收頂三丈身高二丈有奇南起傅家山嘴北盡四都半爿山橫亘二十餘里自是邑人始免水患。（黃九臯書）切觀蕭山地方紹興府之西北隅錢塘江之東南濱也傍江爲縣堤東南是桃源十四都臨浦而至四都褚家墳南北四十里所以防上江之水在縣之西謂之西江塘江至四都則折而東矣故自四都而至龕山東西六十餘里所以禦大江之潮在縣之北謂之北海塘皆沿浙江爲之也浙江上流蓋自三衢之水東流龍游經蘭谿嚴州桐廬富陽直抵蕭之地名漁浦而滙于錢塘此上江之經流也其所受支流尤多金華溫處之水自蘭谿入徽州之水自嚴州入新城分水之水自桐廬入皆東注之漁浦之南則槩浦江也受諸暨浦江義烏之水經臨浦磧堰而北注之漁浦受江經流又合諸府山水曲折而北經四都西北十餘里則又自北而東匯於錢塘是謂浙江蕭人呼為大江蕭山正在其東南轉屈之間此江流之曲逆水勢所必衝其害一也大江兩涯相去一十八里江面汪洋水有休息則左右游波寬緩而不迫上江之面不盈一里則窄隘而不容泛溢而難洩此上江之不寬水勢所以必溢其害二也蕭山在江東南地頗低窪杭嚴徽信金衢温處八府在江之西崇山峻嶺凡遇淫雨山水犇騰而東俯視蕭山若建瓴然此地形之高卑水勢所必趨其害三也方山水之初漲也西江塘亘去水無幾杭堤之勢惟恐不支然山水自上而下海潮自下而上朝潮夕汐應時而至勢如排山逸於犇駟東風駕濤一息千里時方小信猶有落水之候若遇大信潮亦有升而無降山水有加而無已上下衝激彼此怒號頃刻之間沸湧尋丈塘土幾何而能當此此際既無洞庭彭蠡之滙則必有潰決橫出之勢此朝信之加漲江堤之反卑其害四也國初上江洪流在漁浦西北十餘里東北入大江若夫槩浦江之水經臨浦麻溪是謂小江東至三江入海大江

在縣西北小江在縣東南縣以二江爲界素不相涉成化年間浮梁戴公琥來守紹興見山陰會稽蕭山三縣之田歲被小江之害且小江兩涯皆斥鹵之地萑葦之塲可以田而耕也相度臨浦之北漁浦之南各有小港小舟可通其中惟有磧堰小山爲限因鑿通磧堰之山引槃浦江而北使自漁浦而入大江由是槃浦江與大江合而爲一乃大築臨浦之麻溪壩使槃浦江之水不得由小江而下以爲山會西北蕭山東南之害又于濱海之地修築三江柘林夾蓬碥拖四所斗門節潮水之上下由是附近小江之民反藉小江爲利而兩涯之斥鹵者今民居矣萑葦者今桑田矣戴公之功也小江居民實受其福而西江水患從此滋甚考工記曰善溝者水齧之善防者水淫之蓋謂上水湍流峻急則自然下水沙泥齧去矣戴公之初心惟恐漁浦磧礙之沙不能一朝齧去以通槃浦江之水而潴滌之尤拳拳焉豈知數十年來日漸月洗決齧流移漁浦江塘屢被衝壞日徙而東擴爲巨浸里册之册江不知凡幾貧民之賠米了無紀

極戴公豈知有今日哉漁浦受累蓋亦久矣是以上江洪流亦徙而南混爲一區以漁浦爲壍亟初洪流之在北者漲爲高沙乃在錢塘縣之境今之所謂新橋嘴俗呼爲米貴沙即此地也此磧堰之既開江流日剝而東南其害五也受此五害蕭民日以西江爲患蓋嘗訪之江濱西江之塘從古有之不知其始自四都至漁浦十五里古塘也古塘之式崇高二丈基闊五丈其面半之間有内外溝港抵塘之處甃以巨石輔之木椿樹之榆柳聯之民居歷代雖久尚有存者若漁浦而至臨浦麻溪壩二十五里則磧堰既開之後江水泛濫所以戴公彷古式而爲塘崇廣之數一如古焉是皆謂之西江塘也夫何時平法玩歲久不修而塘之三蠹生焉一則蠹於私鬻之穴窟也二則蠹於附塘以通貨也三則蠹於上都之偷掘也蓋近塘高田凡遇旱乾則掘塘甃竇以通車戽汲引江水以灌田禾苟辦目前之急不虞身後之患江流漲時竇穴通水涓涓之泉勢將滔天禾固無收而家亦蕩廢矣此爲塘之蠹者一也在臨浦義橋倪家壩則

有木箄引鹽之出入在汪家堰楊家浜閘家堰則有薪柴磚瓦之出入射利商人削去塘土以便搬運凡此之地不知幾所客貨既過而塘土不增但知用苛而不顧後患矣此爲塘之蠹者二也久雨之後西江水漲大信之後江濤沸湧時有桃源鄉田在西江之西爲水注溺計出無柰則百十爲群負夜偷掘江塘使水從内而灌桃源始得蘇息不知一鄉之害雖去而三縣之害無紀極矣此爲塘之蠹者三也凡此三蠹塘長知而不敢言告諸官而不加禁一經淫雨三蠹畢生即出不意踰塘而入自正德己卯大水入嘉靖元年水再入六年丁亥水又入十二年癸巳水又入今年六月大水又入凡江漲也必以梅雨水之入也多以六月自己卯至己亥首尾剛二十年而爲大水漂流者五度矣是豈水之罪哉地勢卑而不振提防缺而不修三蠹集而不知人心懈而不守遂使滔天之勢排空而入不惟巨浸蕭山而且流毒山會荘無垠岸迸爲一壑流徙我桑田漂泊我廬舍汩溺我士女損蝕我農功斯民之不爲魚鱉者能幾何哉惟

時蕭山山會三縣洩水之處惟三江閘門而已連年閘門久閉海道壅塞我府尊篤齋湯公移置二江城外建經宿閘多張水門二十八洞賴此而水有所歸始易疏洩然是閘也本以疏内河之水非為洪水而設民懼不保計出無柰則決北海塘許家鋏二都蘆康河三都殷堰大堰等處分殺水勢徐俟旬月然後水落土見降丘宅土幸未即死而一年之生理去矣交秋之候買苗補田而佈種失時必無西成之望畀濕沮洳疫疾繼發而無和藥之需待哺嗷嗷羣聚為盜而無垣墉之蔽家無儋石野無青草服食之物腐爛一空啼哭之聲達於四境目擊其害誰不痛心然則西江無塘蕭民難保其生塘弗崇廣猶無塘也十年之前憲副丁公沂僉憲蔡公乾相繼來督水利慨然動慮加意窮民乃準近年之水痕尋先朝之故迹謂塘非高三丈不足以當江漲也謂基非闊五丈不足以為巨防也乃出舍於江臯責山陰之助役又作樣塘十餘所制準架一座預期塘成之後使人挽曳而前有不如式即治其罪甚盛心也民方樂於赴功

擬觀厥成不意二公陞秩繼去執事之人不皆二公之心竟托空言良可嘆也嗣後張侯選王侯聘相繼來尹蕭山愷悌之心民豈可忘而工役繁浩非邑可辦措置艱難而錢糧有限督理心勞而民力易窮是以塘之高廣不如古式而補塞罅漏終非永畫故曰不一勞者不永佚不暫費者不大蠲然則大典工役必何如而可盖西江之害小江之害移之也然西江塘決朝浸蕭山而夕達山會脣亡齒寒裘破而毛無所傳害每相因竟未嘗免蕭山既爲山會而受害則山會當爲蕭山而築塘近聞小江新漲之田年來三縣從輕科糧漁浦之民欲將此糧奏抵西江之堋江令非所及也亦且未暇以小江之利爲辯近年湯侯之築三江塘閘也本在山會之地而蕭山水利亦賴疏洩是以民皆樂從而助費助工未嘗有失今西江之塘雖在蕭山而山會之民同其休戚然則築西江塘之費應做三江閘之故事而行之夫豈不可盖三江閘三縣之下流也水患所由洩西江塘三縣之上游也水患所由來水脈流通本同一地利害相因事

關一體請以蕭山山陰會稽三縣連年庫存患塘銀兩雇倩築塘丁夫并力合心共成大役在山會所不能辭在蕭山亦不爲秦理所相應情所必至也明公講明古今利害之原務爲萬世永賴之利以三縣之田丁與四十里之工役秉燭斷以致决而盲堵皆與禁三蠹於將萌而五害屏息是謂逸道使民雖勞不怨謹將地啚一幅并作答難一篇以獻惟留神幸甚

皇清康熙二十一年五月大水西江塘潰臨浦廟西諸暨坟王家池潭頭聞家堰周老堰楊樹灣方家塘富家山孫家埭相繼崩頹水高丈餘禾苗盡淹六月江水復進知縣𢧵報各上官督撫至蕭親勘檄道府估築九月知府集里紳公議估工費一萬二千金蕭

山任其半山會兩邑恊濟其半十月興工至二十二年二月尚未竣鄉官福建總督姚啓聖捐貲獨任移文督撫停三邑徵輸已築者計費悉償之閱四月告成民食其利者三十載後日久漸圮康熙五十五年七月秋潮狂驟大門臼等爲水所漱激塘趾盡齧蕭山令趙善昌告急於知府俞卿轉請各上臺謀築塘凡築塘之法卑者增高薄者培厚其有塘址搜空無可增培者於塘內別築新塘以爲內護名曰備塘而以外爲老塘老塘衝决則備塘爲老塘於內又築備

塘焉乃自大門曰小門曰張家嘴朱前塹閘家堰共築塘四百二十六丈計銀三千五百十四兩山會協助三分之一山陰七百二十兩會稽四百八十兩約每田一畝出銀一釐有奇其規畫皆俞卿所定始五十五年十一月訖五十六年十二月大工告竣而三邑隱患頓除

諸暨家公堤在長官橋邊宋縣令家坤翁築〔明〕胡學詩浣東城外家公堤春風寘寘花滿蹊青山浮黛淨於洗白波縈練淸無泥村墟人烟渺不極桑麻雨露深如織百年耕種樂居民始信家公著奇績道旁碣石樹穹崇題名欲與長官同輕塵一騎雨初歇勸農太守行

花驄

上虞江塘自十都百官抵七都會稽延德鄉横亘一萬五千六百丈利害與海塘同

横塘二一在白馬湖東一在十八都溪水注焉

上塘在十四都水經注白馬湖之南即江津也江南有上塘陽中二里隔在湖南常有水患太守孔靈符遏蜂山前湖爲埭埭下開瀆直指南津又作水楗二所以合此江得無淹潰之患

新昌東堤在縣東彖延三里初溪水直通邑聚民常

患水宋知縣林安宅始築堤以捍水勢後知縣趙時佺吳均佐趙師同樂經相繼修之明正統間水决虎隊嶺壞民田成化時淹没縣治毁學宫門廡爲患尤甚知縣李楫謀修未果弘治間知縣唐夔築大堤起自龍山按舊堤高廣視昔爲倍而邑尚書何鑑時爲御史實持其議未幾復壞於水知縣楊璨累石塞之增築子堤高廣視昔且三倍而尚書何鑑又與方伯雍某相賛成之嘉靖間水復决邑給事中俞朝奚署印通判江軾白於上官委推官陳讓知縣吳希孟董

其役因舊址增築未竟知縣萬鵬成之後少壞知縣蕭敏道捐俸金三十兩募工修築而邑尚書呂光洵潘晟亦協贊焉

後溪隄在縣西十里明萬曆初爲洪水所衝知縣田琯修築

【壩】麻溪壩在山陰縣西南一百二十里自金華浦江縣爲槩浦江發源北流一百餘里入諸暨縣界合義烏諸溪六七支是謂上西江而諸暨境內之水發源東白山者合數十餘溪由東南陬流下是爲上東江

至浣江口東西兩江相會過縣治五里許復分爲二
曰下東江下西江東江自五浦宣家步釭竈步草湖
白塔斗門可七十餘里至三港西江自竹橋新亭晚
浦長藺浦亦七十餘里至三港兩江復會過鐵石堰
又一分一合遂爲大江至蕭山之官浦紀家滙峽山
臨浦而注於山陰之麻溪北過烏石山又北東至錢
清鎮曰錢清江然後穿內地而入海以對錢塘大江
而言故曰小江以在府治之西故曰西小江經麻溪
南岸以達錢清者山陰境也經麻溪北岸以達錢清

者蕭山境也於是兩岸各水口俱築塘壩堰閘無慮百餘處以捍江而時患橫溢時郡人適杭者抵錢清壩必三四易船然後達錢塘西岸其繁曲如此西小江上游有山在江中名曰磧堰明天順間郡守彭誼鑿通之令江水直趨與錢塘大江合入海又築壩臨浦以斷內侵之路而麻溪口仍爲潮汐泛濫成化間知府戴琥營築土壩橫亘南北于是始無江水衝入萬曆十六年蕭山知縣劉會加石重建下開霪洞廣四尺每旱則引水以漑田自麻溪壩築而外潮不入

三江閘建而內水有歸戴湯二太守越民至今賴之然天樂四都截在壩外獨受水災崇禎十六年左都御史劉宗周倡議欲展壩十五里移于茅山包四都入內蕭人力阻之遂止後乃於茅山建閘以禦江水其麻溪壩霪明學士余煌廣大之 本朝康熙二十一年壩崩于潮福建總督姚啓聖修築改洞爲三各六尺後復頹敗五十六年知府俞卿重修〔劉宗周天樂水利議〕

山陰之西南接壤蕭山曰天樂鄉隸四十一二三都凡四都世稱荒鄉爲田三萬七千畝計歲入不足當湖鄉五之一居民苦之越逵東西兩江而北襟大海東江在會稽外界不具論西江則自東陽發源歷浦

江諸暨蕭山山陰至二江所口出海往者山會鑑湖以北皆潮汐出沒之區又有西江以合之故全越爲水鄉迫漢築南塘唐築斗門明築三江大閘漸出而拒海海潮遂不得越三江一步而西江之水已包舉于內地矣西江積五縣之水包舉內地勢必以三縣爲壑于是天順中太守彭公誼相西江上游鑿開磧堰口徑達之錢塘大江仍築壩臨浦以斷內趨之故道自此內地水勢始殺獨臨浦以東有茅山嘴一帶江塘未築江流反得挾海潮而進合之麻溪橫入內地故後人復築麻溪一壩以障之相傳有厲禁曰磧堰永不可塞麻溪永不可開凡以謀地萬全也然自麻溪築壩而一溪之水不得不改從茅山以合之外江當春夏淫雨之時山洪驟發外潮怒張相持十餘日天鄉盡爲魚鱉矣坐是十年九荒嘉靖中知府戴公琥始建茅山閘以司啓閉萬曆中土人復自茅山至鄭家山嘴築大塘捍江流不使內犯而山水仍不可時洩其禍未解也今請言補救之策曰上策莫如移壩中策莫如改壩下策莫如塞壩何爲移壩麻溪

之有壩也原以備外江非備天樂一溪水也麻溪迴源趙家橋止十五里踰壩入內河不過半都之水均分三縣詎盈一簰又日夜通流以出三江萬不足爲三縣害今徹麻溪之壩移壩茅山永無冲決之患而內地萬全如故天鄉之田盡成沃壤且壩下仍通霪口可節旱潦其利雖不能普之三縣而天鄉獨受之故曰上策也何謂改壩越人久習麻溪永不可開之說以爲一移壩則禍不旋踵今姑謂從原壩稍改其制壩故有霪洞高廣四尺今加廣三尺高倍之天鄉之水從七尺霪口約束而入其流有漸需之數日潮汐漸平又可轉決茅山以去故曰中策也何謂塞壩霪謂移壩與改壩均有內地之虞者將必使壩外之水消勺不入內地而後可故不如竟塞壩霪適還故制雖遇潦之日固受其禍而遇旱之年猶得酌彼西江存此涸鮒故曰下策也過此以往仍舊貫焉耳以土田日荒以人民日困以盜賊日繁以錢糧日逋斯稱無策雖然此爲一鄉言利害未及三縣之大利害也三縣命脉全恃三江倘三江一決而不守旬日之

間皆成平陸幸而前人開磧堰通外江誠能加築茅山閘每遇春夏以前用土堅築以絕江潮望秋以後遇旱則啓使一日兩潮引灌三縣枯槁之田其爲利孰大于是即一日地方有事至于失三江之險猶有茅山可恃以無坐困眞萬世之長策也則麻溪之通塞有不待言者矣昔三江之役太守湯公鑿山塡海竭三縣之膏擢萬民之謗而不惜卒成偉業萬世賴之今之當事者倘念及天樂孑遺舉三策而酌行之是亦再起之湯公也不得已思其次其惟中策乎

蕭山臨浦大壩小壩在縣南三十里乃西小江之內障明正德以來商舟欲取便乃開壩建閘甚爲邑害嘉靖十三年知縣王聘塞之十五年蕭敬德繼王因建民造亭作記勒石〔民造亭記〕民造亭何重民造而作亭也重民造而作亭何亭據

要害之地作亭民造關焉鈐轄於蕭莫匪地也而獨作亭之地爲要害何蕭週遭沿海北築塘禦鱉子門之潮今剝床以膚矣西築塘禦臨浦悍湍雨届洪漲金衢嚴上流之水灌臨浦港襄陵而入挾海之鹹潮澎湃演溢淹民居盪稿場民用昏墊稼事弗登壯者散老者轉死民之造關水之害厥惟甚哉故築黃樓以捍河流而彭城之民奠厥攸居若今臨浦之小壩是已壩廣不踰三尋外通港港通大江內防浜浜通合境故壩塞則洪漲暨鹹潮俱不能爲之害民用安焉曰塞壩特百人之力一勞永逸而膚愬其事何曰蕭人之壩徽人之利也故錢之泉勝於海之患蕭阬於浙東魚鹽木植與夫諸貨之貿遷必繇於蕭西來自西興而達運河東來自東關而達運河鮮弗四通矣蕭人非必障而厲之也商人取捷徑必欲繇江入臨浦港繇港决壩衝腹心以直遂雖蕭人胥溺僅利厥載亦忍爲之矣曰是鈐商人也而必曰徽人何曰魚鹽木植之大賈十九爲徽人徽人培厚貲錢本神徽人又神其術故牧民者不暇計大禹胥溺之心而

惟通徽人恐緩曰臨浦之人亦若是恝乎曰臨浦之人衣食於徽人且樂爲之囮媒曰吏兹土者豈無蘇東坡之憂勞者乎曰有之而念未皇耳東皋王子以司諫責判太倉遷蕭令泚任即嘆曰蕭之利害莫有大於海潮者北巨塘西臨浦其要害之最者乎遂竣禁商人百計壞之而申請於憲臣者益懇誠有如己溺之之心因得允命立亭勒碑以爲永禁事未成而東皋擢南京地官正郎去任蕭子以承乏至歎曰予舜過彭城登黃樓而羡東坡曰兹殆非禹之徒與東皋兹舉雖謂之延續民命可也爰爲之立亭勒石以濟美焉因名其亭曰民造使人知重民造必不至於毀亭矣不毀亭則壩吾知其無恙矣壩無恙民造其有永哉商人雖有吕不韋之知之貲不復於此居其貨焉

會稽曹娥壩在曹娥江西岸舊有閘又有斗門宋曾公亮宰邑時所置曾南豐鑑湖序云湖有斗門六曹

娥其一也舊時縣之水東流入江今斗門廢而爲壩水遂却行入官河同諸堰北注之水達諸鄉滙玉山放應宿閘而朝宗于海

上虞梁湖壩在曹娥江東岸風潮衝損移置不常元後至元間怒濤嚙潰邑簿馬合麻重建明嘉靖年間江潮西徙漲沙約七里知縣鄭芸浚爲河移壩江邊仍舊名

蒿壩在十一都近蒿山長十丈紹興台州二府往來必經之地知縣朱維藩日語云天下無難事又云天下有治人茲兩言者余竊惑焉蒿壩界會

嵊二縣之中爲紹台往來之所一切送迎隸之上虞夫役何諉第此地孤懸去縣治四十里每遇上司往來夫馬至彼交割相計百里往回共計二百里夫馬之力馬能不疲迺往則必候日未可期夫馬之食其誰能給且迎送用官各役隨之佐貳出候正官間往焉甚至海巡並至則東西奔命縣邑空虛庫獄奚守余初補茲邑會建議欲津貼會嵊二縣然彼亦以道路遼遠爲辭大都惡勞畏難人有同情去難就易策難兩利事之難處無踰此者必也有經濟大力斯爲虞人去此患乎姑存其議以俟

横涇壩在南門外稍西舊有壩明萬曆五年縣丞濮陽傳重修甃以石附郭水利之最要者也

中壩在縣東十里石湫壩也宋時在急遞鋪側名通明北堰明洪武初鄞人郟度建言開浚移鄭監山下

又名鄭監山堰嘉靖初有奸民私置幽窪洩水知縣楊紹芳廉知之遂鳩工堅塞焉（張文淵贊）吾邑有河亘四十里貢賦由茲田疇賴此東土奸民毋竊斯水午夜决溝一洩見底萬頃荒蕪頻年饑餧恒訟于官官弗爲理叩閽無階籲天不已偉矣楊侯展也君子群囂弗從獨斷於已發掘幽窪窖釘樁杜上廣檐楹下廣基址惟此有溝亦前之比侯命更張遠離河涘實土昂昂釘樁齒齒絕此弊源頌聲滿耳紀德于碑用垂千祀

王穉登客越志夜過中壩水高一丈雨晴徹月磧聲怒激若千雷殷作石樞爲水衝落壩人烈炬築杙數十裝轆轤易以新絙又益添舟人邪許沸地夜分乃上信矣如升天也（王穉登詩）月裏輕舟上急灘空中瀑布捲簾看無風自覺衣裳薄始信瞿塘六

月寒、

通明壩在縣東三里宋嘉泰元年置海潮自定海歷慶元南抵慈谿西越餘姚至北堰幾四百里地勢高卬潮至輒回如傾洼鹽船經此必需大汛若重載當絀則百舟坐困旬日不得前於是增此壩分導舝過通官民之舟而北堰專通鹽運宋蔡舍人肇明州謝上表云三江重復百怪垂涎七堰相望萬牛回首盍自浙江抵鄞有七壩茲乃第五壩也

餘姚下壩一名新壩亦石甃西去中壩十八里東至

縣四十里左江右河高於江丈有五尺明越二州
舟航往來所必經然壩高舟難猝上又候夜潮乃行
率夜半始羣至壩下至則各登涯爭先縴纜每相持
或竟夜不車一舟遇雨雪之夕衣服濡濕饑寒僵縮
股慄不禁盡死力爭之嘗有鬬而死者明王穉登客
越志灘聲下磧怒如驚濤船從枯堤而下木皮如削
爲之毛髮森聳何必瞿塘峽方知蜀道難也

閘

斗門山陰三江應宿閘在三江所城西門外明嘉
靖十六年知府湯紹恩建凡二十八洞亘堤百餘丈

蓄山會蕭三縣之水三縣歲共額徵銀若干兩爲啓閉費其上有張大帝祠後爲湯侯生祠歲久閘稍壞萬曆十二年知府蕭良幹增石修之改其近岸旁四洞爲常平閘用洩漲水又置沙田九十二畝草蕩一區徵其租銀於府備異日修治

陶諧建閘記紹興屬邑惟山陰會稽蕭山土田最下霖雨浸霪則陸地成淵民苦之昔之明守置玉山扁拖二閘以泄其水水潦盛昌又權宜設策決捍海塘岸數道以疏其流其爲水慮悉矣然二閘之口石硤如甕水却行自瀦出浸數百里而田卒汚萊決岸則激湍漂駛決嚙流移而田亦淪沒其功未全也廼嘉靖丙申蜀篤齋湯公紹恩由德安更守茲土下詢民隱寔惟水患於是相厥地形直走三江江之滸山嘴突然下有石巉然其西北山之址亦有石

隱然起者公圖其狀以歸議諸寮屬皆往相視之擲
地取驗下及數尺餘果有石如甬道橫亘數十丈公
曰兩山對峙石脈中聯則閘可基矣遂毅然排衆論
而身任之白於巡按御史周公汝員暨諸藩臬長貳
僉曰俞如議公於是祭告海瀆諸神又旹士方屬賦
役規堰𥨊授之吏而訪諸同寅孫君全周君表朱君
侃陳君讓而周董事實嚴復命三邑尹方廷璽牛斗
暨丞尉等慮財用簡大數屬功義民百餘十人量事
期仍厚薄陳畚揭分任劾勞命石工伐石於山輦重
如役且授以方畧使用巨石牡牝相銜煑秫和灰固
之其石激水則剡其首使不與水爭其下有檻其上
有梁中受障水之板板橫側捺之石刻水平之準使
啓閉維時堤築以土其滄莫測先沒以銕繼用箘簵
發北山石投之兩旁甃石彌縫峭格周施堤厚且堅
水不得復循故道其近閘磬折參伍之使水循涯以
行其財用出於田畝每畝科四釐許計三邑得貲六
千餘兩其丁夫起於編氓更番事事部序既定乃即
工工方始月夕向晦有神燈數十往來於堤若爲指

示區畫之狀既役工堤再潰决復有豚魚百餘比次上濟衆疑且懼奔告於公適拾遺錢公煥在坐呂是易之中孚豚魚吉利涉大川之義也閘其殆成矣乎閘經始於丙申秋七月六易朔而告成洞凡二十有八以應天之宿塘始於丁酉春三月五易朔而告成以丈計長四百丈有奇廣四十丈有奇仍立廟以祀元冥計其費數千餘兩其嬴羨又於塘閘之内置數小閘曰經漊曰撞塘曰平水以節水流以備旱乾嗚呼偉哉繼是永無復却行之患民無復决塘築堤之苦矣閘之内去海漸遠潮汐爲閘所遏不得止漸可得良田萬餘畝堤之外復有山翼之淤爲浮壤可稽田數百頃其沮洳可蒲葦其瀉滷可鹽其澤可漁其疆可桑其途可通商旅噫公之舉匪直水患是除而利之遺民者溥矣張文淵湯侯治水利民碑稽陰蕭山地勢卑積霖不用旬雨只一夕百萬膏腴須臾沒瀰舉目望洋徒與嘆息白屋啼饑朱門告糴郡伯湯公睹此隱惻坐建遠謀立畫長策鑿山開雲載土輦石作閘三江廿有八隙旱則畜儲潦則放逸耕始有

秋饑始得食行始貽舟賑始貽肅此勞此功承自閘

關此德此恩垂於罔極〔李本詩八首〕水防用盡幾年

心只爲生民陷溺深二十八門傾復起幾多怨謗一

身任〔又〕苗田水漲勢洶洶開閘須籌閉閘傭三邑驗

糧先備直不勞百姓自畚舂〔又〕雇役無錢力尚勞重

科誰念竭脂膏東巡若肯求民隱先把傭錢問水曹

〔又〕閘上傭金十百餘自行收貯自開除年年借力多

乾沒文案分明總是虛〔又〕三江水發昔嘗排啓閉惟

看則水牌今日閘成翻久閉汙萊已及莫嬰懷〔又〕橋

下開關任水流水流一去勢難收漁人日欲張魚網

不到乾時不使休〔又〕戒石膏脂舊有名欲令當面一

留情歲支俸米非常白忍見農功歲不成〔又〕只道逢

梅春事新如何梅謝竟無春共看今日無生意應恨

當時始種人〔知府蕭良榦三江閘見行事宜〕一閘之

啓閉以中田爲準定立水則于三江平瀾處以金木

水火土爲則如水至金字腳各洞盡開至木字腳開

十六洞至水字腳開八洞夏至火字頭築冬至土字

頭築閘夫照則啓閉不許稽延時刻仍建水則于府

治東佑聖觀并老則水牌上下相同以防欺蔽一閘
務俱屬三江巡檢帶管遇水消長即驗則督令閘夫
以期啓閉一閘兩旁二洞何雖設不開蓋二十四洞
自足洩水近岸善壞故也今築爲常平閘兩邊各二
洞以水當蓄處爲準水過則任其流庶有雨而水不
漲一閘夫山陰八名會稽三名每名工食三兩遇閏
加銀二錢五分水洩後閉閘用土築塞每築一洞工
食銀八錢凡放閘務到底不許留板凡築閘務堅密
不許滲漏違者扣其工食仍究治一漁戶往時率通
同閘夫暗起閘板致洩水利及爭執洞口致有磕損
今定漁戶籍名在官止許於大閘裏河扠罾不許近
閘口磕損及暗開作弊違者漁戶閘夫並治罪仍責
令修理漁戶定有名籍每名輸銀一錢五分貯司以
備整修蓋板之用一附閘沙田一百二畝三分三釐
九毫坐落山陰四十四都二圖才字號除撥十畝與
湯祠僧種收食用外餘俱與閘夫佃種每年納租二
十五兩二錢七分五釐三毫於內納糧差八兩外淨
銀一十七兩三錢七分五釐三毫又草蕩一所每年

納租五兩共銀二十二兩三錢七分五釐三毫徵收府庫另貯一匣以備異日修閘之費積有多餘止供塘閘水利取用不得別支（張元忭修閘記）前太守富順湯侯紹恩之閘三江也蓋舉三邑之水而節宣之其爲利甚大語具陶莊敏記中至於今幾五十年無以苦潦告者膠石以灰秫久而刷水日夜震盪石漸泐水益走罅中勢岌岌且就圮民始歲歲以苦旱告矣萬曆癸未同年宛陵蕭侯良榦以戶部郎來守越凡諸興革先所大後所小故忭得以閘告侯亟往觀悉得所當舉狀白兩臺報可遂以通判楊君莊董其事而佐以縣丞鄭日輝千戶陶邦發銀千三百兩有奇役夫若千人始築堰以障水乃視舊甃所罅泐沃以錫令固其內已又發巨石凹凸其兩顛凸以當上流令殺水怒凹以銜舊甃令水不得內攻石每方丈自下而上以次衰之又竅石及其底悉爲牝牡相鈎連令水不得外撼又覆石其上令平衍可馳蓋視湯侯所建如車益輔如齒益脣倍壯且久總其費費於築堰者十之六於石若工者十之四侯時挐小艇

往督勞凡寻直毫髮必躬吏不得有所侵牟衆說而
勸時值久不雨工旦夕起凡三閱月而事成成而記
謁忭者山陰令張君鶴鳴會稽令曹君繼孝也余固
願有說也葢聞父老言曩湯侯時以民苦潦甚故役
三江及役而民又爭以病告此猶可諉曰初不知其
利若此也而今則知之矣最可諉又不過曰湯費則
課畝役則槩發丁民未覩其利先嘗其害也而今蕭
侯費則括帑美役則民日寻直三分役兵兵已受直
則寻二不課一畝發一丁矣而尚有以不急議蕭侯
者然則居室者棟已撓矣必待其盡頽而後葺之其
可乎甚哉下之難調也如龐裘繼衮衣始病楮伍繼
美誨殖葢自昔然矣閘潦而啓不時則海畝者竊决
塘竊則罪故海民謗無閘則海魚入潮河魚出汝閘
則否故内外漁邇閘者謗他則宅是者謂閘阻潮汐
吐吞攺水順逆關廢興故宅是者亦謗非是三者而
謗則又或以私臆揣其喙而無意於民瘼者也夫誠
有意乎民瘼即百口謗且不避况異日必萬口頌也
夫謗安足言也而或者謂蔛啓閉故有準乃萬不可

爽爽有徵甚則畝害亦視之此其弊在掌啓閉費者
或斬與私則然其致涸以害畝則外漁賂掌閘者乘
公啓以滯閉則然茲二者誠有之則非謗之類矣噫
斯亦可謂下之難調耶夫造物之生人也勞矣生而
病則資醫無醫猶無生也故醫之勞與造者等今閘
造者誰湯侯也醫者誰蕭侯也病雖已不可廢醫繼
蕭侯而醫者知爲誰勞則等也醫之劑凡幾茂窒漏於
氂一也斬而滯啓賂而滯閉者痛砭之二也凡記者
爲頌而已矣蕭侯曰吾太守視民所疾苦而時療之
奚頌焉其已之雖然醫者既已療疾必有案以詒來
者余之記是也
直頌也與哉

皇清康熙二十一年鄉官福建總督姚啓聖重修三
江閘郡人姜希轍有記二十四年知府胡以渙置田三十畝
以歲入修補閘板鐵環四十七年山陰人李師會等

妄言閘座將圮不經改修必致崩塌知縣高天驥聽
之遽估費一萬三千五百八十餘兩均之山會蕭三
縣報督撫兩臺檄布政司親勘時里紳檢討毛奇齡
昌言不須改修持之甚力與藩司意合四十九年山
陰縣乃變爲小修補罅之說奇齡又草議上之總督
梁公鼐正依囬間而郡縣堅謂閘底滲漏宜及早塗
塞新制府范公時崇下其議倣治河築壩之法貼閘
上下討其兩洞之寬用松木排椿釘成牛角形障板
戽水先涸兩洞驗修閘底然後以次移築諸洞奇齡

復持議不可未幾山陰令去官奇齡亦物故而制府檄催不已知府俞卿至力陳其狀事得終寢而閘座至今無患

姜希轍記　吾紹郡三江應宿閘之建也旱有蓄淹有洩啓閉有則三會蕭三邑之田去汚萊而成膏壤者富順湯公之賜也水嚙石罅久之罅漸蘇水益駛以次剝蝕有岌岌就圮之勢越五十年而宛陵蕭公爲之沃錫以塞其内甃石以蔽其外視昔稱壯觀矣再五十年守道林公以鹺使張公之命親董斯役倍加固焉大率相距五十年則堅者必隤而修築之功不能已其庀材鳩工或課之田畝或括羸羨或捐俸秩陶莊敏張文恭余學士記之詳矣嗚呼是皆守土者之責而鄉士大夫之所共憂也比年水旱洊至復患漏巵旱則易涸潦則潰沒諸公咨嗟告語蓋以時考之亦及其期矣辛酉壬戌間西江塘沒三邑田畝再歲不登民力告病當事者議興工役踟躕未决大司馬憂庵姚公予同里人也時方

總師閩越一聞輿論慨然以斯役爲已任而并有事
于三江走札于予謂水得順從閘出不得横從塘入
以爲我父母之邦憂既唯力是視竊所願也公賦性
慷慨勠力疆埸爲
聖天子東南倚重之臣日討軍實而問罪于波濤震
蕩間乃能顧念維桑不遺餘力如此哉葢公之忠公
體國與敦本篤親其心若一故宗招攜敵愾靖亂安
邦如其身家之事胼胝捍災禦患保獲鄉里如其當
官也葢心之所至力無不殫焉于是歎公之度量弘
遠爲不可幾及矣公之介弟候選別駕君起鳳屬員
疾選縣令張君錆受公委任來董其事吾仕紳之在
籍者侍御余公縉主政何公天寵大參陳公必成咸
精思慮勤視履以協助之九月之望郡侯王公有事
于神而興役焉再易朔而告竣凡用夫匠以萬千工
計灰鐵以數萬鈞計竹木以數萬頭計置田起土以
數百萬擔計昔之築隄以衛地也內外各二今則內
外各一爲費較省昔之補罅也先下而後上今則先
上而後下爲期較速斯固董事之授方任能而教有

成效也邪是役也秋濤獨盛入冬而砰訇澎湃之聲猶聞數十里議者爲工未易舉今且落成而頌輿爲非公濟物之懷恊于神明陟降而式憑之烏能致此同里諸大夫不以予言不文將勒之碑石非敢曰足以記公之功聊以慰父老惓惓云爾（毛奇齡議）三江一閘關繫極大其應修與否似未可妄下斷語而愚則斷曰此不必修且必不可修何也大抵地方最要在興利除弊然必有利始興有弊始除若無利而求利原無弊而指爲弊是揠禾作芸剜白肉而使療瘡鮮有不大僨乃事者紹興本澤國以古越千巖萬壑之水而山陰會稽蕭山三縣當之無尾閭去水則巨浸滔天所以前朝嘉靖十七年紹興守成都湯公紹度形勢建閘於三江之口北臨海門以專司洩水其閘高三丈三尺徑長四十六丈列二十八洞以上應周天列宿於以救三縣民田數百萬畝迄於今相距約二百年然而閘座巍然如長虹亘天一若有神物護持其閘凡各洞各柱並無有纖毫傾仄而忽報將圯動言改修是狂夫也故曰不必也夫不必修即不

可修然而又曰必不可修者從來有壞始有修今不壞而稱修不合因變爲改修且名徹底改修顧改修則萬萬不可崇伯築全堤尚不可改未有大禹鑿龍門疏積石而可改疏改鑿者向在史館見湯公建閘一明載之循吏傳中當公生時其父布政公命名紹恩一似當有恩于吾紹者斯已奇矣及守紹而晉謁禹廟則山川林麓如熟識者故方其建閘嘗鑿山根叱海潮犁壅沙十餘里驅江豚水蟲出之下洋然後伐大石運大木收苗山之材與洋山磈磈以門以捷凡于棱礅剡硅牝牡卯結必和糜烹秫鎔金冶鐵以澆灌其中此其神力爲何如者而大言可改是猶一拆巳補之天而改立天柱雖媧皇復生勢必不能萬一爲民心切當事誤聽或偶涉輕舉以致撓亂成蹟則三縣魚鼈誰任其咎然且私估修費限一萬三千五百有奇考府誌湯公造費秖六千三百有奇雖湯公神功原難測度顧未有修費而其數反加于創造至一倍半者愚故曰必不可修也以展轉商之而有不可也可斷也〔再議〕乃既罷改修安用小修據其立說不

過以閘底歲久不無滲漏爲辭此又大謬不然者按三江之爲閘也司洩不司蓄宜通不宜塞故閘之利害衹在剡其柱削其檻以利奔瀉而罅漏之害不與焉乃議修不得搜及罅漏必以爲天塹之險傷于螻蟻一隙雖微恐積漸之至或有妨閘座云耳殊不知閘工研密其礲石輳合雖不如天衣一片純綫盡泯然牝牡交嗑爲力甚鉅其綰結之處縱有離跡亦千牛莫掣是以啓閉舊法但勒五字于石牌而樹之水中每露可閉字則二十八洞循次下插然而插隙漏水流離四垂卽閘傍石罅亦有從而洩漱者以視閘底之小隙何止十倍乃晝夜淋灑而究無所患以爲滲漏涓滴原不足以撼如山如嶽之閘况罅在水底則內外兩水相持不流卽遇泌沸亦水勢無力此雖沙礫作底猶疏泐所不及儼然磊磈何所穿穴杞人縱有云不足慮也無已則或曰旱暵豈無害而實又不然從來蘊隆之咎不關水閘何况閘底故山陰有兩閘麻溪上閘所以救旱可仰接上流之水而三江下閘則衹得救澇苟閘可見底則牌字盡露內河龜

坼必不能以山川滌滌責此石鏬所以閘傍父老謂閘原有鏬然自建閘以來約一百七十餘年從無有以閘底漏水傷禾稼成暵災者乃愚即以自前論計議修所始在四十七年十月歷今四十九年九月巳及兩年即此兩年間去年夏旱今年秋澇澇固勿論而即以旱言在呼雩禱雨時雖閘鏬未露而去底不遠假使滲漏足患則不塗不塞何難以涓涓不檢竟成大甾而兩年旱澇並鮮低仰則是石鏬無所關而區區滲漏總無事修補而勿煩顧忌有明驗矣又況海口沙高流不盡出但苦咽而不苦鏬故民諺曰三江咽民口絕三江鏬民口活今塗鏬修法則直與湯公犁沙民諺苦咽之説兩兩相反又且塗鏬無益舊朝曾捐修不知何法若近年姚宦捐貲修補則鄉人相傳亦曾錬羊毛石灰壜諸硅隙然不期月而鏬鏬如故前車足鑒也愚故曰此閘無大修并無小修此非故爲是妄言也有驗之者也然則必無有修之者乎曰圮則修之愚之言此正以待夫後此之修之者也可斷也〔三議〕夫既不大修復不改修修業經前任梁

制府暨布政司勘驗明白早罷不議卽礅傍漏水亦有驗看謂閘座閘墩俱係堅固並無絲毫損壞諸語是閘有漏水亦無患害況並不損壞何處着漏此亦不必再議者乃自四十七年迄今五載府主據山陰縣詳必謂閘底歲久不無石罅宜築壩戽涸露底塗隙爲修法以致新制憲范公委曲商量倣治河故事倡逐洞捱修之法用排樁板障貼閘洞而釘之水中于以戽板水而窺底罅則事逸功倍然且愛民廹切惟恐失此不修必致他日重議改修反傷民力是以屢經督催而不謂府主因循旣不遵依又不囬繳秪築舍數年而仍未決也愚謂閘洞之底斷無石罅者閘本依山足爲門限明明有石骨横亘水底石骨豈有罅卽或閘洞分甃或另有削平磐石仰受閘版然亦不能罅使直罅耶則黃泉非受漏之所横罅耶平石安能有横石横漏之理無已則仍指之閘礅之石而閘礅不損在憲勘有明驗矣且閘礅非閘底也是閘底必無罅卽罅亦無關閘座所應直告之于大憲無煩顧慮者況且大憲修法專爲底罅底罅無慮則

自可稍緩且此中亦自有可商者夫憲法不明云貼閘上下用排樁板障釘水中乎向使此地水底如荊揚塗泥楗竹可下則不論貼閘離閘皆能受樁板以立根腳無如閘底山足總是石骨卽或山足不齊亦大抵石多土少石不受樁則樁不能以豎板板不入土則板不能以截水今此樁板實有不能入土者卽使離閘下樁可避山足而沙中确石所在都有石苟礙板卽如拳之石皆足爲梗何况磽确且欲窺底罅則貼閘之樁究所難免是樁板釘水歷揆之此地而有未協也凡此利弊在當事奉行者宜採擇衆議直陳以可行不可行之故則知大憲虚公定無我見而乃故作懞昧姑置不理迄于今秋霖綿邈内水洋溢忽山陰開到擇日興工已估值一萬餘兩三縣公派應徵蕭山民錢三千餘兩付司事聽用縣民大駭實不知果是上憲行文抑府主新檄正丐集議而署縣以他事無暇方遷延間會颶風大發巖壑震動内河既須洞而海潮外撼三縣民田百萬畝悉没水底雖開閘二十八洞通身洩瀉無救陷溺賴江豚肆擾蕭

山北海塘與山陰瓜瀝塘盡崩于水初猶內水與外潮相持而旣而潮退則洩口旣濶而內河之水隨之而瀉夫然後民田稍露屋廬無恙則是此閘止司洩並不司蓄止宜去水斷不宜留水歷有成驗假此時此日無雨塘之崩則雖鑿二十八洞洞洞拆裂亦絲毫無用而乃司事者尚欲征民錢一萬涸濵海之波露東洋之底以窺此徑尺徑寸之石鐍此愚所以大聲疾呼雖身叢怨尤而不敢徇也今海塘未築而丈五河塘又崩內水盡退勢必有重擻一修閘者因不憚扶病亟成此議以爲後來司事者備一省覽〔知府俞卿詳文〕看得三江閘座係前明湯守相度地形築成堅固利賴三縣民生如有缺壞自應及時修築甲府於五十一年十二月二十日至紹興因山陰丈午村蔡家塘潮冲患缺關係緊要遂於是月二十四五等日親行勘築山邑沿海塘岸被衝報明者雖止兩處其實自宋家漊至九墩共有四十餘里年久並不修築查案亦無一人具呈而在在坍塌竟有人足難容之處幸未衝出海口耳此等處所再或不修則害

不可言因搜取值塘花戶册籍勸諭委員分築三月以來除蔡家塘丈午村借帑修築者已將完工另行具報外凡山邑海塘缺陷之處皆增築加高雖較之他處海口純用石版牝牡啣結一勞永逸者或未能經久而有此已成堤岸一歲歲增修亦可有備無患甲府六經親勘往返三江一十餘次因事關重大兼奉憲行特留心查察冬涸春漲情形歷歷在目不但長虹鞏固莫可分毫那動即鏬隙二字詢之居民聞前總督姚啓聖因砠間小隙煉羊毛石灰塗墁不久仍然剝去則知補塞鏬隙原無益于此閘近今蓄洩亦自無妨加以閘原石骨閘墊填砌大石若天成地鑄經久無虞若鑲板朽壞自有歲修定制而李師會等不諳事宜好爲立異自四十七年至今紛紛聚訟即議小修築壩費用亦復煩多曾經藩司親驗又蒙憲檄示以貼閘下樁釘成牛角之形做板溜槽耳水見底仰見憲慮周詳工減費省誠無有過於此法者但甲府歷次查閱考之謂載驗之時事請造請修照田捐費均非急務合將原委據實詳覆備日後有隙須

修則憲檄具在良法昭垂自可利賴萬世卑府身在地方仰遵憲檄據實直陳伏候憲裁

〔山西閘〕在郡城北五十里明萬曆間知府蕭良榦建山陰四十七都白洋黨山諸村地勢窪下每淫雨泛漲水難驟洩良榦既修三江閘復於山西設閘三洞以殺上流水勢補三江之所不足　本朝康熙二十九年紹興大水知府李鐸復增立二洞共前五洞復置田二十九畝以資歲修後爲怒潮所激毀其西三洞五十三年知府俞卿檄山陰蕭山二邑修築蕭以閘坐山陰爲辭山以隣近蕭山救護田禾蕭享其利

者十之七欲拉蕭共任而蕭復推諉俞卿盡謝二邑獨力成之遵舊制葺修三洞洞底曳巨石鞏護屹然如金城前後捐銀五百兩五十四年六月告竣設閘夫四名以司啓閉山陰一名蕭山三名〔知府李鐸詳文〕爲閘工告成等事竊照郡三面皆山一遇淫雨山水下注疏洩雖艱幸賴明代湯侯建有三江一閘按時啓閉蓄洩得宜于是水患稍除然以山會蕭三邑千巖萬壑之水四方滙集止賴三江一閘出水偪淫雨連綿之際水勢泛溢白洋一帶數十萬民田遠于閘者不無隱憂查山陰縣四十七都地方舊制有山西閘原爲分洩上流水勢而設雖向有三洞基模然年久頽廢卑府因康熙二十九年水災之後蒿目民艱不忍膜視親詣踏勘相度地勢重建五洞以廣水道庀材鳩工俱係力捐清俸凡需用料物工匠俱發現銀採買僱

募不動民間一草業于去年七月告成矣至一應制度俱倣酌三江閘之例非眞遇淫雨不輕啓放後三江閘而開先三江閘而閉不使有泛溢之患亦不致有旱乾之虞但工既報竣倘專司無役修補無資又非久遠之策必用夫役六名晝夜看守以司啓閉第額無夫役難以新增查山西閘坐落山邑而隣貼蕭山闗乎蕭邑之田禾水道者居多蕭山田居十分之七山陰田居十分之三今于山陰撥民壯二名蕭山撥民壯四名仍于閘邊建屋三間使夫役得以棲身而令白洋司巡檢專董其事庶可一勞永逸至於閘板不時啓閉致有罅漏又必需泥塡築不便取于民田今捐元字號沙田一畝給與閘夫聽其運用若木板鐵環必得每年添補方無朽爛今捐置長恃攺三號田二十九畝七分零取其利粒除完糧外每年資以修葺勒之于石可垂永久庶使後之盡心水利者知三江必不可無山西山西實有裨于三江伏祈俯

賜批示遵

照存案

明知府戴琥原定水則種高田水宜至中則種中高田水宜至中則下五寸種低田水宜至下則稍上五寸亦無傷低田秧已旺及常時及菜麥未收時宜在中則下五寸決不可合過中則也收稻時宜在下則上五寸再下恐妨舟楫矣水在中則上各閘俱用開至中則下五寸只開玉山陡亹匾拖龕山閘至下則上五寸各閘俱用閉正二三四五八九十月不用土築餘月及久旱用土築其水旱非常時月又當臨時按視以爲開閉不在此例也

玉山陡亹在府城東北三十三里唐貞元元年觀察使皇甫政建凡八門北五門隸山陰南二門隸會稽泄三縣之水出三江口入海

扁拖閘在府城北三十里小江之北其閘有二北閘三洞明成化十三年知府戴琥建南閘五洞正德六年知縣張煥建推官蔣宜記山陰會稽蕭山良田千萬頃一遇霪雨則溪水横流遂成甕形浮梁戴君廷節以御史出守茲土深恤民患以爲小江決不可復開磧堰決不可再築故於山陰新竈柘林各置一閘以泄江南之水又於扁拖甲蓬各置一閘以泄江北之水復於蕭山之龕山山陰之新河各置一閘以泄湘湖及麻溪之水而後水有所歸無復向日之漫漶而三縣之田可以望秋成矣其有利

於民豈淺淺哉〔王鑑之記〕山陰面山而負海四鄉之田視水之盈縮以爲豐凶正德戊辰泰和張侯主奎出宰吾邑謂農事莫重於水利恒切究心以三邑之水皆宗於玉山扁拖二閘旱則瀦之以資灌溉潦則決之以防浸淫然環郡之地亘數百里溪壑暴漲三閘豈能速退故於涇瀆之匯倚玉山爲固增置水閘以分泄玉山斗門之水則三江之至柘林患可除矣復於扁拖故閘左右增置斗門六洞以泄小江南北暴漲而三邑居民亦可均受其利矣

涇溇閘　在玉山閘之北明正德六年知縣張煥建

茅山閘　在麻溪壩外三里先是天樂四都田截出壩外歲被江潮淹沒明成化間知府戴琥于茅山之西築閘二洞以節宣江潮久之閘圮水患如故崇禎十

六年左都御史劉宗周重建三洞甃其上半禁船出入洞口有板有門以時啓閉置田備修葺澇則洩之三江旱則引水茅山實與應宿閘相爲呼吸焉變汙萊而成沃壤民感其惠立祠閘上春秋致祭

劉宗周茅山閘議

茅山之有閘也爲麻溪有壩則天樂之水不得不另開一道以走外江而又虞外江之冲入故建閘以啓閉之法良善矣無如歲久而不可恃也閘有夫二名向以土棍充之凡外江貨船入內河閘夫得錢即啓閘以過水勢湍急不可卒閉外水注入竟爲大害今得二策焉其一曰更閘制舊制閘如橋爲兩洞洞高二丈今請築其上半如壩制使閘口僅高丈許時方大水閘口沒入水下雖有貨船無由過閘遇水涸之日閘口上出水而又可聽貨船出入而無害舊制閘門一重今于門內又加板一重內外兩扇之如是

則啓閉之間可不設禁而永無虞外江之患矣其一曰更閘夫請以地方殷實者司之或十年一更或五年一更聽地方自相推認凡富戶土田廬舍不出于鄉共關係在身家性命有不盡心力爲之者乎今將閘夫歲領工食且另置公田爲修理之費一并付之富戶舉此二者茅山之閘庶可恃爲一方司命卽不開麻溪壩而天鄉之民當有起色葢麻溪有壩內水雖不能遽出而茅山有閘外水決不能驟入矣〔建茅山閘記〕自麻溪築壩而溢潮數萬畝之田遂爲甌脫天鄉諸山之水既不得越壩以分其漲而小江之水復挾江潮循茅山以入溢潮汪然巨浸矣賢者憂之于茅山之口建一水門山洪并發則啓以洩之潮汐驟冲則扃而拒之遇歲旱乾溪流枯竭則又節宣潮汐以爲數萬畝枯槔地自神廟以來民享其利又自茅山至鄭家山嘴築大塘使江流不得橫溢必逶迤曲折由閘以入而後茅山一閘始屹然孤峙有砥柱之勢天鄉命脈懸于一綫此誠地方一大關鍵哉歲久頃圮塘水潰決以致江潦溪流漫爲沛澤天鄉之

無收數十年於兹矣余向曾著天鄉水利議及茅山
閘議惓惓於移壩改壩實足爲三縣興永利有志未
逮歲癸未大史余公煌及各長吏走麻溪疏導水源
而苦於霪窄因改修舊壩而廣其霪復顧茅山而謂
予曰天樂水利向者先生建三策今不能行其上而
姑用其中乎請先開茅山潦則洩旱則灌使三邑之
民曉然知茅山之爲利而不願麻溪之有壩然後漸
開麻溪以興永利不亦可乎予應曰唯唯於是令曰
舊制水門二今改闢其一皆以尋爲度高視舊增四
之一而以石甃其上半内外皆設霪門中施板幹務
在雄壯堅牢可垂永久是閘也舊通舟楫諸商人惟
取便利不顧節宣以致溢湖江海連爲一壑今增而
高卽遇狂潦不致闌入矣半甃以石使不容船估舶
望而却行矣增闢水門則消長汛速進退不停滯矣
廣殺于舊則勢益謹嚴狂瀾易抵矣夫然後天鄉之
水利興而民無昏墊之苦予於是謀之長吏以及耆
老僉曰可卽先捐銀若干兩余公煌及諸長吏各有
所捐厚集人徒隤林揵石畚臿之工日以千計人謀

畢協共襄厥功崇隄壁立勢軼嚴關殆與湯公之應宿爭雄峻矣以其餘貲築鄭家大塘高三丈廣倍之不惟溢田藉以永賴而與麻溪交相捍禦有唇齒之勢雖不能行其上策而三邑亦未必不沾利也功既成士人欲予書其事于石顧予不文且遘國難尚何顏自侈其功哉因書月日以告後人

撞塘閘在玉山閘之東北明嘉靖十七年建

平水閘在三江城西門之南明嘉靖十七年建

會稽蒿口斗門在曹娥江西五里今廢爲堰

蕭山鳳堰閘在縣東百步許閘水舊自鳳堰徑入廟橋河築城後水由運河出東門南經城濠始入廟橋河又經東塘河至徐家閘東流以達螺山閘並入于

江

林家閘在縣西百步許西受夏孝長興諸鄉之水南受新義苧蘿諸鄉之水會于西河達于運渠東經于錢清又東入于江

長山閘在縣東北二十里東北禦海西南節由化由夏二鄉之水龕山閘在縣東北三十里東北禦海西南節鳳儀里仁二鄉之水歲澇並以出諸鄉之水東北入于海此二閘明成化間知府戴琥建今歲久築塞不力漸就廢〔吳寬龕山閘記〕紹興地介於江海之間潮至則海沙漸壅而水不通故雨

霪則江流暴漲而田皆沒其患豈無自而致者常考
之郡志有漁浦有磧堰凡水自山陰天樂慈姑麻溪
而來與金華義烏諸暨之水合流於江者足以障之
入海而不使分殺其勢則涉淄不能瀦滀矣夫水道
無阻則澇易泄而旱有濟其爲利也莫大於是自堰
之廢農人始以爲病久之莫有爲民慮者浮梁戴侯
廷節由監察御史出知紹興之三年政既有成益留
意水利既相山陰境内置五閘以洩江南北之水矣
他日行蕭山問民所苦縣令陳君瑶亦以若水對侯
遂與之行水指龕山斷處曰是獨不可置閘乎乃以
委陳君陳君召父老沈珪輩經度材用而命司税淩
禎宣義郎汪雷督工工既訖因名之曰龕山閘仍設
卒守之相時旱澇以爲啓閉自是水有節宣田無汚
萊農人後以爲利閘之制爲門二中施横木深若干
尺廣若干尺旁列石柱上架石梁各四爲椿三百石
爲丈六百灰爲觔三萬五千其工四千五百六十
霪頭閘在縣北十五里節由化鄉之水北注于運河

村口閘在縣西五里清水閘涵水閘在縣西八里資福閘在縣西十里並以潴湘湖之水防夏孝長興二鄉凡歲秋三月則謹守之

徐家閘在縣東南十二里元邑人戴成之建明景泰間縣丞王瑾重修𦫼山閘在縣東南二十里明天順間知縣梁昉重建並以禦小江之水防昭名崇化二鄉凡旱南引江水澇北決渠行之於江

新河閘在縣東三里澇湖閘在縣東十里昭名崇化由夏諸鄉之水會焉一入于澇湖一入于山北河會

于長山閘又北入于海
麻車閘在縣東三十里節鳳儀鄉之水南注于運河
許家閘在縣東三十五里捍北海之水南溢于里仁
鄉
餘姚李家閘在通得鄉之三都慈谿石門三十六壆
之水會焉一分於慈谿之長滯一分於楊溪宋建隆
二年置閘于楊谿西北以節水
石堰閘在龍泉鄉之一都西南受姚江之潮灌于龍
泉諸鄉其東受横河游涇之水注于江實餘姚東北

水道之咽喉而水門窄隘潮水無大出入司閘者或射利啓閉不時鄉縉紳嘗言於司河渠者乞闢廣之縣已計植利諸鄉田畝科銀入公矣而役不與近日鄉民慮無柰盜洩者何乃以木爲戶作樞關於下向上掩潮至自開退則水推之閉百人力不能啓也亦可謂巧矣

南湫閘節燭谿湖下源之水使不傾于江東横河閘節燭谿湖上源之水使不傾於下源俱在龍泉鄉一都

匯堰閘在梅川鄉之二都節游涇及上林湖之水水門亦頗隘不能洩游源諸澗暴水又有水窟閘今廢

白石堰閘在上林鄉一都節上林上嶴二湖之水

雙河閘洋浦閘在上林之二都東界于慈谿之鳴鶴鄉水自上林西南行六十里經四堰四閘始達于江東涯鳴鶴地卑易流不十五里巳趨于海唐景隆元年乃剏二閘於様塘之南曰雙河北曰洋浦洩上林暴水宋乾道開慶閒元天曆閒皆修治之以故上林諸鄉無水患明永樂初奸民閘雙河下土石阻鹽商

規利然水即决之已而西廢上林之岑家埭宋時嘗置北埭以絶梅川游涇之水東廢鳴鶴之黃泥埭置松浦閘水東行益利慈谿之自利者輒不肯决雙河之土石梅霖雨水暴至盡俺上林諸鄉田廬正德十一年上林人毛鳳何明孫俊始白其事于御史臺慈谿人忿爭之積歲不解史巡按御史成英劉廷簋檄台郡守顧璘杭郡同知丁儀臨治之於是觀地形考便宜咸謂雙河置閘有利餘姚無妨慈谿其踵唐宋以來之蹟復為石閘餘姚人世守之且與慈谿併力疏浚洋浦使永無

填淤反壤之害隆慶間二邑人復興訟久之會官勘
明仍舊
上虞清水閘孟宅閘俱在縣城東泄運河之水于江
清水閘圮宋嘉泰元年尉錢績修建厥後二閘頹圮
尤甚縣白于府府檄築海塘府史王永修之永視舊
閘小且窄不足防水議就故址更加深廣顧工費浩
繁莫能舉永與監邑偰烈圖尹張叔溫簿列古沙等
勉各寺僧出三年助役之貲得中統鈔六百餘錠命
等慈慶善寺僧大逵質直司之俾邑人管籌等於大

漊處支價買灰石椿木委耆民張德潤董役先清水
次孟宅不數月迄工至今不圮
陡門閘在梁湖南
孔涇閘先年新橋灣有河半里許久雨則泄水注曹
娥江由是大小坂之田無水患自水道堙塞近境多
澇新橋後舊港猶存浚治甚易也
四水閘在縣東南宋令袁君儒分殺玉帶溪水
永濟閘在四明西港計五洞每洞濶一丈五尺
堰各邑堰甚多不可勝載大率用以蓄水

〔砩〕會稽亦有砩而嵊新昌在萬山中尤多用砩渠引水舊置一長領之水利官親董其事農隙時督田戶通力修濬灌溉賴焉邇來砩頗壞水道多淤而豪強之徒率曲防裝碓以專利焉

新昌孝行砩在縣南一里宋知縣林安宅所開自虎隊嶺導流入東洞門遶南門而西由大砩橋達于三溪砩長十餘里溉田一萬三千餘畝附郭居民咸仰給焉明正德嘉靖中水決虎隊長渠或淤或壞知縣宋相宋賢相繼修之然水利不均民莫肯修築砩日

就崩頹農夫惟仰賴雨澤萬曆三年歲旱知縣毌琯乃諭民協力修濬且爲之均分其利五年復相度砩源溪水比砩爲低因教民採木石築長硑堰溪水入砩又延砩加土堅築甃以石板於大佛橋洩水之處設巨閘建竇甃立流水牌以時旱潦均灌溉由是水利溥矣

水碓諸暨嵊山家多有之藉水之力以舂有三制平流則以輪鼓水而轉峻流則以水注輪而轉又有木杓碓碓榦之末刳爲杓以注水水滿則傾而碓舂之

唐白居易詩雲碓無人水自舂是也又水磨以水轉輪以輪轉磨又水車置流水中輪隨水轉周輪置大竹管經水中則管皆滿及轉而上管中水乃下傾用以代桔槹制皆機巧韻書水碓曰轓車

紹興府志卷之十七終

紹興府志卷之十八

學校志附圖

府學圖　山陰縣學圖
會稽縣學圖　餘姚縣學圖
上虞縣學圖　蕭山縣學圖
諸暨縣學圖　新昌縣學圖
稽山書院圖

上海圖書館藏書

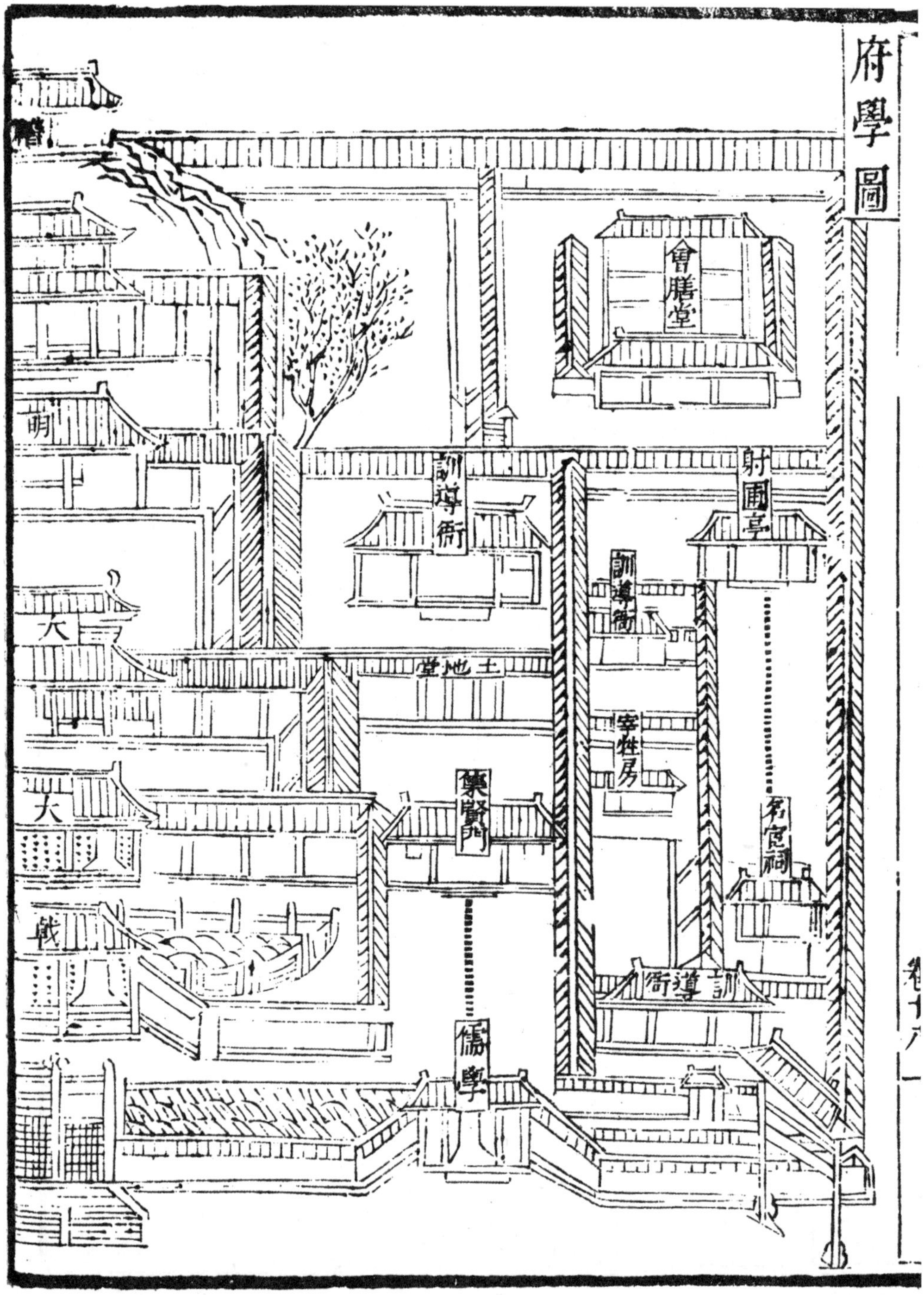

府學圖

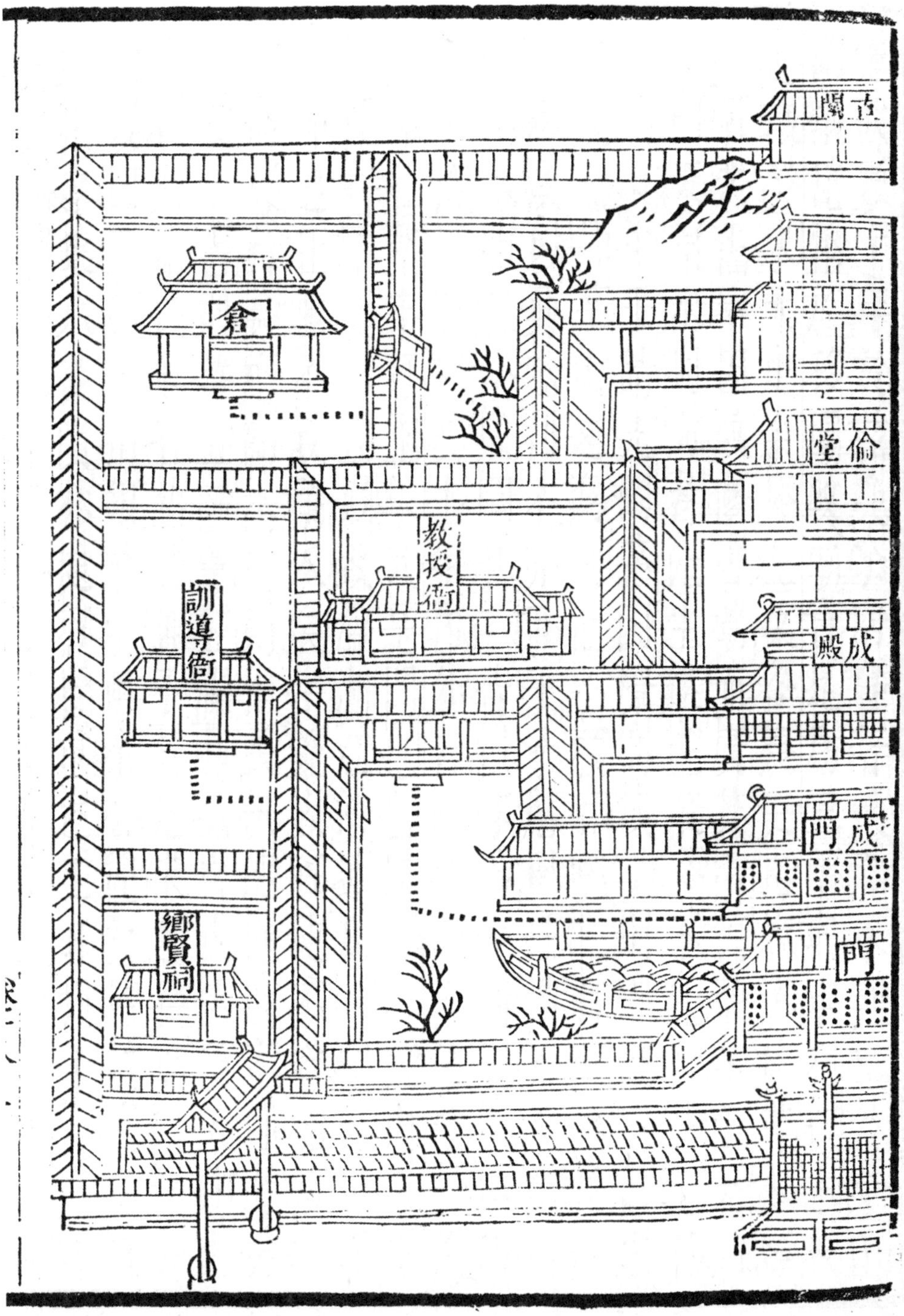
古閣
倉
倫堂
教授衙
訓導衙
成殿
成門
門
鄉賢祠

山陰縣學圖

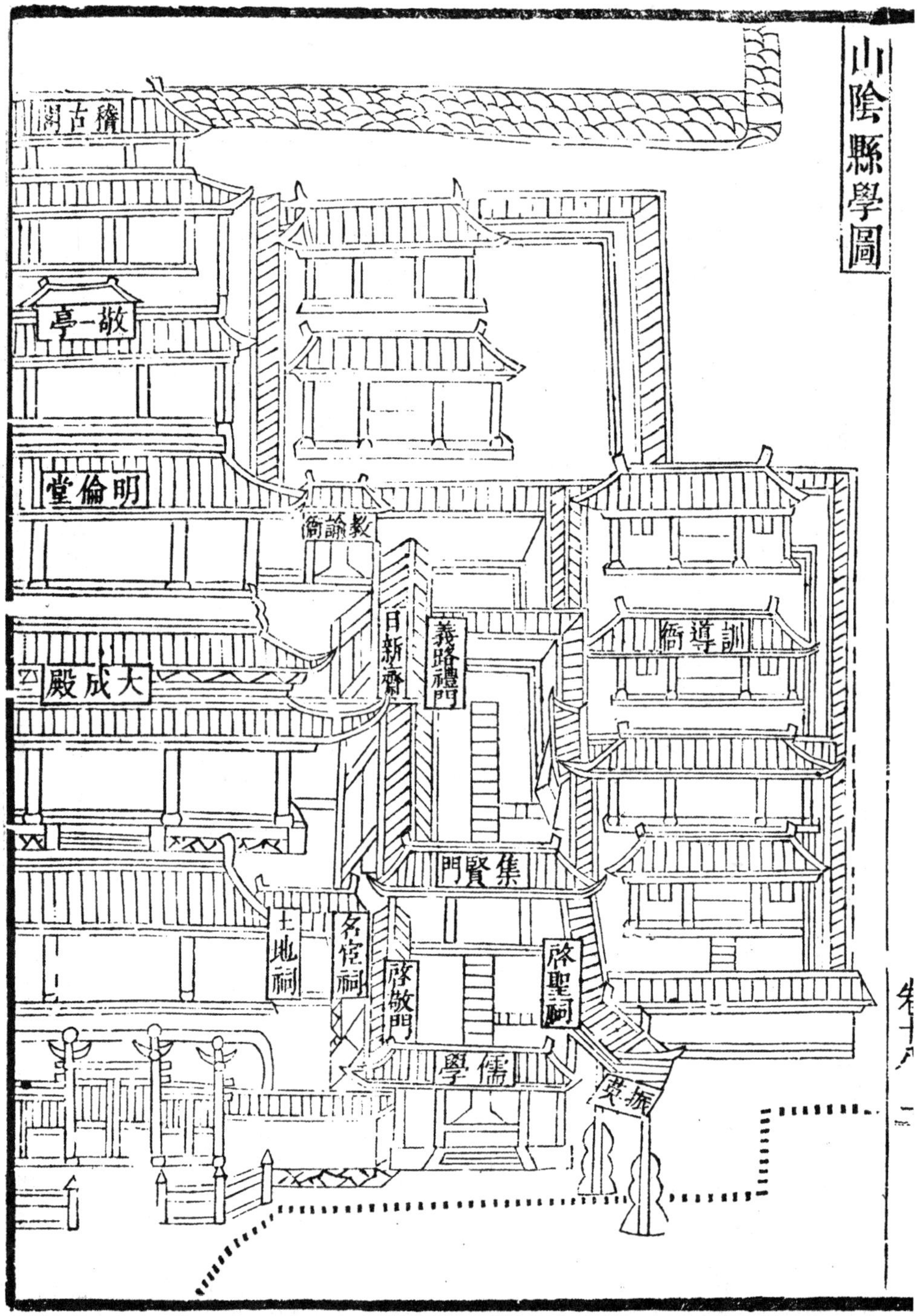

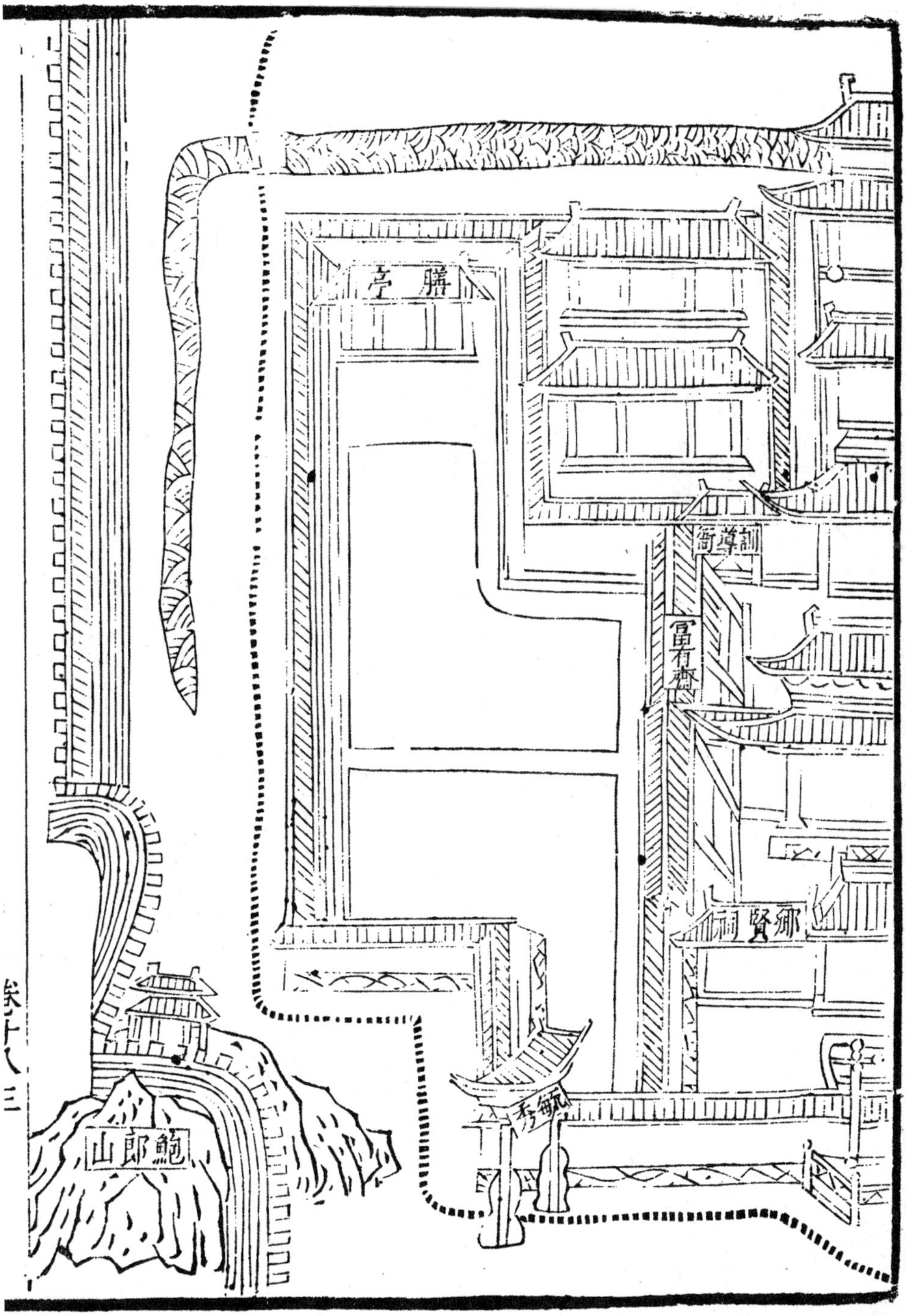
勝亭
訓導衙
富有齋
鄉賢祠
毓秀
鮑郎山

會稽縣學圖

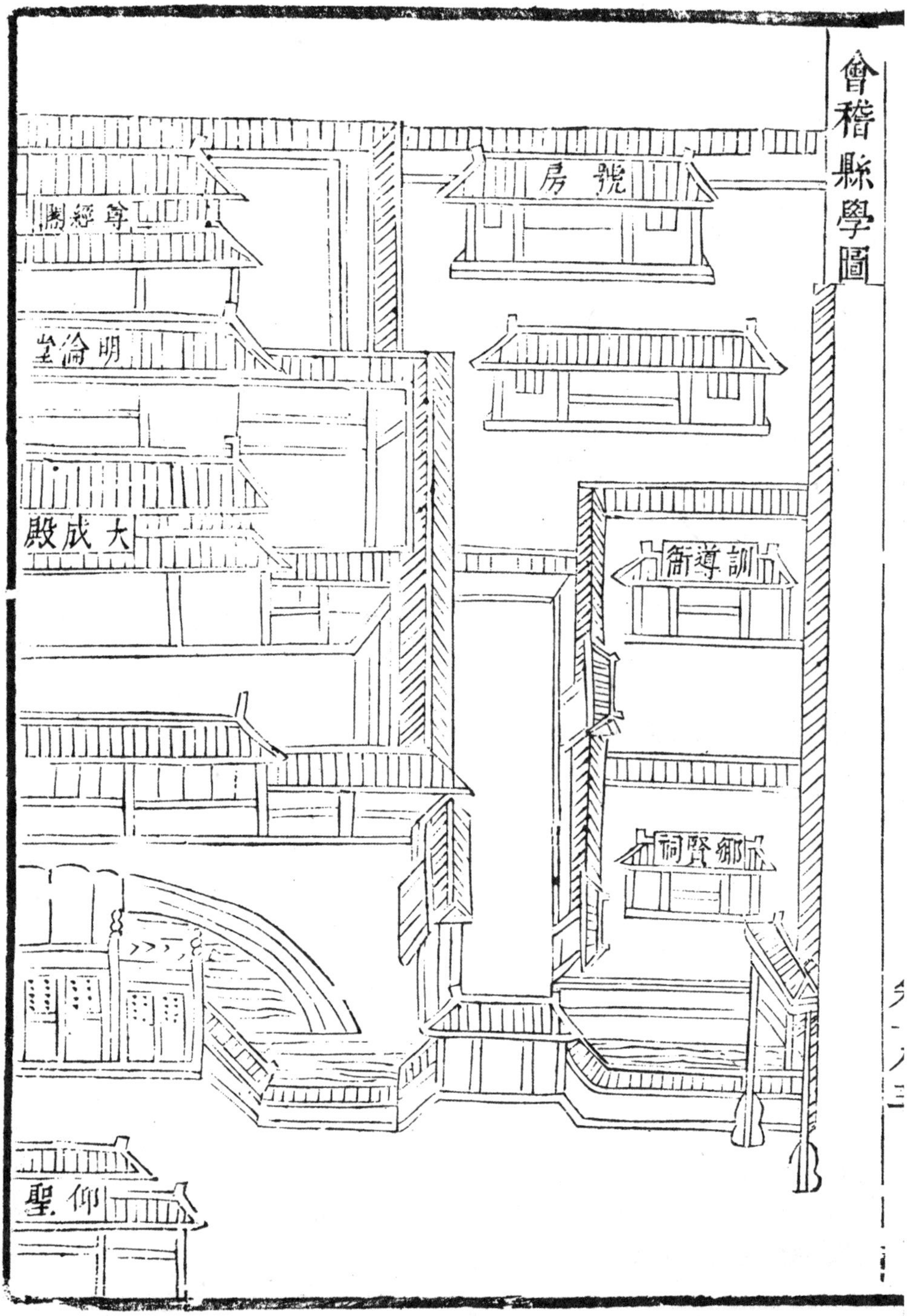

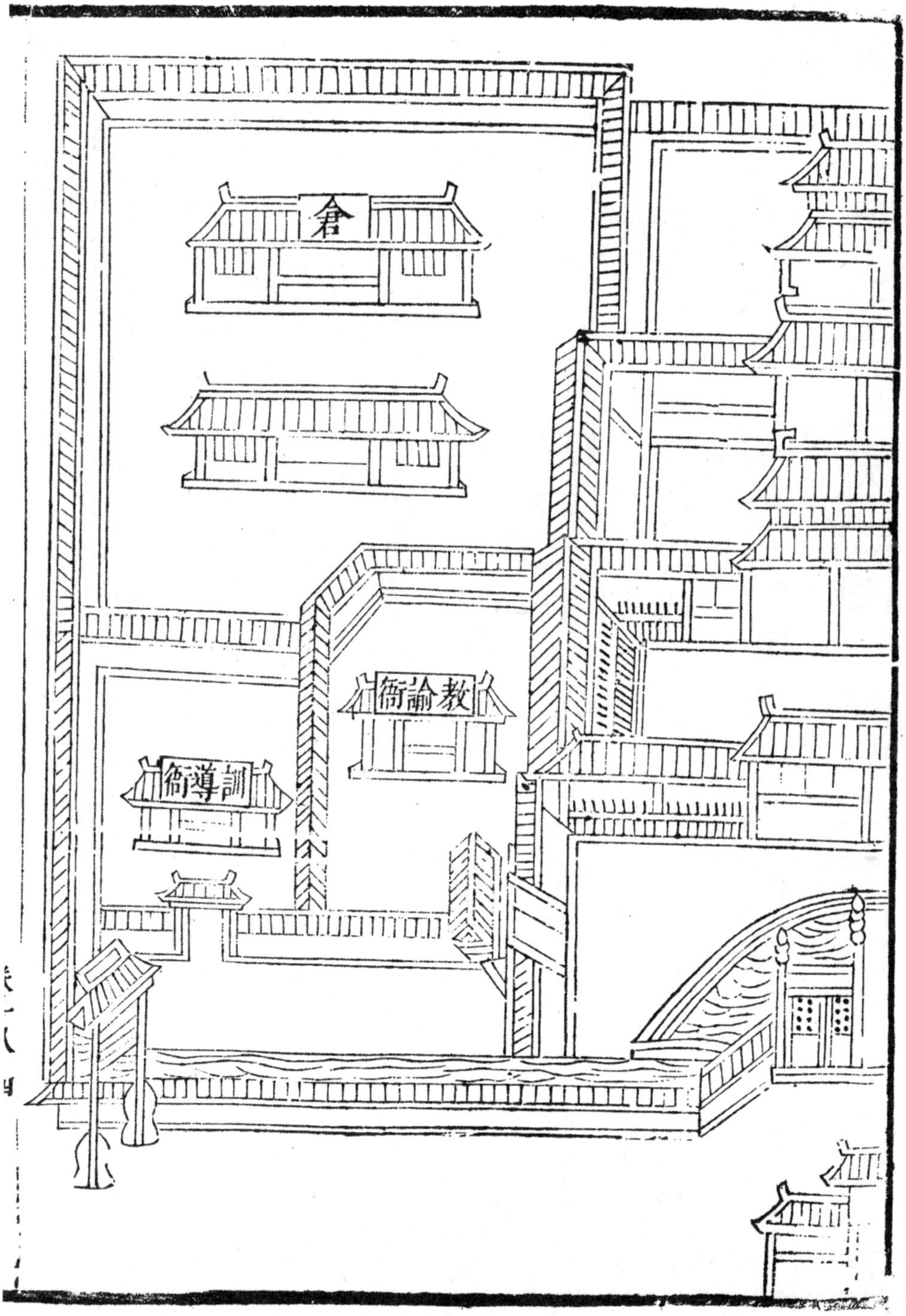
倉
教諭衙
訓導衙

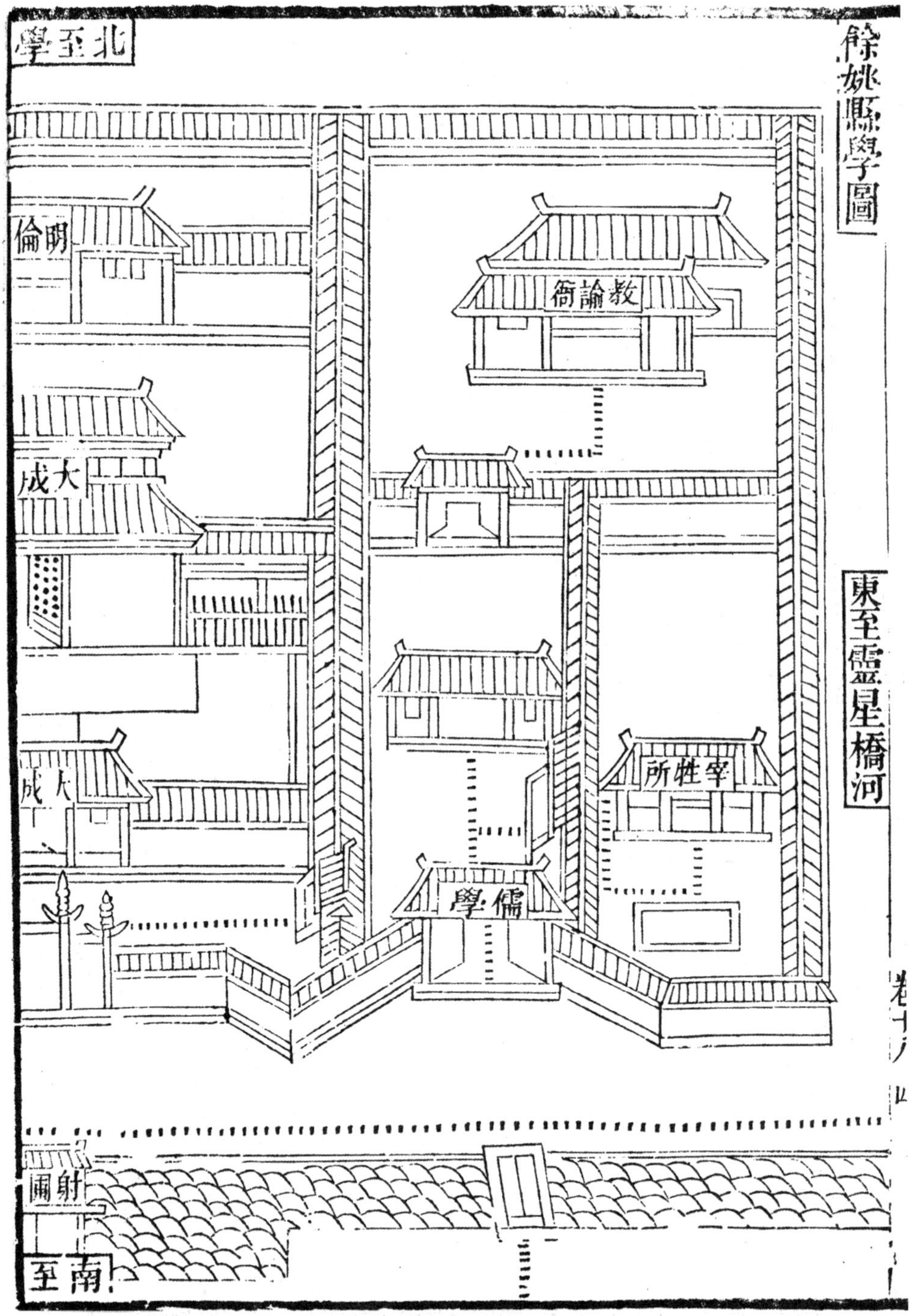
餘姚縣學圖
北至學
明倫
大成
大成
教諭衙
宰牲所
儒學
東至靈星橋河
射圃
南至

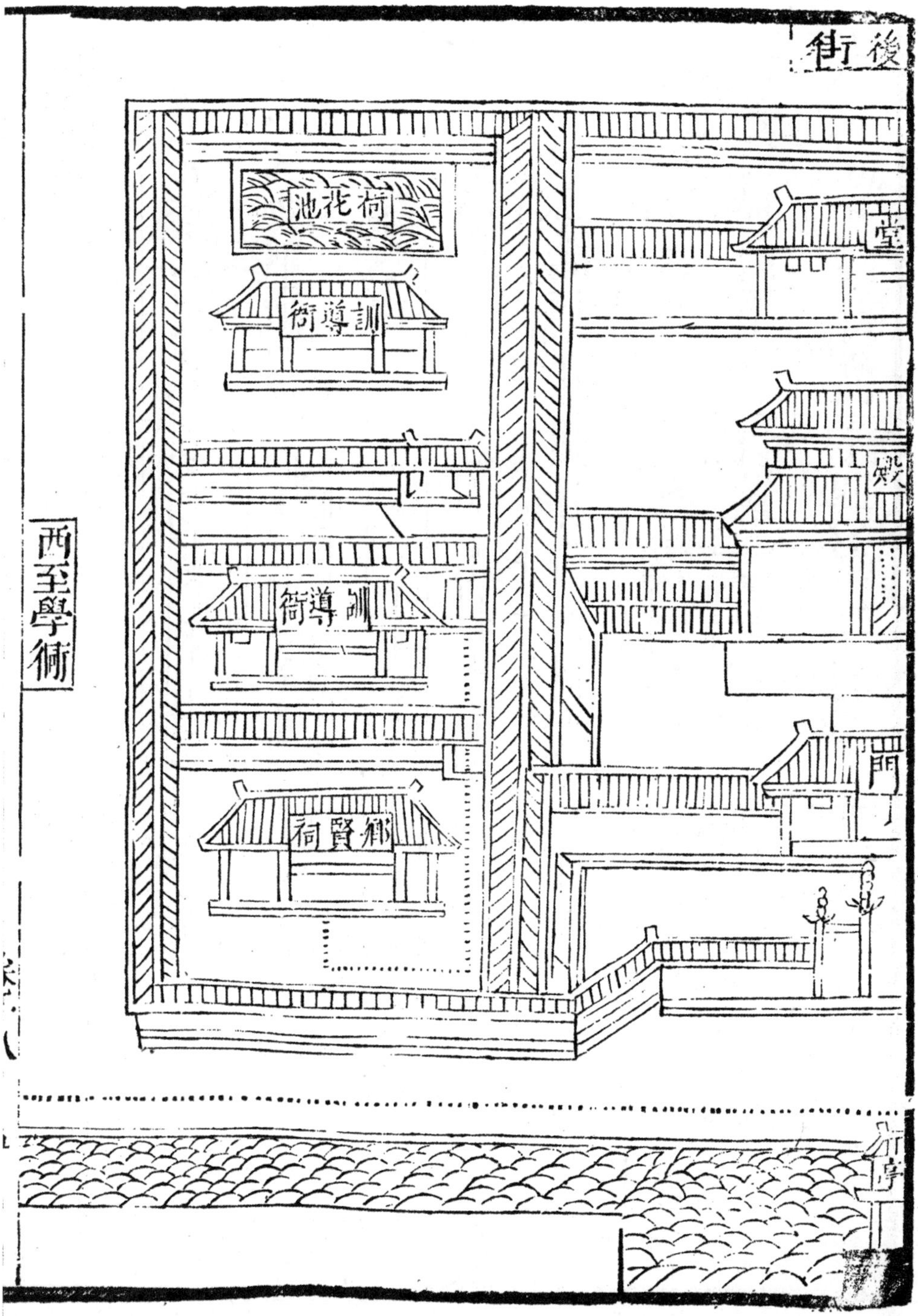
後街
荷花池
訓導衙
訓導衙
鄉賢祠
堂
殿
門
西至學衙

虞縣學圖

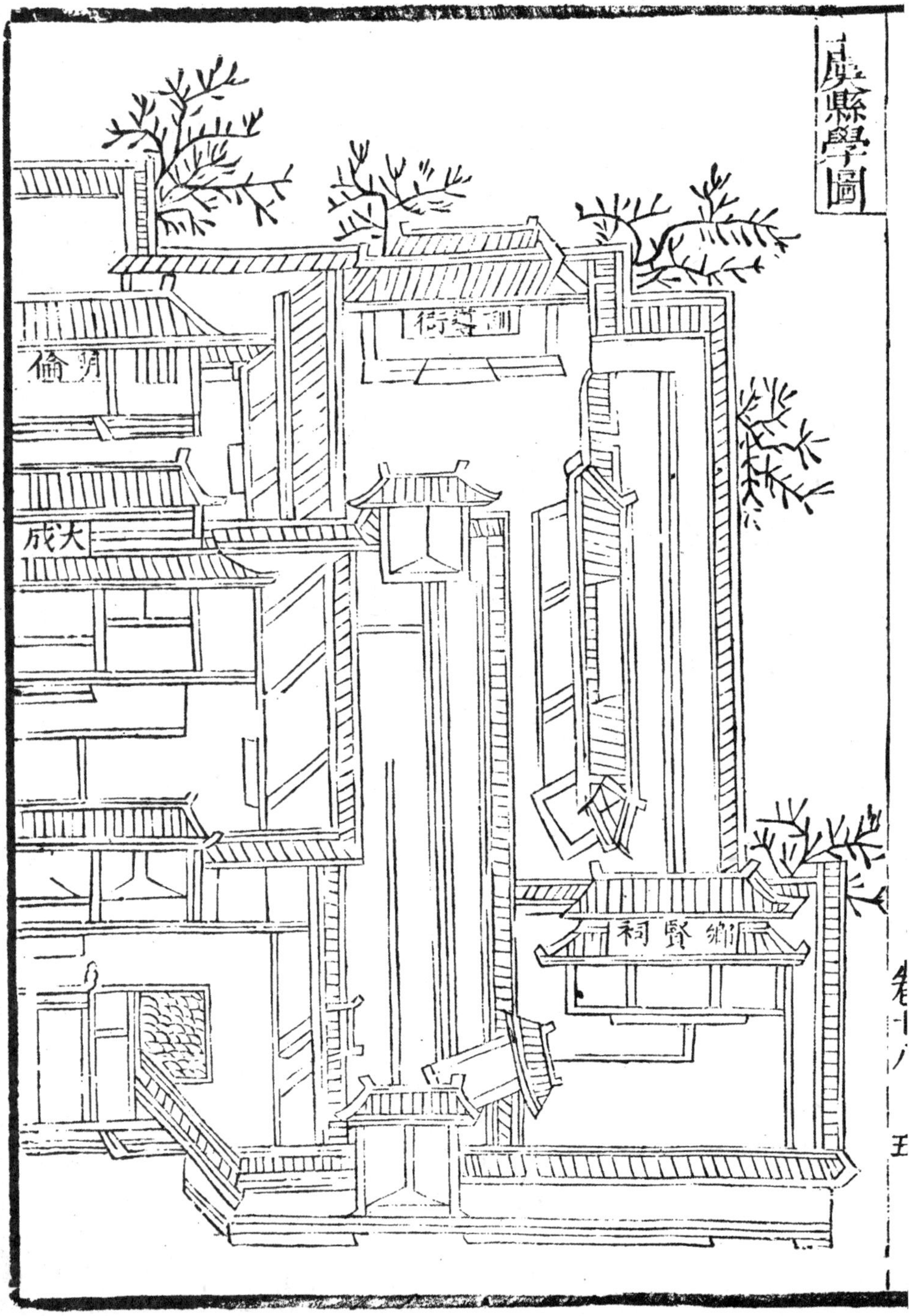

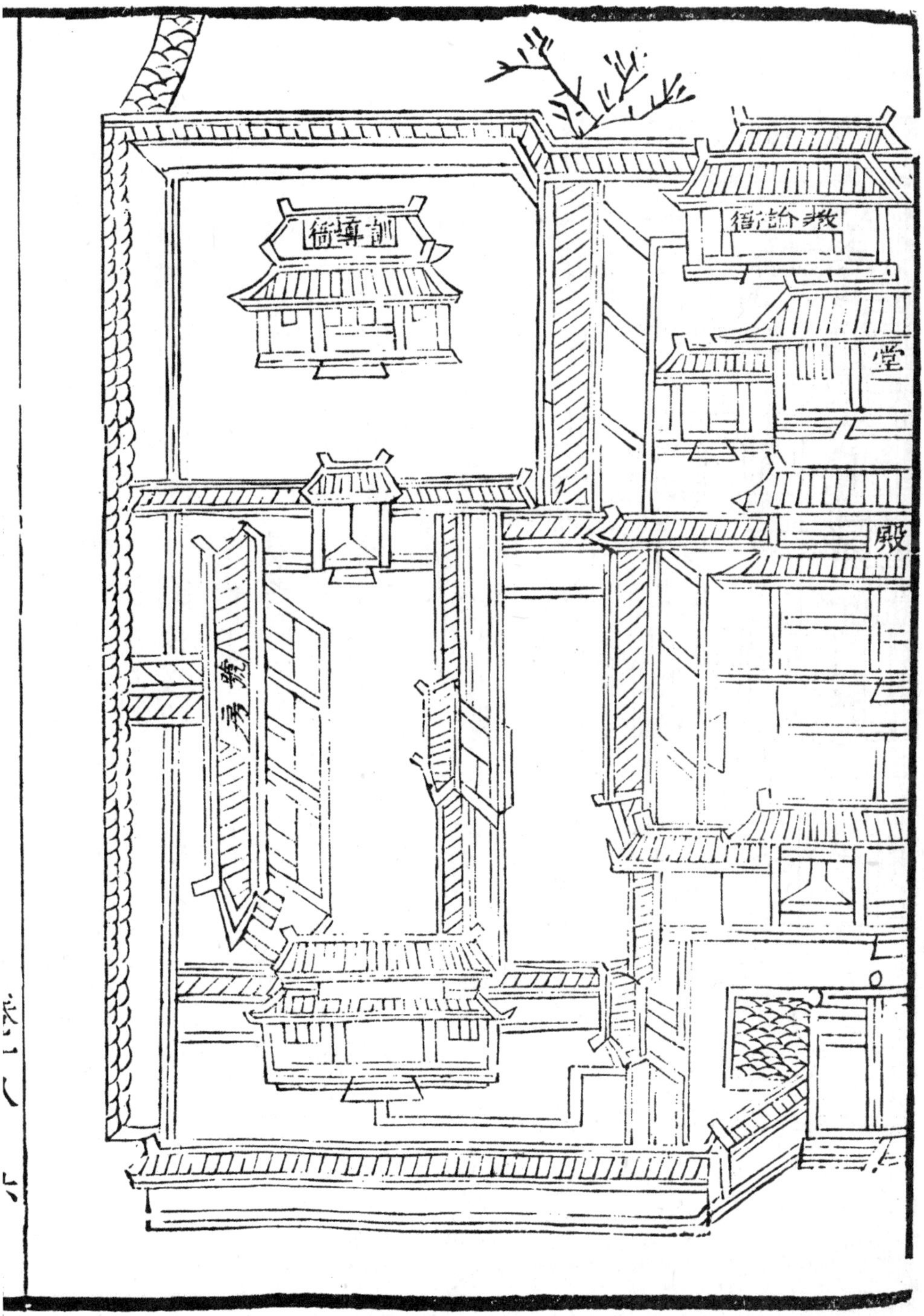
訓導衙
教諭衙
堂
殿
號房

蕭山縣學圖

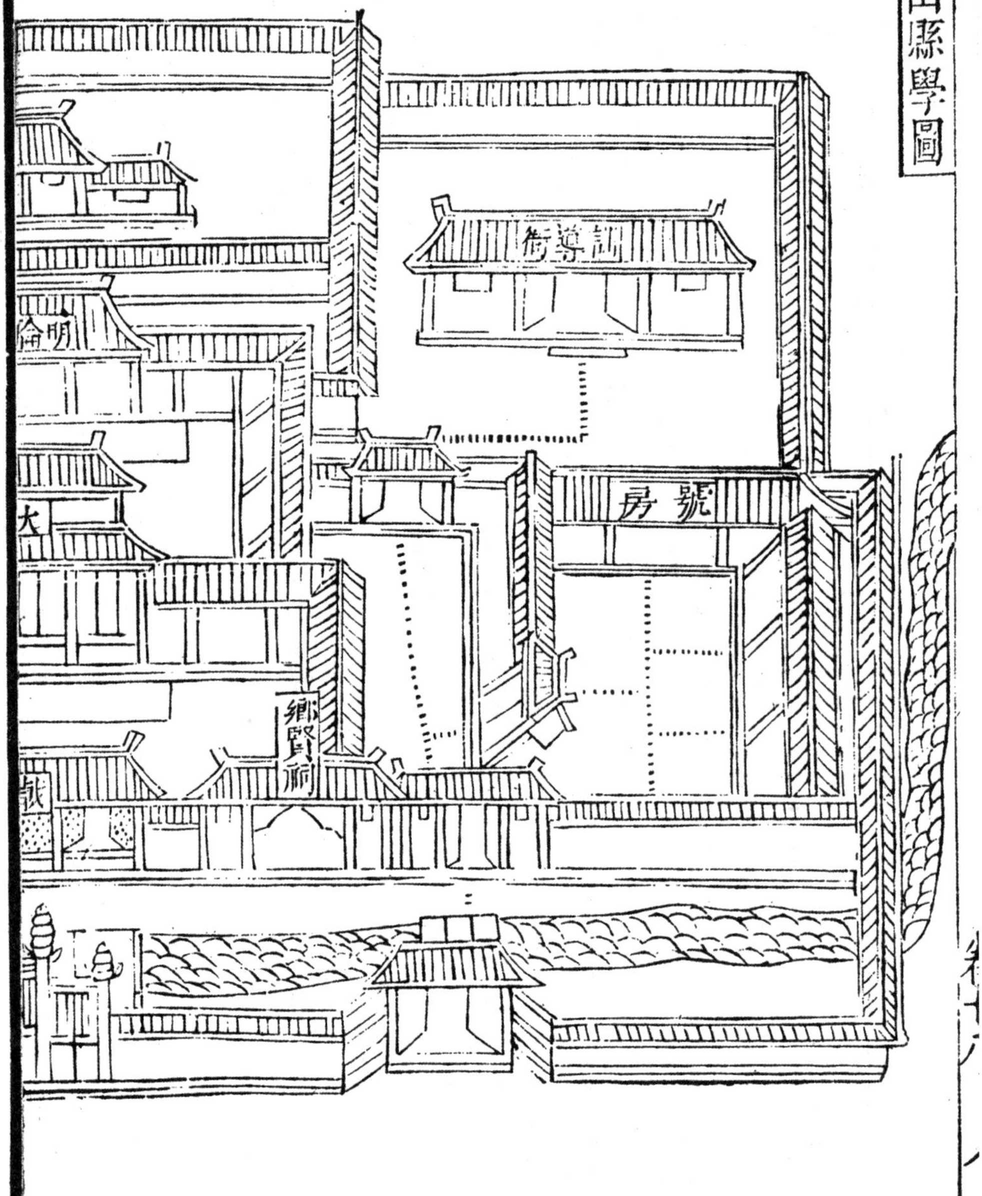

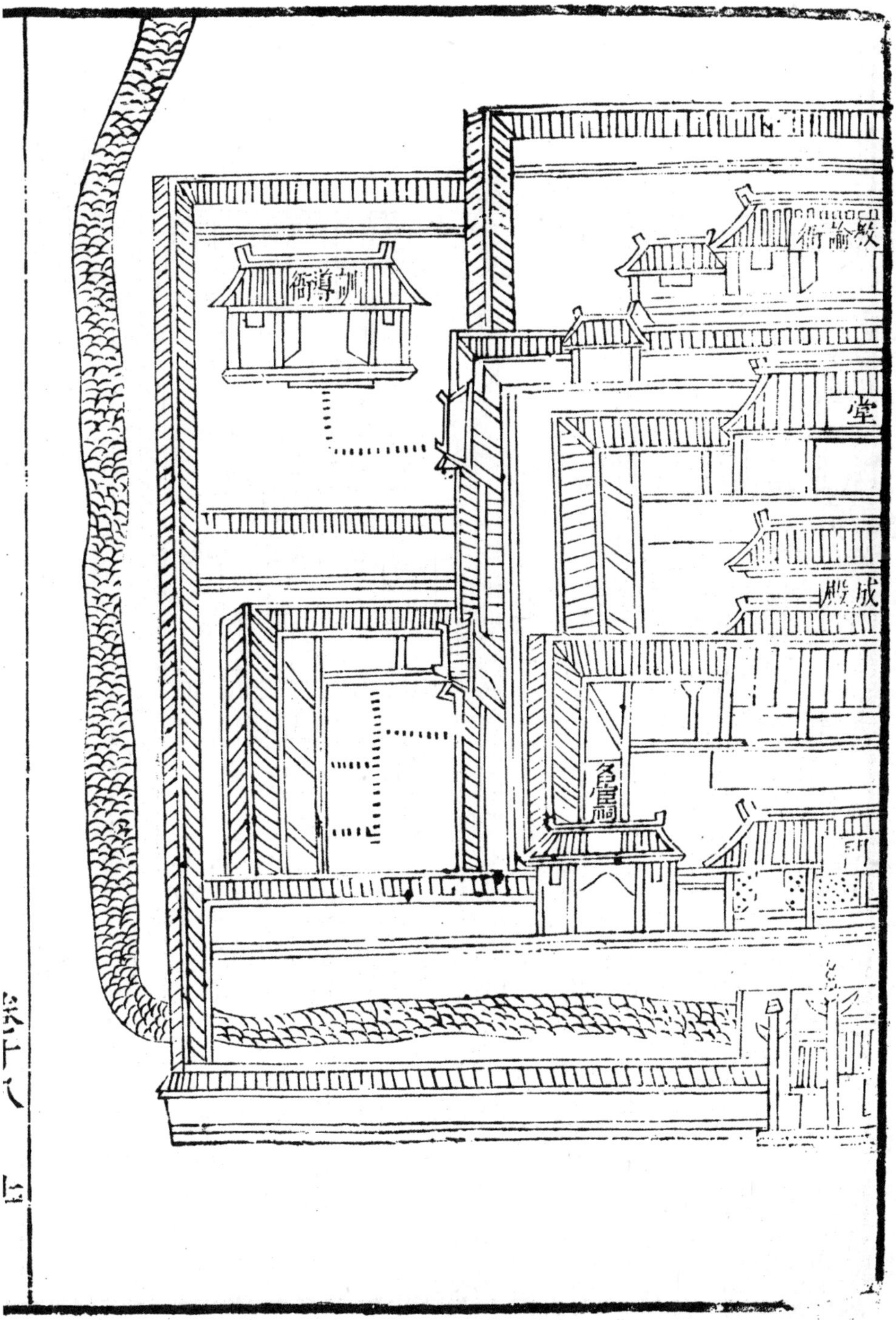
訓導衙
教諭衙
堂
成殿
名宦祠
門

縣學圖

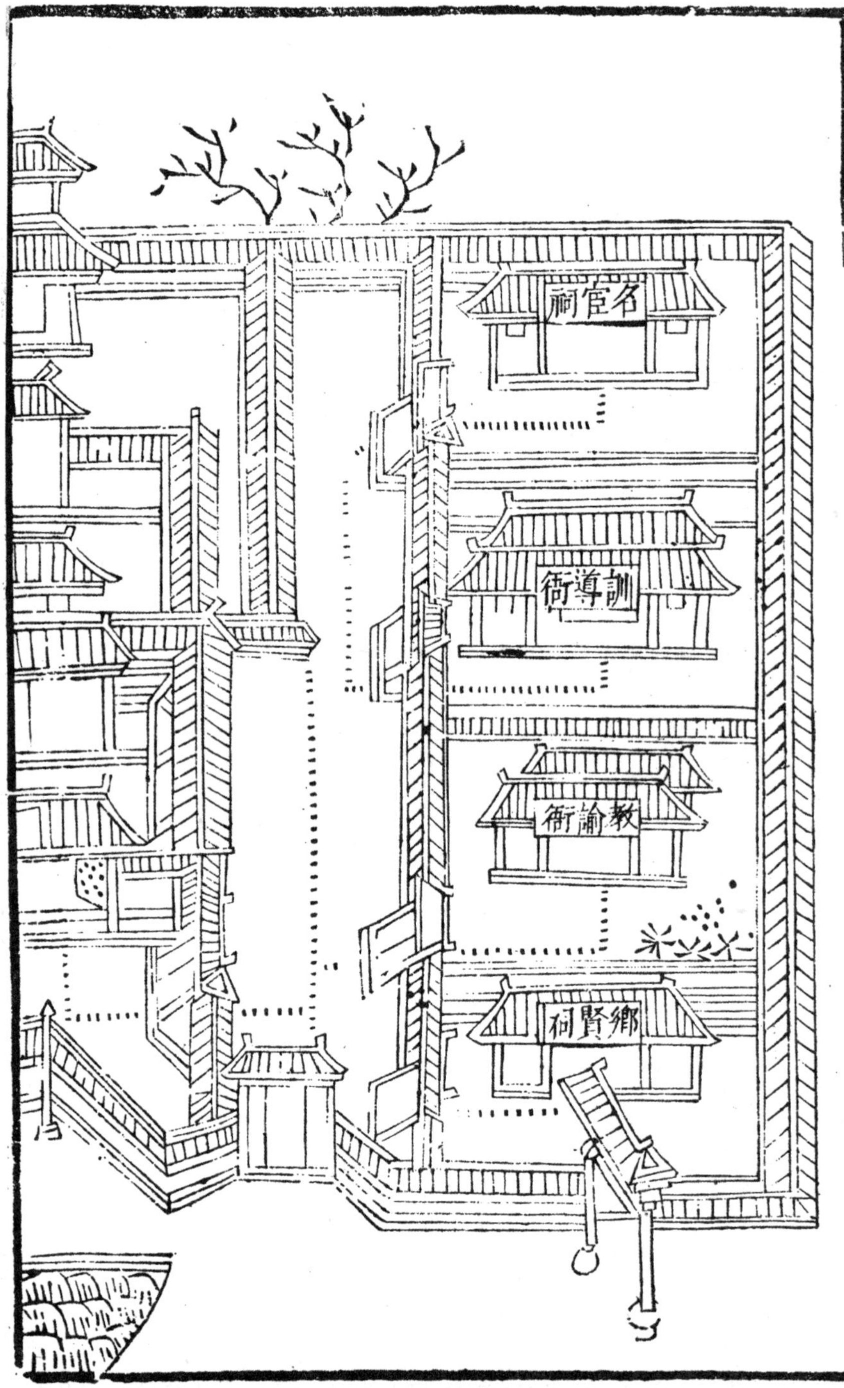

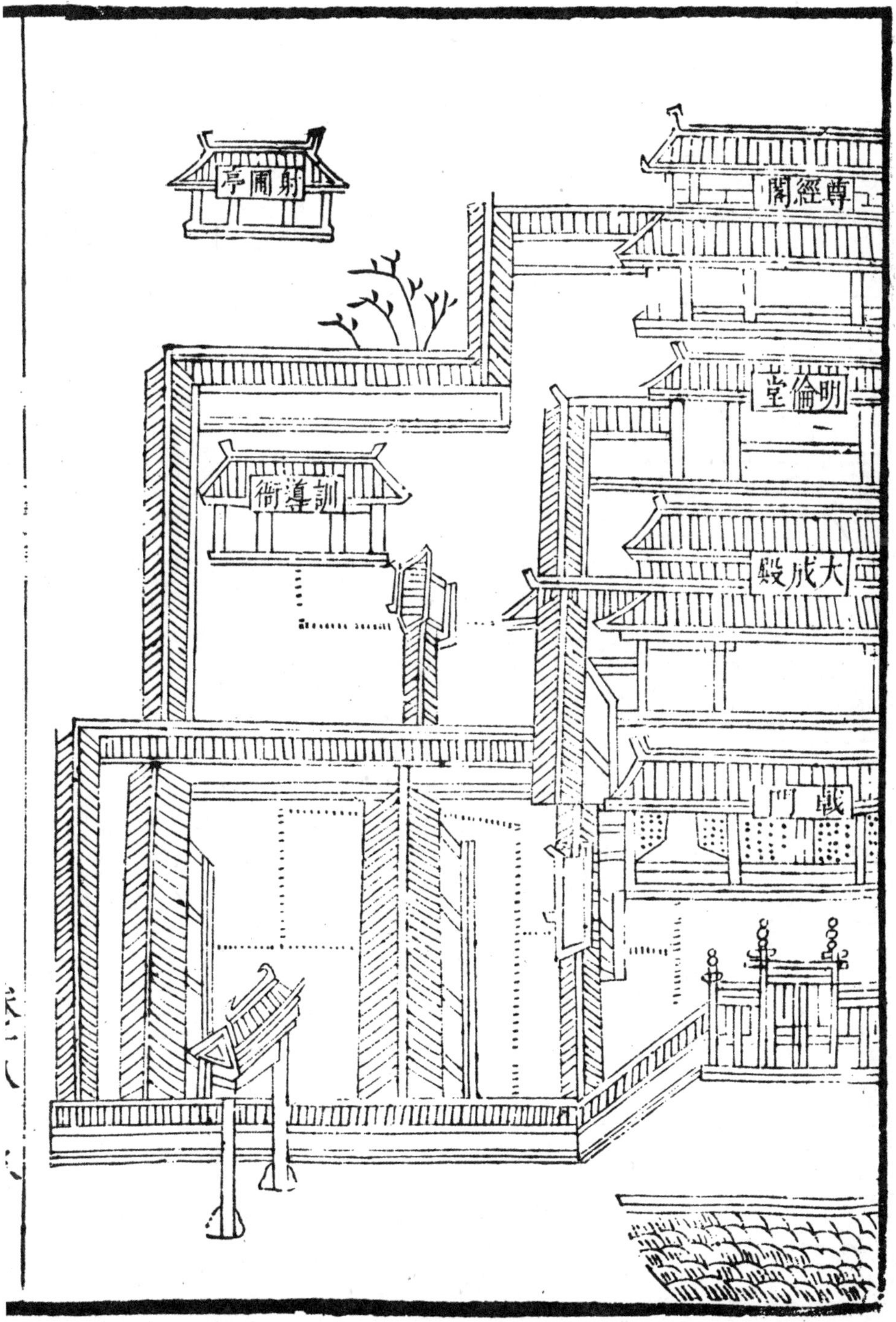
射圃亭
尊經閣
明倫堂
訓導衙
大成殿
戟門

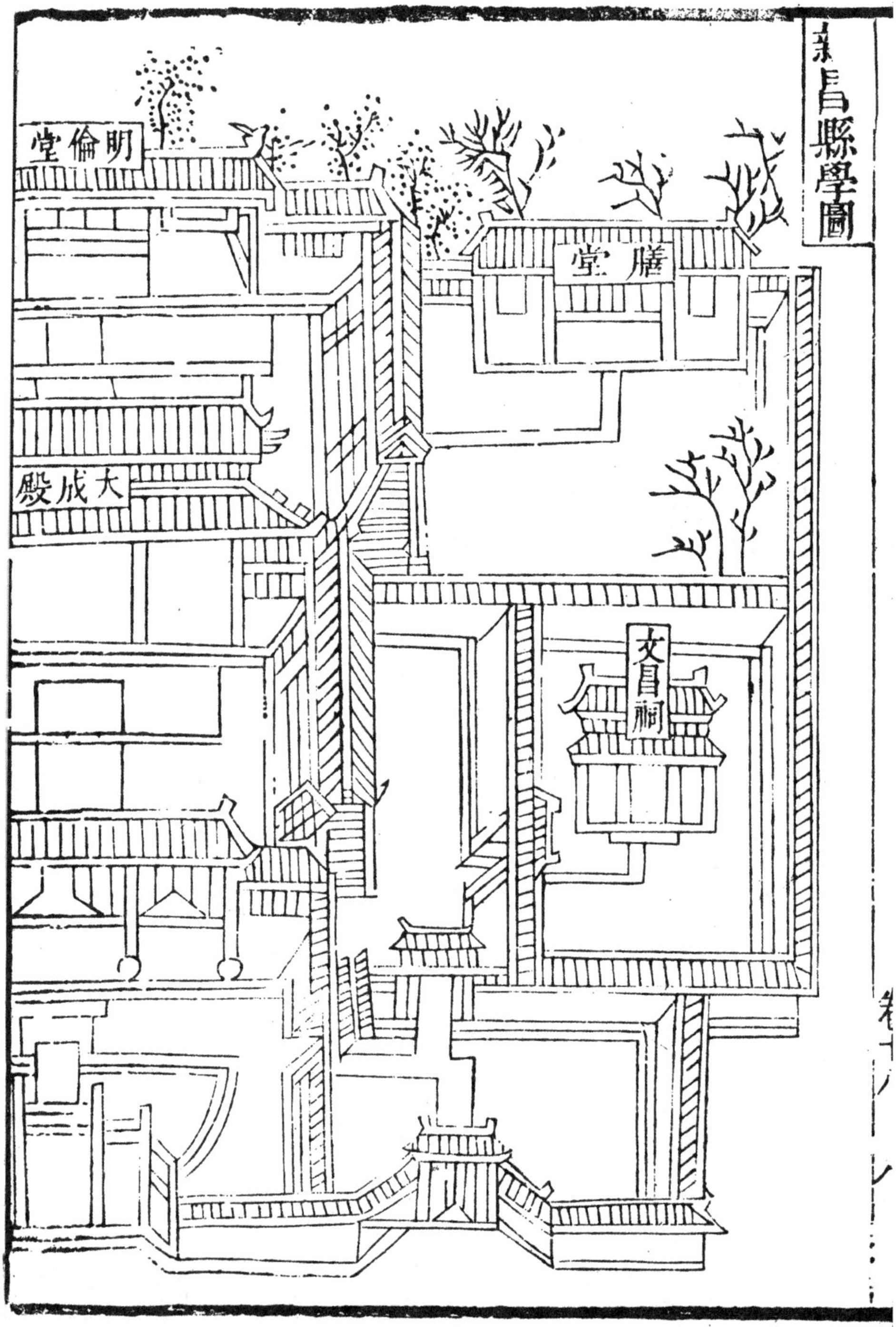
新昌縣學圖
明倫堂
大成殿
膳堂
文昌祠

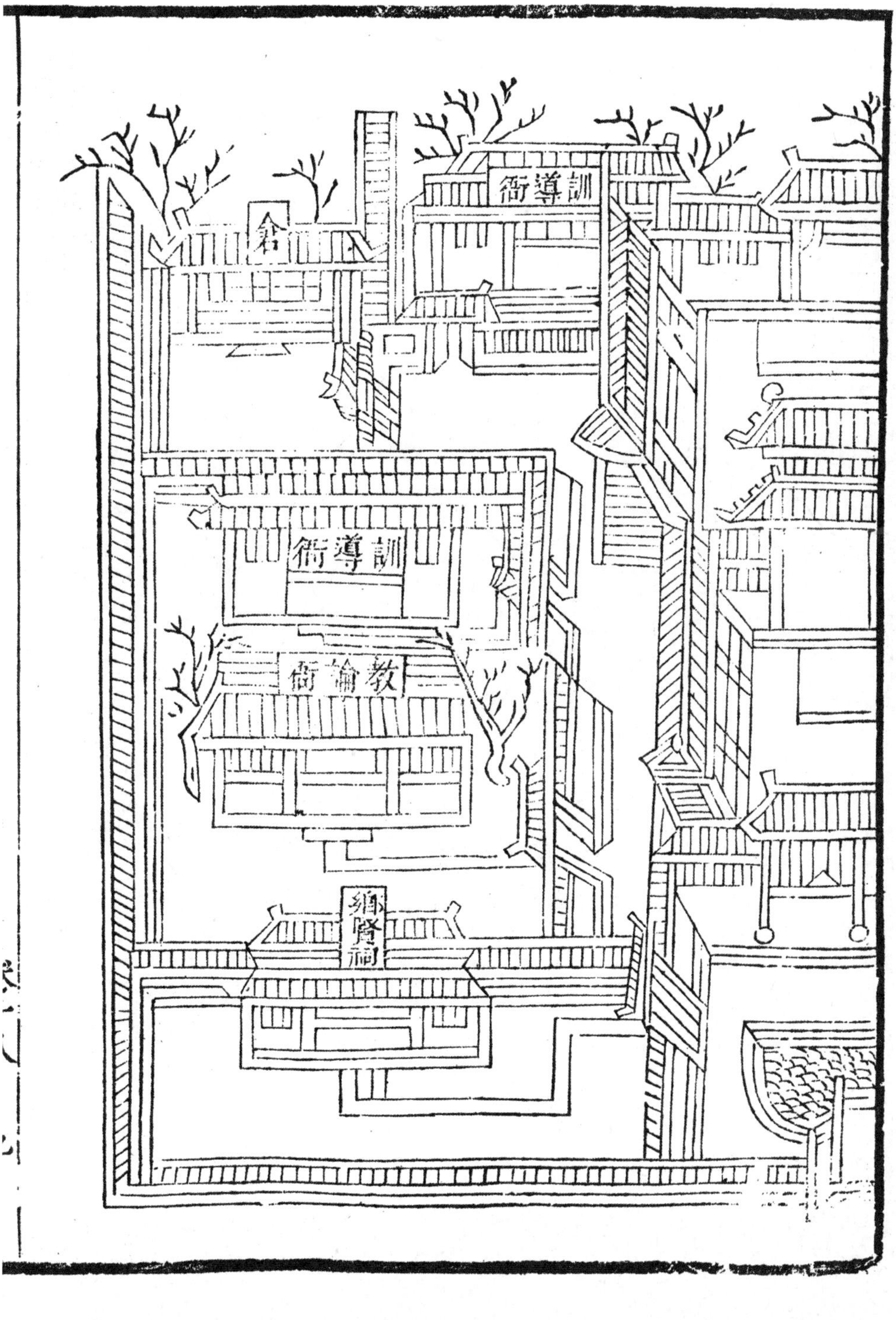
倉
訓導衙
訓導衙
教諭衙
鄉賢祠

山書院圖
北至張山
東至張氏書房
南至

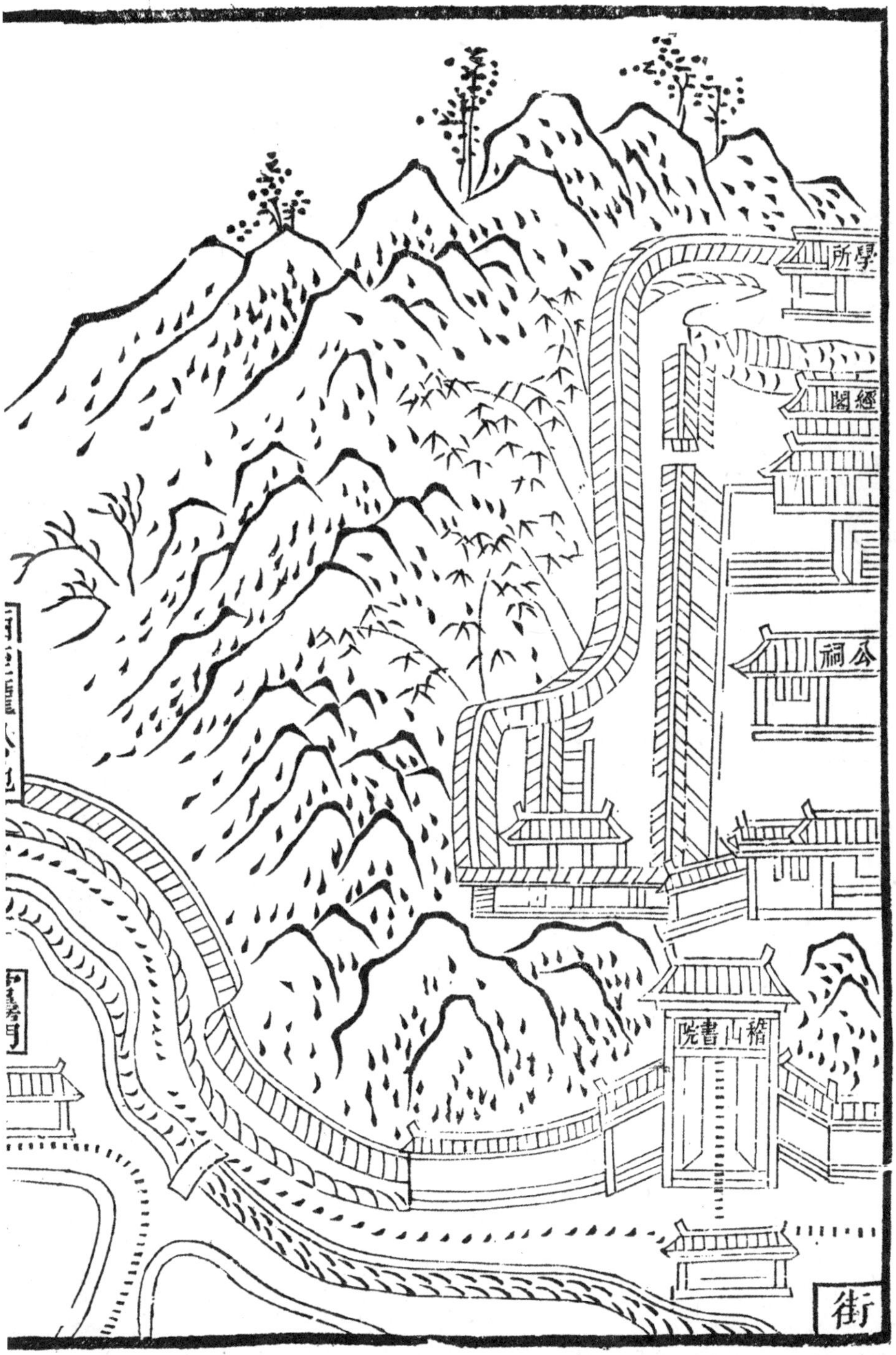
學所
經閣
公祠
稽山書院
街

卷十八 十

紹興府志卷之十八

學校志

府學　縣學　學田　社學　鄉學　義學

書院

府學嘉泰志云越州學舊址未詳齊賢良唐上成度支書云東南方國禹會爲大歲籍貢舉僅百餘人學校不修生徒佻闥比年二千石未遑斯制誠因農隙考制度庀工徒新先儒之宮東南士子豈不佩執事訓以風鄉黨乎以時攻之成度支悅守越天聖六年

以迄九年也賢良前以進士起家首率其里人裒緡錢得一十餘萬欲市書入學以講肄之所未完故以此書諷之方是時學貢雖不廢其陋已甚慶曆四年詔諸路州府軍監各立學越大州其奉承詔令宜也今驗諸故府載籍文書則無所見按沈少卿紳撰越帥沈公生祠記云嘉祐六年吳興沈公大興學教新其宮居而尊勸之又張侍郎伯玉撰新學記云始州將渤海刁侯擇地卜築繼以紫微吳興沈侯勇爲之又易地于杭凡三年君侯至而成之今以題名參訂

渤海刁侯乃景純也以嘉祐五年至吳興沈侯乃文通也以嘉祐六年至君侯乃章伯鎮也以治平二年至伯玉踵文通後以嘉祐八年至明年徙郡去而伯鎮繼之葢伯玉二年於此經理繕造亦有勞焉第落成不及其在官之日爾又按吳監簿事實云監簿名孜嘉祐治平間捨宅爲學君子以爲賢於賀監一等今學相傳乃監簿之故居也然則章伯鎮所成之學官卽監簿所捨宅爾以歲月較之正合伯玉記不自書其功謙也然不及監簿捨宅則闕文爾

孔子殿嘉祐六年建先乎此者未詳沈遯撰永福寺
大像贊嘉祐六年長興公來治是州大治學宮取寶
積舊殿爲孔子殿按太守題名碑長興公卽沈文通
也教授直舍在學之東
戴新志云府學自唐時置於城北隅至五代而廢宋
嘉祐中始遷南隅望花橋
今學卽宋舊址明正統成化間知府白玉吉惠重修
葺之移教授及一訓導宅於西北其後置學倉移膳
堂射圃於東卽舊倉址建鄉賢祠廟堂齋舍爲之一

新而舊制亦變易盡矣弘治中參政周木知府游興復更加營構萬曆九年知府傅寵移名宦祠入爲前爲儒學門與欞星門並入爲集賢門右爲戟門戟門後爲泮池爲廟門又後爲大成殿東爲土地祠明倫堂直大成殿後旁列日新時習興賢達道四齋後爲稽古閣其東爲啓聖祠又爲膳堂直稽古閣後北山巔上爲敬一亭明倫堂之西爲教授宅文廟東西廡後爲號舍五十餘間教授宅前門與土地祠東西相直出前門卽爲西號舍俱在集賢門內集賢門之東

爲名宦祠過戟門西爲鄉賢祠隔泮池遥相並焉訓導宅四一在鄉賢祠後一在名宦祠東一在名宦祠後又一在後而前爲綠鰲池又前爲宰牲房適隔二宅之中其東爲射圃有亭曰射圃亭倉在教授宅西北久廢矣學宫自宋迄明雖代有修葺然歷歲久頽敗殊甚今所存惟戟門廟門大成殿明倫堂稽古閣名宦鄉賢祠而朽蠹不堪康熙六年郡紳朱懋文重建明倫堂宏敞堅固其大成殿等處旋修旋圮六年知府夏霖修之至十年知府張三異與朱懋文重修

二十一年里紳姚啓聖四十九年耆儒朱洪謐兩修之補葺而已五十七年知府俞卿盡易其舊大加興作朞年而功成壯麗完密稱浙中諸庠第一焉

御史陳可畏碑記　吾越郡庠自宋嘉祐治平間吳監簿孜以所居之宅捐爲文廟遂有刁公景純許公文通相繼營造而廟成焉厥後綢繆葺治代不乏人所鑄於貞珉者彰彰也　國朝定鼎之初軍興旁午未遑爲學校謀卽稍稍補葺旋修旋圮者二十年于茲矣漢陽張公來守吾越甫涖任卽殷然欲新之未克舉行無何大成殿盡圮目擊神傷不能須臾緩庚戌冬諭廣文潘弘仁率弟子員以進乃曰學校所以崇至聖也可一日弛乎余將亟新之爾諸生其惟師之命董事焉咸曰唯唯時擬鳩工庀材庋所費浩繁非一千緡不可遂捐歷年俸及旁措得三之一幸鹺使按越亦有所捐而僚屬紳士有爲公所勗勉者樂輸有差維時

猶慮乏費需緡六百與役爰謀于里紳紳之中有朱君彬予懋文者原任兩淮運副也夙好義且才謂堪任衆論互相推之朱君慨然曰奚爲是哉余向從前郡侯夏公之命遂不惜千金重建明倫堂今大成殿傾圮視堂更重願捐資如公所需數且期昕夕董事刻月日成之爲吾公釋憂由是身歷山谷採巨梁能勝任也易柱以石絶蠹可不朽也諸材擇其稱諸料掄其精防鳥鼠風雨也若殿若兩廡若櫺星門若泮橋若名宦祠次第畢舉以至榱桷藩垣丹堊靡不煥然較諸疇昔倍壯麗焉猗歟多士慶矣前此明倫堂之建董其役者教授潘弘仁也諸生陳名世馬式玉等與之今復佐以勤始于辛亥孟春竣於仲夏不勞民不傷財三閱月落成誠大光俎豆而育才興行將在是矣越人士羣屬余記余不斂思張公捐俸議修得紳士佐成之亦猶吳監簿之開于始刁許二公之成于終後先輝映行同一揆也宜爲述其事知府俞卿碑記建學何造士也士何造學爲聖人也聖人可學而至乎曰可聖人人倫之至也何謂人君臣也父

子也夫婦也昆弟也朋友之交也何謂倫父子有親君臣有義夫婦有別長幼有序朋友有信孟子曰設爲庠序學校以教之皆所以明人倫也人倫明於上小民親於下又曰謹庠序之教申之以孝弟之義人人親其親長其長而天下平人性之善皆可以爲堯舜堯舜之道孝弟而已矣斯言也童而讀之未嘗不以爲河漢及詳攷自古帝王之所以治聖賢之所以教莫不以明倫爲事明倫莫不以孝弟爲先然則虞夏商周四代之學所謂曉然明白昭示天下後世如日用飲食而不可離者也竊嘗約而論之虞書曰舜載見瞽瞍夔夔齋栗瞽瞍亦允若孟子曰舜盡事親之道而瞽瞍厎豫而天下化而天下之爲父子者定夫夔夔者中庸之戒懼慎獨大學之誠意正心也瞽瞍允若中庸之致中和大學之脩身齊家也天下化而定者天地位萬物育大學之治國平天下也是以主事而百姓安主祭而百神享大舜之德通於神明光於四海有一言而可以終身行之者乎曰其孝乎由是推之堯舜禹湯文武授受之旨皆可考而知也

孔子曰吾志在春秋行在孝經夫孝經所以教天下之孔爲孝者也春秋所以戒天下之不孝者也曾子曰夫子之道忠恕而已矣盡孝弟於已之謂忠推孝弟於人之謂恕故大學於治國言恕於平天下言忠而孝弟慈之說反覆而未有易中庸謂道不遠人指以忠恕而子臣弟友之事聖人且不敢自以爲能此非一人一日之私言也孔曾思孟之書具在奈何父師所教弟子所學卒茫然而不知其所向嗟乎聖人之道既遠儒者之業遂分雜霸于春秋縱橫于戰國刑名于秦術數于漢功利于唐雖董子武侯昌黎宜公數子之學有大過人者然不過一鳳之朝鳴烏能敵羣鴉之夕噪哉粤歷有宋眞儒叠出五經四子縷析條分于以闡明聖學開示人心綽如也善乎朱子書學宮之講堂曰明倫堂夫明倫二字包括古今聖賢爲學之要堯舜之執中孔門之一貫皆可于此得之何以傳而習之者逴逴認倫常心性爲二字學問功業爲兩途沉潛之士溺于空虛而不知高明之子墮于名利而不悟卽晤對宮墻誦歌聖訓其於　國家

建學造士之意日趨而日失其指矣漢高過魯太牢祀孔子時以周公爲先聖以孔子爲先師唐開元始立廟專祀孔子猶有廟無學天下州邑建學自宋仁宗慶曆始明嘉靖間以孔子爲至聖先師誠爲萬世不祧之稱若曰聖人者人人所當法也先師者學者所必宗也故廟爲夫子之廟學即夫子之學隨學以立廟即因廟以入學廟之興廢豈不關學之隆替哉越州府學廟制甲浙中忠孝賢達之士出自學宮者史不絶書顧歲久廟圮有廢莫興余承乏守土七年之内頗多修葺不惜勞怨漸已著有成效各邑學宫時加增補府學艱於費巨遲而未敢輕舉每逢朔望祭日覩其規制紊謬榱桷將傾恒與同官瞻顧而不忍去用興工于戊戌四月告成于十二月若文明坊若櫺星門若大門二門明倫堂啓聖祠鄉賢名宦祠學官頭二門則朽缺而添脩者若聖殿若兩廡若祭器祭品庫兩廊房兩齋房月臺甬道内河磡内石橋土地祠吴公祠更衣廳皆全毁而復建者工匠日給不短材料現購無虧抜無浮巧財不冒破人樂趨事

士各輸誠弘厰而周固奕奕然眞文廟大觀哉餘姚令高君錫爵助巨木六根山陰令王君國樑會稽令姚君協于部署周詳儒學訓沈禔出納謹慎司獄官李邦鎮督工勤敏稽查措辦則廩生朱翼贊姜坤馮士圭張道馮錫曾等例得並勒于石工料捐助各項另區開後

縣學山陰學宋崇寧中建在縣南柴塲坊嘉定十六年縣令趙汝駉重修元至正間縣令賈棟達魯花赤定定君輔復增葺季年燬於兵寓諸生於稽山書院明洪武十一年知縣撒都魯丁始卽故址新之成化弘治正德嘉靖間郡守戴琥知縣李艮顧鐸吳瀛相繼買民居拓之知府湯紹恩復移戟門丙鮑府君祠

於他所隆慶萬曆天啓間知縣楊家相耿庭栢馬如
蛟重修如蛟又建文昌閣於集賢門内　本朝順治
二年署縣陳本厚修啓聖宮康熙二年貢生劉匡之
生員沈麟趾修明倫堂八年大成殿壞知縣高登先
教諭高基重曁劉匡之沈麟趾監生虞鄉葺之後復
頽廢四十六年生員朱洪謐修
會稽學宋崇寧中建在縣南一里竹園坊元至元十
四年燬於火大德五年復建天曆至正間兩修之後
其地爲民所侵明天順八年知府彭誼以城中隙地

易還之仍出俸餘爲遷徙費又建兩齋倉庫庖廚成化嘉靖隆慶萬曆間知縣徐岱莊國禎傅艮諫曹繼孝羅相署縣陳文燭相繼葺之弘治五年知縣陳堯弼又通神道自櫺星門南抵馬梧橋嘉靖中知府洪珠知縣王敎復買旁地拓之　本朝康熙間貢生孟學思鄉官姚啓聖重葺後復壞五十三年重修大成殿今尚未落成

蕭山學宋在雷壤東距縣治東南一里許今芹泮橋存焉紹興間縣令陳南始移於今南門內地苦隘而

後尤卑下邑人新安太守張稱孫捐地數畝益之復
築崇岡於後以壯形勢明嘉靖十八年御史張元德
買民田增拓之崇岡久廢三十六年提學副使畢鏘
建尊經閣於後增高其地八尺萬曆十三年知縣劉
會又建三元閣於學東其隨時補葺者宋則宋敷元
則王振崔嘉訥明則縣令張崇曾承聰楊鐸朱儼吳
瓚王瑋林策魏堂王一乾程再伊陳振豪　本朝則
縣令王吉人韓昌教諭俞穎湄盛旦盧宜申張翀紳
士朱懋文等

如璉三次修復而如璉所修尤偉時教諭沈煋協力
贊成其事人皆稱之
上虞學在縣東南六十五步宋慶曆中建紹興中令
葉顒斥大之後施廣求樓杓各有增補元縣尹王璘
阮惟貞孫文煥李好義林希元韓諫教諭喻舉朱榘
邑人貝道周貝居仁重葺末年燬于兵明興鼎新之
後知縣馬[illegible]李景華唐啓伍希儒楊紹芳張光祖謝
艮琦朱維藩楊爲棟胡思伸徐待聘李拯累加葺治
而唐啓胡思伸所修尤多　本朝康熙八年署縣孫

會知縣鄭僑共修之積數年訖工然苟簡不久輒圮耆民馮士章欲一新廟貌未果臨歿屬其子貢生馮宸錦於五十二年捐八百金獨建明倫堂

嵊學舊經載孔子廟堂在縣東南百步宋慶曆中令丁寶臣徙縣治西南五十步嘉定中令史安之病其湫隘徙今繼錦坊明知縣孟文李春許岳英周磨夏完臧鳳徐愉朱一栢姜克昌文典章方叔壯鄧藩錫累葺　本朝知縣史欽命張逢歡縣丞門有年訓導龔自淑謝三錫修之

新昌學舊在縣東與縣廨連垣宋紹興十四年知縣林安宅遷縣東南一里面書案山明知縣周文祥鍾虛毛鱶曹天憲蕭敏道田琯姜地先後增修　本朝知縣劉作樑重葺

學田嘉泰志云故丞相魏國史公鎮越之明年實乾道戊子始捐己帑置良田歲取其贏給助鄉里賢士大夫之後貧無以喪葬嫁遣者附于學而以義名之爲規畫十許條劖諸石凡有請而應給與給而舉事多寡遲速皆有程覈實委之鄉官錢糧屬之縣主簿

米歛散則隨鄉俗錢出納則均省計歲稔及給助有
餘則就復增置教授學職亦與其事然雖養士不許
移用府帥前後繼而成之蓋非一人所以久而不廢
也總之會稽山陰餘姚三縣共湖水田二千七十一
畝有奇地三十六畝有奇山條地一百一十六畝有
奇殯岡六十四畝有奇蕩一畝二角五十一步屋一
十六間
府學田明嘉靖十五年陶侍郎諧學記云太守楊公
墾田一區以贍諸生後復增置今共田一百八十三

畝六分二釐一毫內山陰田三十五畝二分七釐會稽田一十二畝八分一釐四毫諸暨田一百三十五畝六分

皇清康熙實在會稽田壹伯伍畝六分三厘四毫

山陰田三十四畝四分七釐一毫

會稽舊田一十七畝七分八釐明弘治五年知縣陳堯弼置其後漸失六畝二分八釐嘉靖九年知府洪珠教諭陳驥盡贖之用以買拓欞星門外地二十六年知縣王教復置田七十九畝二分九釐二毫四絲地六分三釐七毫立石以記近復增置共田一百九十六畝八分三釐九毫

蕭山明嘉靖十九年知縣林策創置學田以山爲之凡二百五十五畝未幾還之於民隆慶四年教諭雷沛率諸生醵金五十兩置田五畝九分立有碑記知縣許承周復給入官田二十畝萬曆三年教諭黄時濟募工開田一畝一分四年知縣王一乾又給七畝九分六釐共三十五畝

諸暨田九十三畝五分一釐四毫山一百畝

餘姚山七十三畝六釐三毫六絲

上虞田七畝五分又朱文公祭田七畝零亦屬學明

萬曆十二年知縣朱維藩復泳澤書院乃以沒入澄照寺田五十畝給學供書院祭祀修理費兼贍諸生舊又有山三千八十五畝久爲人所侵嘉靖二十三年教諭嚴湖清理還學立石碑記之無何奸民賄囑管山人復沒

嵊舊田六畝三分明嘉靖四十年庠生尹紹元以易官山若干畝隆慶元年耆民鄭廷諧捐田十畝

新昌舊田六畝明嘉靖中紹興推官陳讓給金庭觀田九十畝又邑民俞則塒捐田十六畝

社學府城內社學一在知鎮倉西明嘉靖四年知府南大吉即倉之隙地爲之其後知府洪珠創古小學於捨子橋下乃更其地爲射圃後改爲察院一在謝公橋南亦洪所建即越王廟故址一在西光相坊越王廟西

蕭山在鳳堰市舊申明亭址明嘉靖中知縣林策建

諸暨在南門內舊紫陽祠址今廢

餘姚社學久廢不得其址

上虞在縣前西偏舊爲惠民藥局明弘治中邑人韓

日誠請佃之嘉靖三年知縣楊紹芳諭令還官其族監生沆淞等仍不受價遂建社學十四年火重建乃扁曰古小學

嵊舊志無載明崇禎十一年知縣劉永祚建小學于城隍廟西以祀朱文公嘗擇布衣爲師重其訓誨

新昌社學惟基址存舊縣志云成化十年知府戴琥令庠生張琰爲師選民生俞鑛等集石佛寺訓誨提調官每月考督嗣後或舉或止

鄉學明初縣隅都各有置後皆湮沒舊志或載或否

大抵卽今蒙師寓館耳

〔義學〕山陰湖門義塾在府城西北五十里元至正初邑人孫敏中建

周氏義學在錢清鎮邑人周廷澤翔明嘉靖十四年其子給事中祚復購廢驛地廣之有屋八間田三十畝

諸暨白門義塾在白門元方鎰立延金華吳萊爲師宋濂王褘俱受業焉

餘姚呂氏義學在城內東北隅宋呂次姚建禮致名

儒湛若爲師遠近從學者常數百人次姚曰鐇之紹興中其裔仲應重建有屋五十間田五百畝有奇李光有碑今學久廢碑剝落不可讀

新昌石溪義塾在石溪鄉宋石待旦教授之處中爲三區號上中下書堂使學者迭升之人以此勉勵成名者衆旁又置議善閣占山水之勝又有萬卷堂傳心閣今廢

書院府城内稽山書院在卧龍山西岡山陰地宋朱晦菴氏嘗司本郡常平事講學倡多士三衢馬天驥

建祠祀之其後九江吳華因請爲稽山書院歲久湮廢明正德間知縣張煥改建於故址之西嘉靖三年知府南大吉增建明德堂尊經閣後爲瑞泉精舍齋廬庖湢咸備時試八邑諸生選其尤者升于書院月給廪餼（明王守仁尊經閣記）經常道也其在於天謂之命其賦於人謂之性其主於身謂之心心也性也命也一也通人物達四海塞天地亘古今無有乎弗具無有乎弗同無有乎或變者也是常道也其應乎感也則爲惻隱爲羞惡爲辭讓爲是非其見於事也則爲父子之親爲君臣之義爲夫婦之別爲長幼之序爲朋友之信是惻隱也羞惡也辭讓也是非也是親也義也序也別也信也一也皆所謂心也性也命也通人物達四海塞天地亘古今無有乎弗具無有乎弗同無有乎或變者也是常道也以言其

陰陽消息之行焉則謂之易以言其紀綱政事之施
焉則謂之書以言其詠歌性情之發焉則謂之詩以
言其條理節文之著焉則謂之禮以言其欣喜和平
之生焉則謂之樂以言其誠僞邪正之辨焉則謂之
春秋是陰陽消息之行也以至於誠僞邪正之辨也
一也皆所謂心也性也命也通人物達四海塞天地
亘古今無有乎弗具無有乎弗同無有乎或變者也
夫是之謂六經六經者非他吾心之常道也故易也
者志吾心之陰陽消息者也書也者志吾心之紀綱
政事者也詩也者志吾心之詠歌性情者也禮也者
志吾心之條理節文者也樂也者志吾心之欣喜和
平者也春秋也者志吾心之誠僞邪正者也君子之
於六經也求之吾心之陰陽消息而時行焉所以尊
易也求之吾心之紀綱政事而時施焉所以尊書也
求之吾心之詠歌性情而時發焉所以尊詩也求之
吾心之條理節文而時著焉所以尊禮也求之吾心
之欣喜和平而時生焉所以尊樂也求之吾心之誠
僞邪正而時辨焉所以尊春秋也昔者聖人之扶人

極憂後世而遞六經也猶之富家者父祖慮其產業庫藏之積其子孫者或至于遺忘散失卒困窮而無以自全也乃記籍其家之所有以貽之使之世守其產業庫藏之積而享用焉以免于困窮之患故六經者吾心之記籍也而六經之實則具於吾心猶之產業庫藏之實積種種色色具存于其家其記籍者特名狀數目而已而世之學者不知求六經之實於吾心而徒考索於影響之間牽制於文藝之末硜硜然以爲是六經矣是猶富家之子孫不務守視享用其產業庫藏之實積日遺忘散失至爲窶人丐夫而猶囂囂然指其記籍曰斯吾產業庫藏之積也何以異於是嗚呼六經之學其不明於世也非一朝一夕之故也尚功利崇邪說是謂亂經習訓詁傳記誦沒溺於淺聞小見以塗天下之耳目是謂侮經侈淫詞競詭辯飾奸心盜行逐勢壟斷而猶自以爲通經是謂賊經若是者是并其所謂記籍者而割裂棄毀之矣寧復知所以爲尊經也乎越城舊有稽山書院在臥龍西岡而荒廢久矣郡守渭南南君元善既敷政於

民則慨然悼末學之支離將進之以聖賢之道於是使山陰令吳君瀛拓書院而一新之爲尊經之閣於其後曰經正則庶民興庶民興斯無邪慝矣閣成請予一言以諗多士予既不獲辭則爲記之若是嗚呼世之學者得吾說而求諸其心焉其亦庶乎知所以爲尊經也矣

明萬曆七年奉例毀書院遂爲吳氏所佃賴吳尚書兌持之不遽毀十年知府蕭良幹來始復而修之改名朱文公祠又即瑞泉精舍址建一堂題曰仕學所

〔明張元忭爲朱文公祠記〕有宋朱文公先生以常平使者至吾越僅數月而講學敷政士若民交德之始爲祠祀于稽山既又爲紫陽書院元人吳衍記之詳已歲久且圮嘉靖初太守渭南南侯重新之祠之後爲尊經閣則文成王先生記之海内之所傳誦者也頃年執政以新法罷諸書院盡隳斥其所有於是稽山祠亦在罷中承斥者爲邑人吳伯

氏其弟大司馬時爲侍郎數過余觥頓曰他祠可毀
文公祠可毀邪弟主者方銳甚不可撓吾已報伯氏
令完屋與像待之矣久之忭以使行而同年友戶部
郎中蕭侯出知吾郡侯涇產也舊嘗學于水西而卓
然有聲者司馬公曰可矣遂以屬侯侯既至會司馬
公亦謝事歸而忭又還自楚得繆相從臾乃以狀白
兩臺兩臺謂司馬衛道義甚高又謂侯初視郡能知
所先焉亟嘉可之侯復以原直歸司馬役遂舉首新
文公祠次尊經閣又以其餘屋五楹仕學所時時以
政暇集諸生講肄其中工既竟謂忭與聞始末宜有
記且曰額則不復以書院以祠矣忭喟然嘆曰嗟乎
道之廢興果盡係於天哉方其將廢也苟有其人調
護於其間則不至於大壞而不可振及其將興也苟
無其人焉亟爲之圖拘攣於已事玩愒於歲時時既
易失跡益易泯然則其人之所係益甚重矣雖然祠
之興也匪直崇賢抑以倡學也夫興祠易興學難興
學易學而會于一難祠興矣倘學於其地者周孔其
譚而蹻跖其行又或出口入耳漫焉無當於身心辟

之百工日居其肆而皆寙不事事其若主人之意何且祠以祀文公也而文成之記尊經乃具指稍別世之論者曰文公之學篤於行不知外心無以爲行文成之學求諸心不知外行無以爲心是惟善學者卽日用而著察本妙悟以修持則爲朱爲王雖途徑不同其至於道也一而已矣不然百工各挾其勢務以相角而不務相濟又豈主人之心哉怵既幸道之將興而又懼學者之怠且惑故申告之若此（蕭良幹仕學所記）越故有稽山書院王文成所記尊經閣在焉頃中廢予守越復修葺之語具張太史記中予時以朔望集諸生其間相與究文成之緒顧集且衆弗克容也已行視閣後歷級而上有地一區業爲叢圃矣亢爽平曠四顧豁然踰之則前守南公大吉所建瑞泉精舍遺址也亟命工庀材爲堂五楹于其上前爲軒修廣視堂而移諸生卒業焉扁之曰仕學所諸生請曰今之名堂也何居君子無一息不學學無時也無一處非學學無所也今之名堂也何居無亦取諸子夏氏仕優則學之義與夫必仕優而後學是仕與

學爲二也是學爲有間也非學之旨矣子曰否否子夏氏之言未爲失也夫子夏氏固謂學與仕非二也學而優爲卽仕也所謂居仁由義大人之事備是也仕而優爲卽學也所謂載之空言不如見之行事是也斯仕學合一之旨也乃予則固有取爾焉始吾之學於家也嚴憚有師切磨有友日寘其身于聖賢載籍之間而世故無所入其胸臆然且作焉輟焉若或恣焉今之仕也肆於民上所頤指而氣使皆畏我也者所奔走而趨承皆順我也者利祿榮名之私日眩乎其中而讚毁譏譭榮辱得喪之故又時時相尋于其外吾於此其能無忿心乎能無羨心乎能不惡怒而動揺矣乎吾雖時覺之而倏忽興作莫能自必者豈少也吾茲進而與諸生聚講于斯也吾心惕焉若寐之醒焉豁焉若滯之決焉向之忿者羨者惡怒者動揺者不俟規誨不煩言說毛竪骨竦與汗而俱出也已一會聚則一警策愈警策則愈凝定愼斯以往而無間可幾也故吾孳孳進諸生而會也若將以化導諸生而豈知吾實藉諸生以爲鞭影哉朝於斯望

於斯舍政事而趨會之恐後若以爲迂緩而不切于事情而豈知吾之不可一日輟哉吾之名堂也蓋以自況也諸生曰其然哉聞諸文成雖軍旅劻勷中不廢講學曰吾於諸生猶魚之有水也斯固其學之緒也夫是所也先生以仕學吾輩以學仕一也無寧仕實藉斯而學焉者可獨緩乎吾知勗矣請書其語以爲記

五雲書院後改雲衢書院在東雙橋東會稽地明萬曆七年亦廢十二年知府蕭良幹重修改名五雲館皇清康熙三十年知府李鐸葺之五十六年知府俞卿重修仍名五雲書院

蕺山書院在蕺山戒珠寺後明末劉宗周講學於此

名蕺里書院後爲優人所據供唐明皇於中號曰老郎廟歲五月後每優人一部必演戲一日以娛神聚浮浪少年獶雜遊冶康熙五十五年知府俞卿名梨園捐俸五十金購之使別居焉乃剏修爲書院延師聚徒復置田十三畝歲收以供餼廩彬彬乎絃誦之地矣

（俞卿蕺山書院記）越城山與秦望爲主客者惟

臥龍元微之所謂小蓬萊也其東北曰蕺山即

越王勾踐採蕺處晉王內史卜居山椒嘗捨宅爲戒珠寺明季念臺劉公直諫放歸會講山堂從學者咸稱蕺山先生而誌其地曰蕺里書院考古時講學必有壇坫宗主若鹿洞鵝湖要亦山川靈淑故能萃聚人文共傳不朽茲山書院文教攸關非徒山陰道上供人觴咏間遊也余始至按圖索之輙欲爲盛事暇

日陟其巔見殿宇中奉梨園主怪詢之僉曰歲例于秋節合郡伶工演劇稱慶優雜子女沿山謳唱如是數月噫異哉霓裳羽衣爲歡幾何卒不免於漁陽鼙鼓其不足崇祀久矣今變讀書譚道之所爲酣歌恒舞之場非特此邦士大夫羞也責實在守土者因究其由知書院曾爲王氏別業以躭情絲竹委諸游惰民余滇人也越宦境也當郡務叢集而囊底蕭然曷暇經營及此但念事有繫於士習民風而弗力爲廓清實不遑寧處爰檄致伶人捐俸贖還令移置原像於他處隨修葺舊宇爲後堂增造前堂外軒兩廡共屋十四楹并置田十三畝選諸生有文行者十人輪收以贍祠事爰列鄉賢神主於後若謝文靖王右軍唐義士孫忠烈汪督學王文成沈光祿沈通政祁中丞倪文貞劉都憲誌予心所景仰也前奉賢刺史馬茂陵劉東萊湯富順許遼陽順人情所公好也落成告奠重題其額曰蕺山書院余於公餘登眺之際民煙繡錯翠列清環洵一郡大觀哉又進諸生從游其上相與發明聖賢垂教之旨儒者修身立行之實雖

不敢謂足以誨人猶可云他山之石耳所望賢士君子生長斯土必有能砥礪立名儀型後進繼蕺山一瓣香者傳曰有其舉之莫敢廢也嗣後宦遊同人共留心風教勤修飭而戒蕪穢又余所深幸也夫是爲記時康熙五十五年歲次丙申十月朔日中憲大夫知紹興府事加二級俞卿譔倣晉右軍聖教序書監工照磨周璋山陰縣典史苑新命一捐贖蕺山基地房屋給戲頭價銀五十兩計開羔字一百五十九號中地五畝一分五釐六毫正銀二錢八分六釐六毫七絲收入美政坊蕺山書院戸輸糧一捐修蕺山書院房屋共用銀一百九十六兩七錢八分八釐一捐造頭門墻垣砌路共用銀一十兩二錢二分一捐買蕺山書院田一十三畝零八釐八毫共計田價銀一百四十三兩零二分壹字五千三百四十一號湖田五畝三分五釐五毫壹字五千三百四十三號湖田一畝九分五釐一毫壹字五千三百四十五號湖田五畝七分八釐二毫共田一十三畝零八釐八毫坐落山邑陽秀塢收入美政坊蕺山書院戸輸糧毎年

共應完錢糧正銀一兩八錢四分六厘七毫一忽六
微正米四斗七升五合一勺每年共收租米一十七
石六斗六升經理書院輪僉贍田生員十人莫之量
朱翼贊姜志道孟騤田易俞名言周徐彩田允大孟
鳳苞夏
兆豐

觀海書院在山陰丈午村海塘上康熙五十六年建
先是知府俞卿督築海塘一月必四五至每至輒集
父老子弟講修身治家要務聽者嘗千餘人鄉民因
建書院爲講所

蘭亭書院在府城南二十五里本晉內史王逸少修
禊之所元時置書院設山長今廢

陸太傅書院宋陸軫也在府城西六十里牛峰寺側歲久廢明正德間郎中周祁重建

陽和書院在臥龍山之陽與稽山書院上下相望張宫諭元忭與朱賡羅萬化讀書其中時有異瑞後三人殿元宰輔世稱盛事云

會稽和靖書院在玉笥山元置山長今廢

蕭山道南書院在德惠祠右明成化二年知縣竇昱建

諸暨紫山書院在西門内明嘉靖十四年本府推官

陳讓建有廢寺田一百七十四畝供費四十二年掌
教事者與一二生盡鬻之圖以遷儒學而學不果遷
田則亡矣
餘姚高節書院在客星山南嚴子陵墓左宋咸淳七
年劉黻爲沿海制置使邑人何林請建有夫子祠義
悅思賢二堂絲風亭嘉定十七年郡守汪綱建高風
閣宋暨元並置山長生徒甚盛養贍田至八百餘畝
明初罷山長書院如故洪武中有千戸劉巧住取其
廢材營三山所演武廳遂湮廢天順成化以後監司

屢行府縣興復皆不果（明）陶安記）高節書院奉子陵嚴先生之祠在餘姚州東北十五里亟山環合巒飛嶂躍蓬林豐草蒼翠眩目書院乘山腰隨地勢前低後崇葺理嚴潔門屋四楹中建大成殿兩翼短廡殿後爲子陵祠塑衣冠像祠東西室列秩鄉賢祠下左右爲四齋講堂四楹居祠後漢書逸民傳稱先生會稽餘姚人耕於富春釣于嚴瀨年八十終于家今其墓在書院右蓋書院因墓而立以祀先生也登墓道上東望山凹處如吻仰張天日晴朗門外隱隱見海初余以職在長教奉祠欲即書院齋居訓徒士類咸謂山谷荒寂不可居時老儒趙君璋與圓智長老乘鐵舟善勸備一室留余有法性寺住持悅白雲者頴慧能文章每訪余聽談易未幾浙東西學者踵至僧舍隘不能容遷姚江北宮舍每朔望向晨肩輿赴書院率士子拜謁其儀而退春上丁前期詣祠下行事余每往書院則出郭循田間小路行十里許有石梁跨溪水溪陰有絲風亭以先生嘗釣遊焉故名循溪綠山有石砌澗三尺而修曲

過三里當路有石基方可八丈莓蘚斑斑昔人建亭
摘雲山蒼蒼之歌名蒼雲亭又二里石路盡遂登山
由土徑崎嶇盤折抵書院陰雨徑輒泥淖或阻潦水
行者告病時新川直學潘國寶者年少好學與其二
弟咸來從遊以錢五百緡脩贄余拒不受因諷其甃
土徑潘生慨然出錢買石隆壤於徑而甃之下接石
路上徹院門環舍茂樹尤多楊梅學產歲利供朔望
丁祀教官得祿强半余始視事當癸巳九月二日所
與交者前守郭彥達省掾李元中判官程邦民學正
劉坤可及士人仕者劉彥質鄭學可李文衍楊季常
暨其弟元度趙維翰宋無逸維翰君璋子也文士則
鄭元秉趙養直師史王國臣漕史高仲寶方外則四
明山宮主茅石田
餘所識不悉載

怡思書院在四明鄉宋脩職郎孫一元建別有文會
之所曰爐溪文社今廢

古靈書院在縣北屯山之陽今廢
上虞月林書院在清風峽是朱子講學之所宋潘時建
泳澤書院元至正間剏于西溪湖之濱方樞宻移金罍山東以朱文公弭節講學於此立院祠之前橋曰來學橋歲久廢明萬曆十二年知縣朱維藩旣復西溪湖併復書院
中峯書院在東山兩眺間臨池水明董文簡玘建上虞潘府講學於是玘嘗從之

嵊二戴書院在縣北一里元元禎二年浙東僉事完顔貞縣尹佘洪建二戴者晉戴安道及其子顒也

淵源堂在東曦門外宋周瑜建別有細論堂蘊秀軒問襟館蘭馨室永嘉王十朋居師席台温秀士多在館塾

新昌石鼓書院在西石鼓山宋太傅石亞之建後廢明嘉靖中知府洪珠復建（宋樓鑰序書堂葛蔓百年聆太傅之絃歌丹竈永成九轉服仙人之藥餌）

麗公祠義學知府李鐸改祠爲之

古小學在府治東南捨子橋下舊爲善法寺廢址明嘉靖間知府洪珠改建以祀尹和靖先生因名古小學中堂供先生像仍先生語題其堂齋有司春秋致祭歲久漸圮劉宗周重脩之嘗率弟子講學於此後層遂爲講堂額曰證人書院其三層乃新構者宗周沒後衆及門即供宗周位于其内每月三日仍爲講學之所弟子歌伐木之詩禮儀端肅有關世道明劉宗周記越郡之有古小學也昉自前太守蕭山洪西溹公珠以祀寓賢宋大儒尹和靖先生云先是嘉靖中有詔許天下各建社學公遂毁郡中淫祠即其址建學大集士子弦誦其中而重師模於和靖遵時亦憲古

也其制前爲臺門進之即和靖先生享堂左一楹曰義路右一楹曰禮門分二門而入爲養正堂爲游藝所左右各列號房繚以周垣仍餘隙地落成者嘉靖九年庚寅都御史姚公鎮爲之記讀其辭想見一時風規之盛歷隆萬以來師徒罕聚學舍盡圮尹先生遺像退移之游藝所敗楹且爲風雨所剥落其隙地亦多分割之居民不可問矣天啓甲子宗周言之前督撫王公遂下檄山陰令馬公畀新之無何逆璫魏忠賢亂政詔毁天下書院禁師徒之講學者工未半而告寢迨今上御極四年辛未郡諸生復具狀當事太守黄公欣然任之諸大夫後先在事咸有同心暨前學政劉公今令君汪公會稽周公厚厥終次第建堂廡如舊制距今歲庚辰通計前後十七載而告成事盍戛戛乎其難哉於是吾儕士大夫暨二三子衿歲時有聚講地然已不逮西淙時遠甚宗周退而有感焉夫世道之升降則學術之古今係之矣古人之學先王所爲陳之庠序學校之間者何爲也哉學以至乎聖人之道也小學以始之大學以終之其序也

有要焉其爲道一也在曲禮曰毋不敬即小學之心法也而大學則惓惓于愼獨云故曰敬者聖學始終之要善學者終身于小學而已矣自小學之教不明于後世而本心先壞言大學者一變爲辭章聲利即今家塾之地父兄師友之所詔告不過曰讀書取科第耳博金紫耀妻帑耳如是者累而進之而其爲世道之淪喪可知也當是時人欲肆而天理滅邪說昌而暴行興方且以講學爲迂濶爲僞首甚則厲禁自朝廷禍亂相尋千古一轍曷足怪哉尹先生學聖人之學故其言主敬尤得古人心法推之出處去就之際風義凛然學者推程氏正宗晚而奉以桑梓惠吾越越之人始與聞乎大道之要自此名世大儒有相望而起者然古學之不能不降而今也滔滔之勢所在而是矣吾欲正告之以聖賢之學而不悟請從小學始學爲洒掃應對進退之節焉亦曰敬而已夫聖人之道又何以加于此而區區辭章聲利是問乎三王之祭川也先河而後海知始焉故也越於先生亦河也視之小學訓小學將以明大學也學古之學契

聖之真以挽回今日之世道抑亦吾黨小子之責也役既竣宗周之記屬友人石梁陶子而陶子卽世因代爲記其始卒如此王公諱洽山東人劉公諱鏻長福建人黄公諱炯河南人馬公諱如蛟和州人汪公諱元兆婺源人周公諱燦吳江人其他與襄厥事皆見别狀先生舊像仍處遊藝祠以西淙公新設木主于享堂從太學制附從祀語吾越固不乏理學之儒祀鄉宗者惟是小學之制尤稱特典有專祀則有從祀並得視大學乃小學以尹先生爲宗則生于先生前者法不得與矣其生先生之後者惟陽明先生爲再起儒宗崇奉已有專祠自此學者多言王氏學其著者從祀王祠自王氏前四百年間最著者凡得四先生石先生墪羽翼斯文叅講大儒之席俞先生浙發明理學進窺中庸之旨韓先生性當元世隱遯不汙頽得出處之正潘先生府際治朝昌明倫紀永畨孝治之極皆不愧尹先生門墻卓乎百世師也然四百年間而裒舉齒四先生法綦嚴矣尚俟後之君子詳加論定而續補焉

紹興府志卷之十九

祠祀志附圖

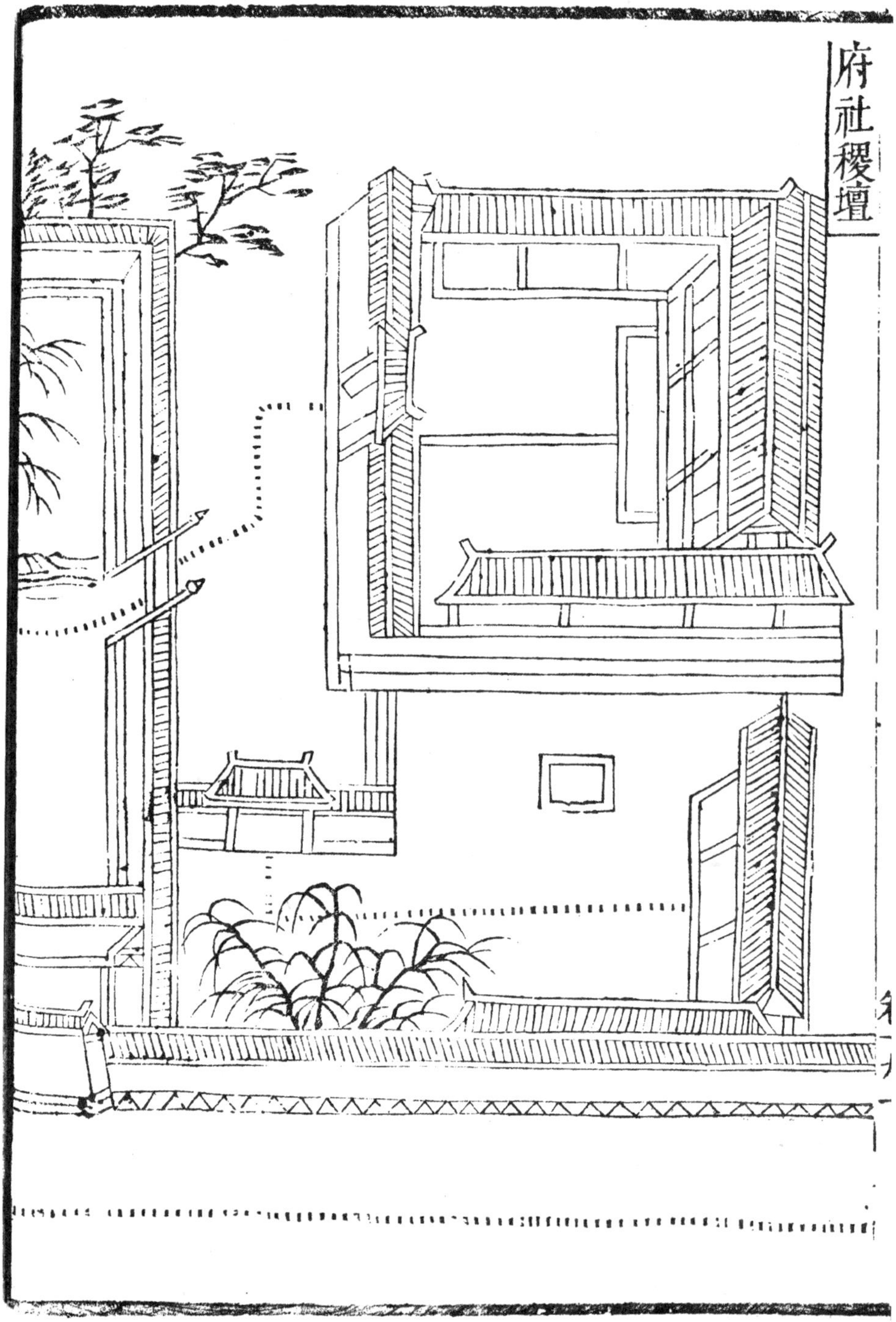
府社稷壇

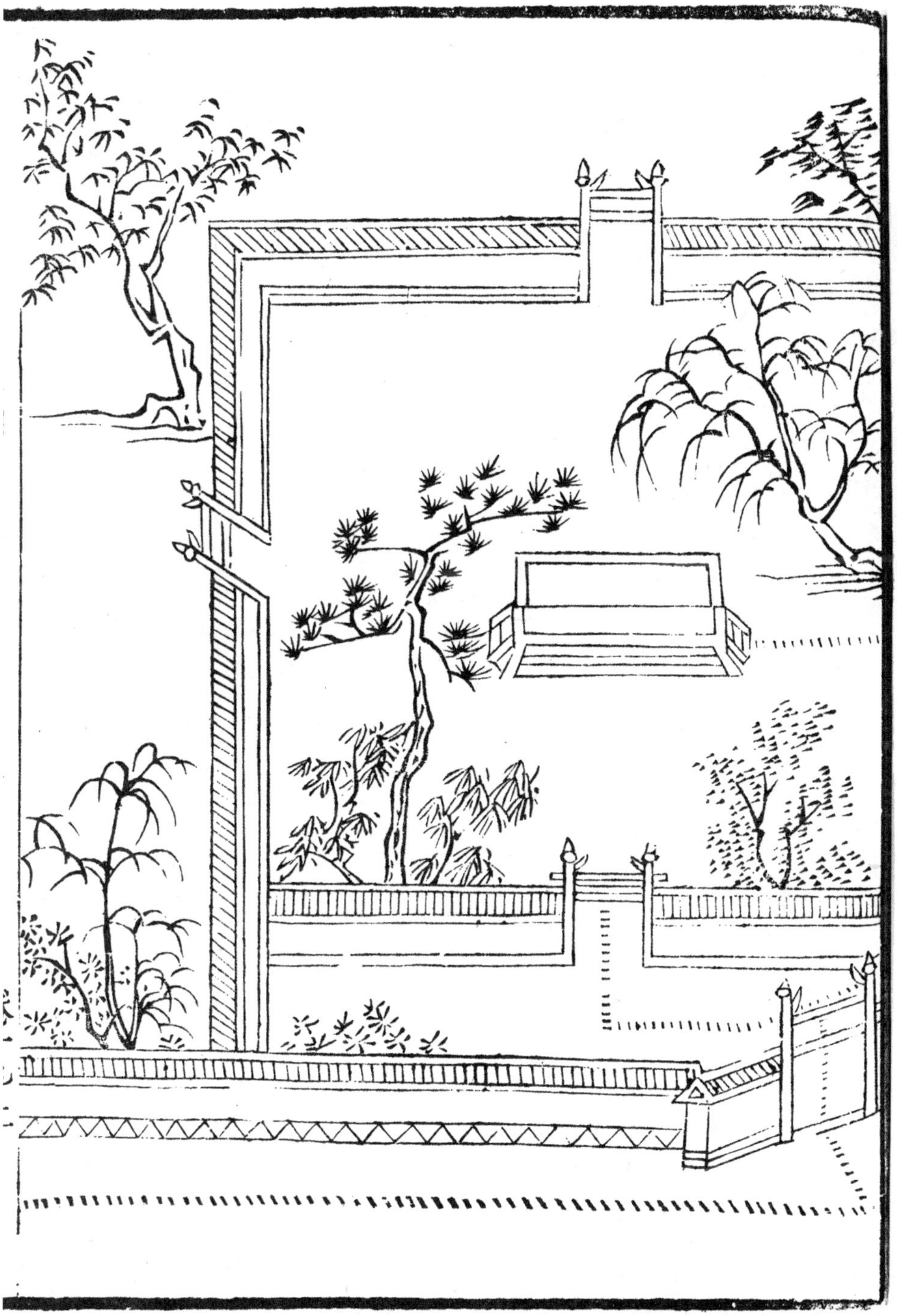

風雲雷雨山川壇圖

會稽山
宰牲房
山川壇

厲壇圖

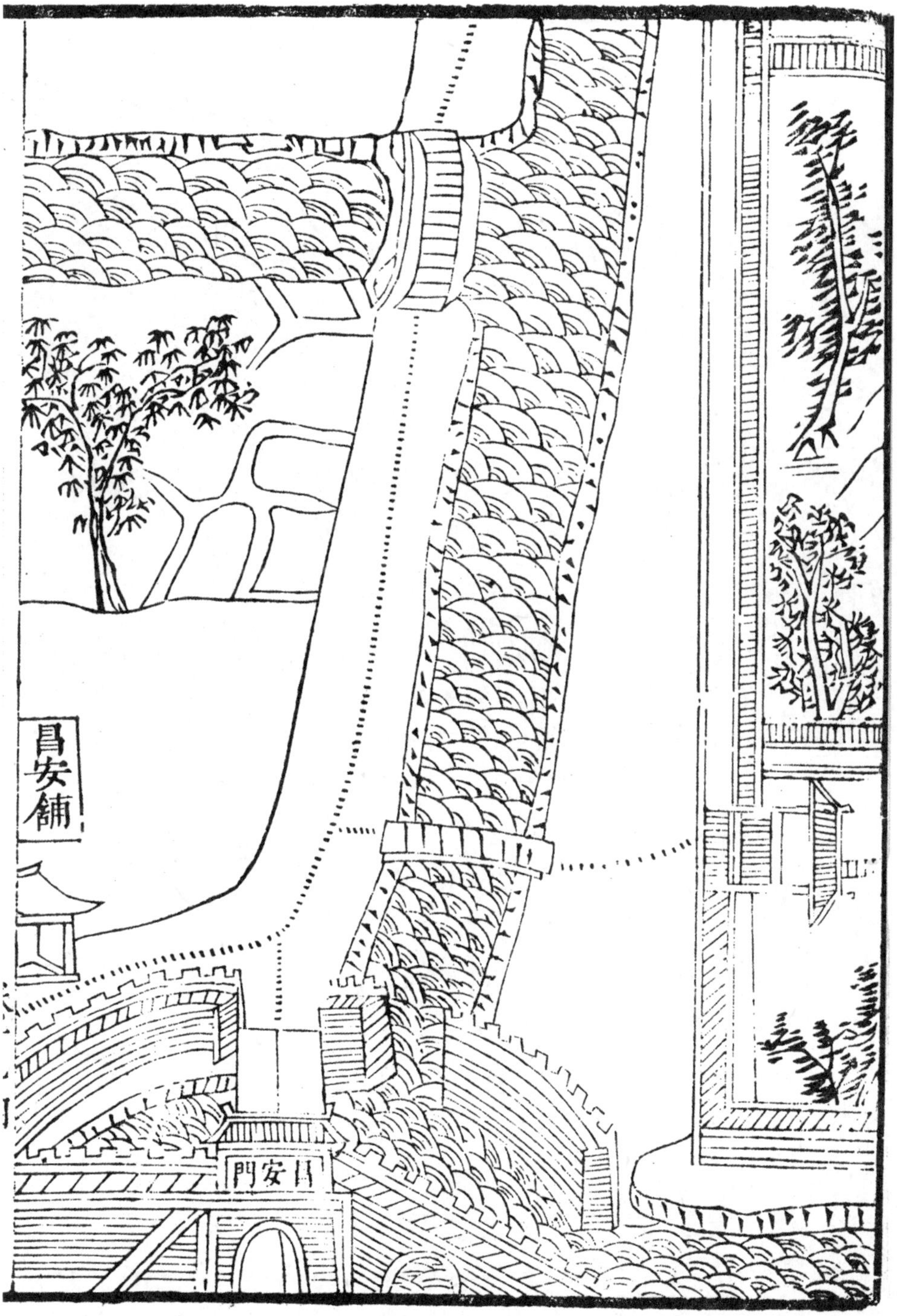
昌安鋪
昌安門

府城隍廟圖
玄帝殿
雷神殿
文昌祠
下城隍廟
卷十九 四

星宿閣
上城隍
劉太守祠
沈家池

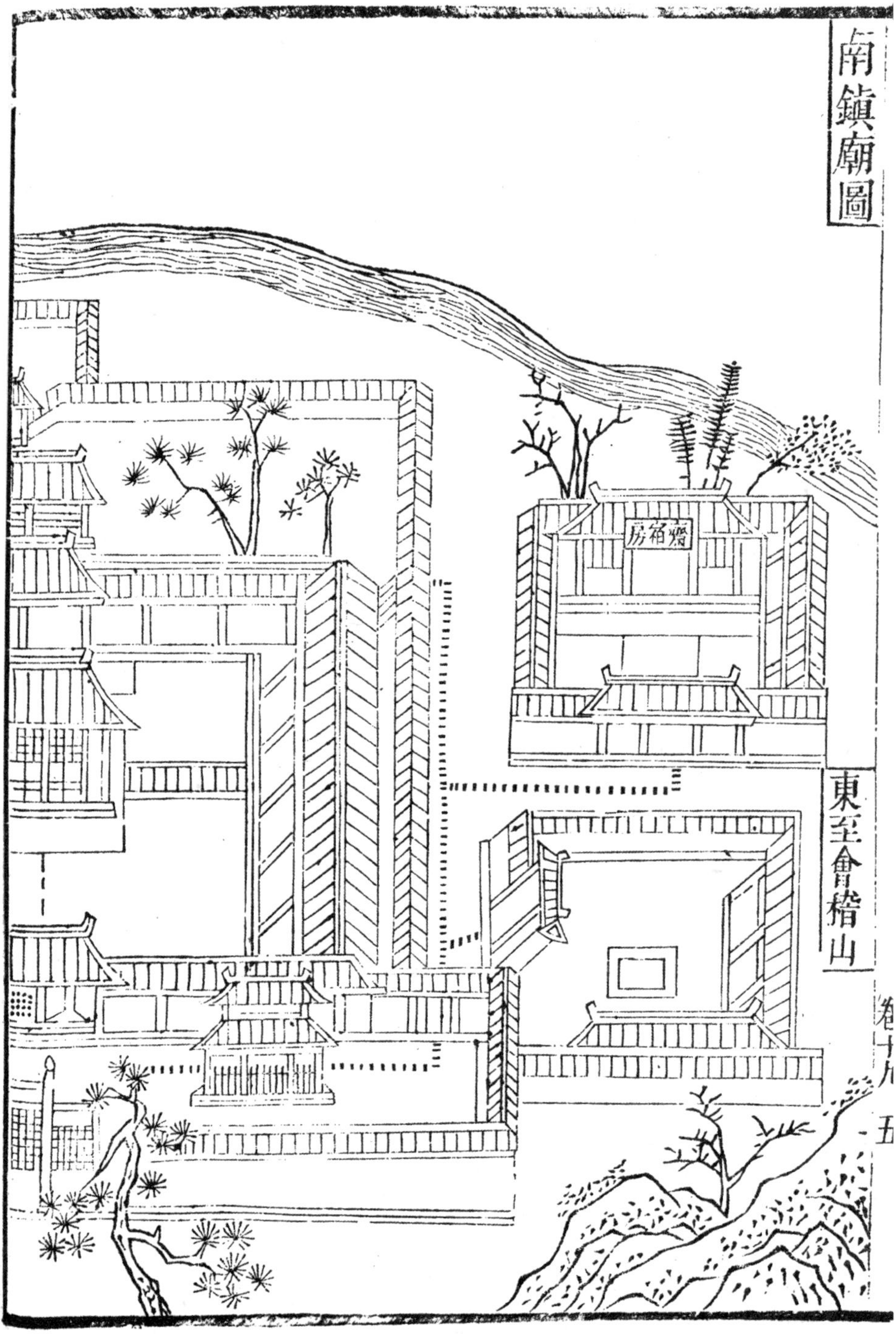
南鎮廟圖
齋宿房
東至會稽山
卷十八
五

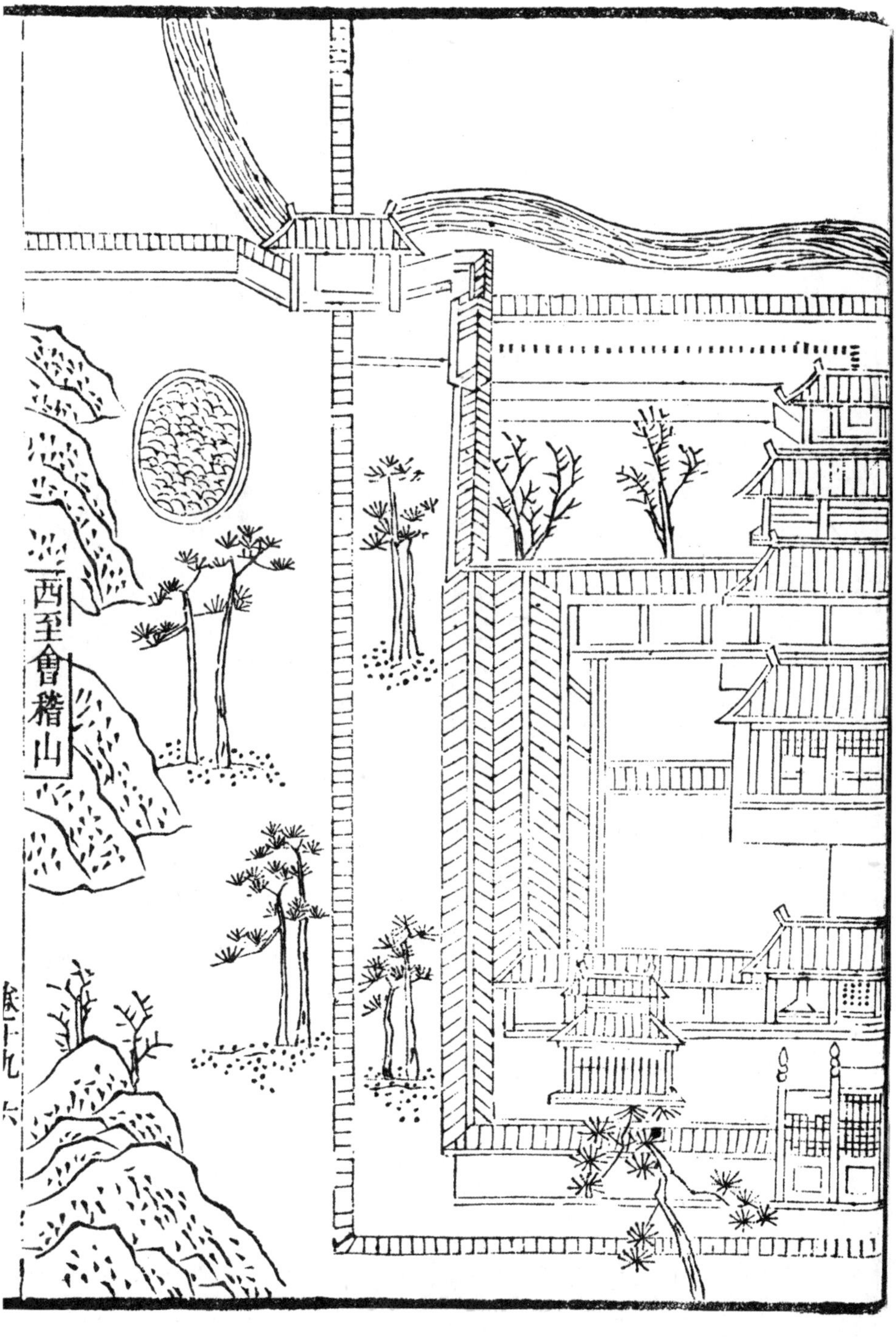
西至會稽山
卷十九　六

孝女廟圖

沈公祠

紹興府志卷之十九

祠祀志一

壇廟

壇府社稷壇五季以前不可考宋時在城南二百九十步元遷昌安門外今在迎恩門外數百步運河之南山陰會稽之祭附焉地隷山陰　本朝康熙二十九年知府李鏵重建於社旁隙地種松竹植桑柘歲取其租以供修葺五十四年知府俞卿重修

縣社稷壇宋志山陰在柴場坊會稽在禮禋坊明制

迄今凡縣附郭者俱倍祀於府壇舊壇廢（宋陸游會稽縣重建）社壇記古者侯國地之別三爵之等五皆有宗廟社稷秦黜封建置郡守縣令於是古之命祀惟社稷尚存陵替千餘載士不知學古吏不知習禮其祀社稷徒以法令從事籩封壇壝服器牲幣一切苟且取便於事無可考法宋典文物寖盛自朝廷達于下州蕞邑社稷之祀畧皆復古不幸中更金人之禍兵氛南被吳楚中興七十年郡縣之吏往往惟餉軍弭盜簿書訟獄爲急及吏以期告漫應曰如令至期又或移疾弗至雖朝廷所頒令式或未嘗一視況三代之舊典禮乎會稽之爲邑實奉陵寢且在安撫使提點刑獄提舉常平治所有將迎造請之役有符檄期會之煩勅使內家及宗室近屬一歲屢至亭傳道路舟車徒役一有不治責在會稽者十居七八故令於祀事尤不遑暇縣社在禮豐坊月社日稷日風師日雨師日雷神凡五壇皆廢不治祀則茇舍以爲次凡祀之費一出於吏雨則寓於吳越王祠之門承議郎四明

王君時會之來爲令始至周視壇所喟然歎曰幸爲政于此得有人民社稷事孰大於是者乃即其地爲垣八十丈築室四楹有門以時其啓閉有庫以儲其器物用宋之樂豐之枌榆故事薙松五十又稽合制度藁秸莞蓆幣篚樽俎豆籩簠簋勺羃莫不如式粢盛酒醴牲牢莫不共給獻有次祝有位齊有禁省饌食爵奠幣飲福望燎望瘞有儀祝事各以其日王君祗薦齊栗與其僚從事禮成而退無違者會稽歲比不登及是雨暘時若歲以大豐民歌于途農忭于野皆曰吾令致力於神神實饗答吾其可忘於是父老子弟相與告余請記其事予曰爲政之道無他知先後緩急之序而已王君設施知所先急如此雖欲不治得乎雖然是朝廷以須郡縣者王君特能舉之爾後來者顧獨不能耶故予詳記始末所以告無窮也

蕭山在縣西二里諸暨在縣北三里餘姚在西門外一百五十步上虞在縣西一里嵊在繼錦門外西嶺

之上新昌在縣西北一里

風雲雷雨山川城隍壇府祀在會稽山之陰山會附焉久圮康熙二十九年知府李鐸同會稽知縣王風采重建蕭山在縣東三里諸暨在縣南四里餘姚舊在江之南一百五十步今新城內明嘉靖三十四年移於新城南門外一里上虞在縣西南二里嵊在縣南五里新昌在縣百步

厲壇及山會共祀者在昌安門外久圮居民侵蝕其地康熙五十六年知府俞卿復之四圍壘磚墻又建

門三楹修其祭壇規制奕然諸暨在縣北二里餘姚在武勝門外十步上虞在縣東北二里嵊在縣北二里新昌在縣東北一里

里社壇鄉厲壇明洪武禮制每里立一所今盡廢南大吉曰昔予在總角時日從鄉里諸小兒遊明星皎月之夕弗夜分弗歸寢也外戶不閉而牛羊亦優游以休嘗是時春祈秋報之禮里皆以時而舉品物儀文甚侈而人未嘗言貧既而從我先大夫宦遊宛鄧宛鄧之俗猶吾鄉也後七年歸至鄉里見夫閭巷蕭條已非昔日既乃登仕版遊四方者又九年再歸鄉里則見景象寥落少壯老弱僕僕然昔日祈報之禮蕩然盡廢社壇就荒穢而莫之或跡矣三尺之童皆就農務而貧不能免日未及入戶已堅閉而猶致夫寇也回首昔時每撫心太息乃今又分符來守茲土茲

土之俗其不如昔時者亦猶夫吾鄉也里社鄉厲之壇荒廢過半而莫之有考是可爲長歎息者夫守一邑則以一邑爲一家守一郡則以一郡爲一家吾家日就衰頽而吾子弟之貧乃至是焉惻然而傷惕然而警焦然而思吾不能已於懷矣

廟府城隍廟舊在臥龍山西南之巔自昔紀載皆云神姓龎諱玉爲越總管惠澤在民既卒郡人追懷之祠以爲城隍神梁開平二年吳越王錢鏐奏封爲崇福侯宋紹興元年詔以駐蹕會稽踰年妖寇不作賜額顯寧封昭祐公三十年顯仁皇后靈駕渡江無虞加號忠順乾道五年加號孚應八年加號顯惠淳熙

三年封忠應王後又加號昭順靈濟孚祐元時增置下殿於山之麓明洪武三年詔去前代封號稱紹興府城隍之神專祀於山麓下其上存爲古勝跡焉下廟殿之東有思敬堂今改爲文昌祠其前有凝碧池池上爲石橋上廟前大門下臨絕壁右有星宿閣下有池池之前有堂今爲佛巖右又有會善堂今易名豁然堂坐攬諸勝爲臥龍山奇絕處萬曆十二年下廟殿災知府蕭良幹重新之視舊加壯麗焉又府城西三十里柯亭北有城隍行祠按唐書忠義傳神龐堅四世祖也京兆涇

陽人魁梧有力明兵法仕隋爲監門直閤李密據洛口寖逼東都王以關中銳兵屬王世充擊之百戰不衄煬帝崩乃率萬騎歸唐時唐室新造諸將起于行伍高祖以王隋之舊臣久宿衛習朝廷制度拜領軍武衛二大將軍俾爲諸將模矱秦王尤所親倚常從征伐薛舉寇涇州拔高摭舉死子仁杲勢益張秦王命梁實營淺水原賊將宗羅睺攻之甚力王於是奮擊士卒殊死戰秦王以勁兵擣其背羅睺大敗遂擒仁杲平隴西尋爲越州總管威望甚著盜不敢犯其境武德二年召還巴山獠叛除梁州都督悉討平之召爲監門大將軍卒太宗爲輟朝贈工部尚書幽州都督(錢鏐記)若夫冥陽共理之規人神相贊之道傳於史册今昔同符切以浙東地號奧區古之越國當舟車輻湊之會是江湖衝要之津自隋末移築于牆因遷公署據臥龍之高阜雉堞穹崇對鏡水之清波風烟爽朗緬惟深固宜叶冥扶故唐右衛將軍總管龐君諱玉頃握圭符首臨戎政披榛建府吐哺綏民仁施則冬日均和威肅則秋霜布冷緒牆愛戴黔庶

詢謀尋而罷軍興嗟餘勞不泯衆情追仰共立嚴祠
鎮都雉之崗巒宰君民之禍福殿堂隆邃儀衛精嚴
式修如在之儀仰枉儲靈之傑昔載爨生劉氏妖起
羅平予躬禀睿謀恭行天討數千環甲兩復越關皆
資盼賚之功以就戡平之業特爲重增儀像嚴潔牲
牢邇來四野無塵重門罷柝厂川歲揚旌東渡巡撫
軍民躬奠椒漿月瞻靈像每暢吳風越俗共欲道泰
人安昔爲兩鎮之疆今作一家之慶遂馳箋表請降
封崇所冀朝恩與漢敎齊標美稱共秦巒對聳尋蒙
天澤果賜允俞須崇福立嘉名際九等之尊爵其所
奉勅命具列如左嗚呼人惟神祐神實人依爰自始
建金湯肅陳祠宇奠茲中壘三百年來雖享非馨未
登列爵今則僶予佐國連統藩維啓吳越之雙封爲
東南之盟主況遇金星應籙淶德克昌道既泰于君
臣澤遂加於幽顯獲申奏薦遽降徽章今則象軸煥
新龍綸遠至表勳名於萬代昭靈感於千秋固當永
荷皇私長垂幽贊保我藩宣之地遐清災沴之源共
泰斯民永安吾土烜矣赫矣永作輝華今當吳越雙

封一王理事亦伏土地陰騭冥力護持神既助今日之光榮予亦報幽靈之煥耀但慮炎涼改易星歲徂遷不記修崇莫原事始聊刊貞珉以示後來（梁開平勑）鎮東軍城隍神龐玉前朝名將劇郡良材頃因剖竹之辰實有披榛之績創修府署綏緝吏民豈獨遺愛在人抑亦垂名終古況錢鏐位隆三鎮功顯十臣能求福而不回致效靈而必應願加懿號以表冥符宜旌岌業之功用顯優隆之澤宜賜號崇福侯仍付所司（宋紹興勑）朕展義東南駐蹕都會宮室城郭之必葺踰歲之周氛祲妖孽之弗興繄神之祐是用錫上公之尊爵加二字之榮名不顯其光庸示無窮之報自今以始常備有美之祥宜特封昭祐公（明王誼詩）懸崖幾轉路如梯闌楯憑虛俯澗溜高閣迴臨飛鳥上層城半遶臥龍西雲籠叠嶂修蛾偃烟瀉遙空匹練低無限夕陽憑遠景重來看我向年題（謝遷詩）迤邐岡巒隔市塵嵯峨臺殿集高真天低象緯先分曙岫接蓬壺獨貯春大府建牙森棨戟仙壇貢石足淛[illegible]滿前多景真奇絕老眼于今又一新（蕭良榦登

建城隍廟記今制郡邑皆有城隍廟云越城隍神者相傳唐龐玉鎮越有惠政卒祀之爲神最靈應而其廟枕龍山之麓尤據形勢爲浙東冠歲甲申九月守者不戒廟燬以燼越之民惶惑奔走若弗克奠厥居也守憂焉圖所以新之吏白工大費鉅當請諸公帑守曰公帑方詘即用之將必取盈焉吾何請爲然則當括諸民財守曰民財方匱吾不欲以煩公而顧忍於剝民乎第與工吾徐計而銖累之耳於是首捐其俸之餘五十金以屬山陰丞市材僦事而以次第營度之蓋十閱月而工告竣前堂後寢庭臺翼然其高廣視舊倍三之一而閎壯堅固遠過之左右爲兩廊前爲重門最前爲大門以堪輿家忌縮入十餘步外爲屏垣堦庖舍咸與維新諸凡煥然備矣僉謂宜有記守惟自昔有國家者莫不以事神治民爲首務我
太祖於守令尤拳拳告戒若曰慢神虐民國有常典夫民則吾所治也神道幽遠而並舉之何也易不云乎聖人以神道設教事神亦所以爲民也守之蒞斯土也善者得而賞之不善者得而罰之而陽操其賞

罰之權於明維神之相之也善者得而福之不善者得而禍之而陰持其禍福之柄於幽民之情於其明而可見者常玩而於其幽而不可測者常若有所畏而不敢肆故夫神也者所以濟守之所不及也越俗彼健易玩法頑獨敬事神祠宇櫛比在在虔事其於城隍神尤崇祀惟謹蓋猶有懼心焉是亦可與爲善之機君子所爲因民而誘之者其將在斯也茲廟之作所不容已與是役也費凡若干緡出於守之助者十之一出於各邑之助者十之二出於民之助者十之一出於守之所注措者十之六其工則罰諸遊民之不事生業者其所注措間取諸猾民之罹於法而不可解者使之自結於神而動其遷善改過之念亦所以因以爲教也郡與事者爲同知桂林張君延熙通判桂林徐君秀史君著勳推官沔陽陳君汝璧邑同事者山陰知縣張君寉鳴會稽知縣曹君繼孝督工山陰丞鄭日輝耆民薛部陳繪王元春俞紀爲守而紀其事者宛陵蕭良榦也

皇清康熙五十四年知府俞卿重修上下二廟其上廟星宿閣久燬惟池基畧存

縣城隍廟山陰舊在縣東五步靈承坊久廢明嘉靖二十一年知府張明道知縣許東望新建於太清宮側與鎮東閣對會稽在縣東二十餘步按城隍神者以城及隍而立今兩京有都城隍廟其府若縣不聞別有祀也山會二縣既係附郭則與府同一城隍乃復有此二廟殆不可曉蕭山在縣南一百五十步諸曁在城西北隅餘姚舊在縣西二百步許宋末移今處在縣東北可二十步上虞在縣東一百步創自後漢嵊在縣西五十

步神舊稱陳長官新昌在縣西一百步蕭山新昌宋時俱祀崇福侯蓋即府城隍神也後乃改立今廟云

先師廟九在府縣學有司春秋祭

府城內崇善王廟在臥龍山西麓

火神廟在寶珠橋側明嘉靖四十四年府城多火災郡府楊兆建又一在會稽縣東

鮑府君廟舊在陽堂山輿地志鮑郎名蓋後漢鄮人爲縣吏嘗捧牒入京留家酣飲踰月不行縣方詰責已而得報章果上審究實然旣死葬三十年忽夢謂

妻曰吾當更生盍開吾塚妻不信再夢如初乃發棺
其尸儼然如生第無氣息耳寘器完潔若日用者塚
之四旁燈燃不滅膏亦不消人神怪之立祠以祀明
嘉靖十六年知府湯紹恩改建於能仁寺西
都土地廟在如坻倉東又一在戒珠寺前
龍口廟在鎮東閣側康熙五十五年知府俞卿修
祠山大帝廟在府橋東神張姓名渤漢神雀中人禮
斗横山有禦災捍患功或云佐禹治水有功其賽禱
盛於廣德州常以二九月降至日必風雨有請客風

送容雨之說不知何時流衍於越以上隸山陰
紹興衛旗纛廟明洪武初征南副將軍廖永忠建在
衛西南阪後移於會稽縣東南法濟里臨山衛在衛
西北八字橋側觀海衛在後堂東以霜降日祭
徐相公廟在會稽縣學西明弘治中有老人自禹廟
歸言遇神事甚異知縣陳堯弼爲立碑於廟神少時
嘗役於獄獄亦祀神明徐渭碑神姓徐名龍佛世鳳
陽人宋端平三年三月十三日
生當父宦會稽學時嘗從道上拾雞卵脫之得白雞
以鬭莫有敵者父母憎其俠遂去家爲縣獄長未幾
改行讀書歸事其父母以孝聞歿而爲神至動人主
咸淳三年詔封神白衣頂聖人明人爭奉之天順成

化間再拓其居於故所稱學西鬭鷄塲所至弘治初乃有沈潤王世威事潤曰我嘗夜半膠舟淺水鬼火熒繞忽失楫我迷怖號神忽聞空鷄遂獲楫以歸世威曰我爲老人隨祭南鎮夜歸忽一白衣告虎至已而果赤虎至我怖不能號白衣詫虎虎去翼我以歸及別問爲誰曰老夫會稽學西徐姓者也於是益趨信始請鄉先生陸建寧記於石而獄有衆以祀神神之跡顧漫不知也某繫之六年始惻然建寧記復碑於此而舉其義曰今世之祀神者因以神神也顧問其所以神神者何則徒知曰不神曷獲封於人主又安能授二男子於鬼窟虎口中以余按建寧記神之得爲神與其得封直云相傳耳而二男子事亦僅出其口有無不足據又烏足以證神之神不神哉獨鬭鷄有塲則直非無據者鬭鷄而出於卵瞉卵瞉而從直道上無故獲之此則真神者事耳意當其時用儔用獄以自擲弄必有詫呼束縱於圜塲中奇絕特異可以動天而宰幽者端平咸淳終神之世僅三十年正南渡時宜典籍之不備也今獄既祀神不宜絕無

所識又不宜以無據者充也故余取於神卵而腹且拾者以存信

金家廟在府學東以上隸會稽

山陰大禹廟在塗山南麓宋元以來咸祀禹於此明時始即會稽山陵廟致祭茲廟遂廢又一在三江巡檢司北一在餘姚東山（宋王十朋詩）蠭日英雄吞四海血祀初期千萬載稽山木像棄長江逆遡波濤鬼其餒烏喙辛勤十九年平吳霸越世稱賢故國無人念遺烈山間廟貌何淒然焉守闕湖利源迴歲沃黃雲九千頃年來遺跡半湮蕪廟鎖湖邊篆煙冷吳越國王玉節還盡將錦繡累江山自從王氣息牛斗廟北昭王星一間迺知流光由德厚祀典誰能如夏后九年洪水滔天流下民昏墊堯心憂帝懼萬國生魚頭錫禹洪範定九州功成執玉朝冕旒奔走訟獄歸歌謳南巡會稽覲諸侯書藏

窆穴千丈幽蟬蛻塵寰不肯留千古靈廟依松楸吾
皇盛德與禹侔菲食卑宫惡衣裳思禹舊績祀事修
小臣效職躬薦羞仰瞻黼冕懷遠猷退惜分陰懲惰
偷嗟乎越山高兮可堙而儔惟有禹貢聲名長不朽
告成世禮無時休禹廟詩甚多兹詩似
詠兹廟者故附焉餘俱載禹陵廟下

朱太守廟在昌安門外文應橋西漢太守朱買臣守
郡有破甌越闢境土之功民立廟祀之

梅福廟在梅里尖之麓久廢明嘉靖間知府張明道即
梅山寺立像祀之（唐張喬詩二首）梅真從羽化萬古
是須臾此地名空在西山雲亦孤
井痕平野水壇級上春蕪縱有雙飛隺多年松已枯
又　一自白雲去千秋壇月明我來思往事誰更得長
生雅韻馨鐘遠真風梅殿清
今來爲尉者天下有仙名

靈惠侯廟在秦望山之麓

柳姑廟在府城西十里湖桑埭之東前臨鑑湖蓋湖山勝絶處也宋陸游詩客路風塵化素衣閉愁冉冉鬢成絲平生不負月明處神女廟前聞竹枝明王埜詩柳姑廟前楊柳青柳姑廟下春水生漁郎放舟入湖去斜日短歌無限情

靈助侯廟在錢清鎮

葛元廟在靈芝鄉大葛村

昭澤侯廟在府城西南七十里溫泉鄉神姓宋富陽巨族生有神靈明成化間溫泉鄉多虎患因建

謝尚書廟在府城西南三十五里離渚埠

虞山廟在府城西七十里夏履橋

項羽廟在項里溪上

景氏廟在府城西九里三山之東山石堰上又有一景氏廟在縣西七里吉宅村俚俗傳以爲二景本伯仲死而爲神能神其民故至今四時祀之吉宅之景氏廟叢木陰翳居大澤中四絶不通或云舊時每爲立廟輒爲蕩故至今但露祭而已

興福侯昌王廟在府城西十五里王姓全諱昭孫宋理宗時太尉寶祐間淮西鬼叛血戰殉難後女爲度宗皇后封爲里人立廟奉祀不替

會稽南鎮廟在會稽山之陰周禮職方氏揚州之鎮山曰會稽秦併天下以會稽山爲名山祭用牲犢圭

壁晉成帝咸和八年會稽山從祀北郊北齊祀地祇以方澤其神則會稽鎮諸山隋開皇十四年詔就山立祀且命其旁巫一人主洒掃多蒔松栢於祠下唐天寶十年封永興公歲以南郊迎氣之日祭宋乾德六年以會稽在吳越國乃下其國行祭事淳化二年從秘書少監李至言以立夏日祀南鎮會稽山永興公於越州後加永濟王元大德三年改封昭德順應王明洪武三年詔去前代所封爵號止稱會稽山之神每三歲一傳制遣道士齋香帛致祭登極則遣官

告祭災眚則以所禱祭每歲則有司以春秋二仲月
祭後禹陵一日田一百二十九畝七分三毫地六十
四畝一釐六毫山三百三十二畝六分五釐二毫總
之凡五百一十六畝四分二釐〔明勅祀記〕洪武二年命某官張本致祭本
作記曰洪武二年春正月羣臣來朝皇帝若曰朕自
起義臨濠率衆渡江宅於金陵每獲城池必祭其境
內山川罔敢或怠邇者命將出師中原砥平嶽瀆海
鎮悉在封域朕托天地祖宗之靈武功之成雖藉人
力然山川之神實默相之況自古帝王之有天下莫
不祀秩尊崇朕曷敢違於是親選敦朴廉潔之臣賜
以衣冠俾齋沐端竦以俟遂以正月十五日受祝幣
而遣焉臣本承詔將事惟謹正月二十八日祭于祠
下威靈歆格祀事孔明礱石鐫文用垂攸久惟神豐
隆磅礴靜主炎方典禮既崇綱維斯在尚期保安境

士而福澤生民是我聖天子之望于神明者而亦神明祚我邦家之靈驗也臣張本記（三年詔）自有元失馭羣英鼎沸土宇分裂聲教不同朕奮起布衣以安民爲念訓將練兵平定華裔大統以正永惟爲治之道必本於禮考諸祀典知五嶽五鎮四海四瀆之封起自唐世崇名美號歷代有加在朕思之則有不然夫嶽鎮海瀆皆高山廣水自天地開闢以至於今英靈之氣萃而爲神必皆受命于上帝幽微莫測豈國家封號之所可加瀆禮不經莫此爲甚至如忠臣烈士雖可加以封號亦惟當時爲宜夫禮所以明神人正名分不可以僭差今命依古定制凡嶽鎮海瀆並去其前代所封名號止以山水本名稱其神郡縣城隍神號一體改正歷代忠臣烈士亦依當時初封以爲實號後世溢美之稱皆與革去其孔子明先王之要道爲天下師以濟後世非有功於一方一時者可比所有封爵宜仍其舊庶幾神人之際名正言順於理爲當用稱朕以禮祀神之意故兹詔示咸使聞之

（登極祭文洪武四年）皇帝御名遣臣致祭於南鎮會

稽山之神惟神表正南土奠安民物参贊之功罔有
賴焉兹於嗣位之初特用祭告神其歆格尚饗宣德
元年惟神毓秀鍾靈鎮兹南土奠安之功民物允賴
兹于復正六統秖嚴祀典惟神歆格永祚家邦尚饗
正統元年惟神奠兹南土民物育生允賴神化予嗣
承大統秖嚴祀禮惟神歆格永祚羣生尚饗景泰文
同成化元年惟神功參造化永鎮南土奠安民物萬
世永賴兹承太統謹用祭告神其歆鑒佑我國家尚
饗弘治正德嘉靖元年文並同隆慶萬曆元年並同
泰昌闕天啓崇禎元年文並同災眚祈禱文宣德十
年予新嗣祖宗大位統理下民夙夜惓惓養民爲務
尚祈神靈陰隆助相雨暘時順災沴不生百穀用成
民用康濟國家清泰永賴神休謹以香帛達于至誠
惟神鑒格尚饗正統二年朕秖御下民永懷保惜百
穀長育惟兹厥時顥冀明靈時降敷佑無災無沴時
雨時暘作歲豐穰以穀黎庶尚饗正統九年予奉天
育民惕然于德致兹久旱災及羣生夙夜省愆中心
惓切神司方鎮憂憫諒同雨農以時宜任其責特兹

祭禱尚冀感通弘布甘霖用臻豐稔庶孚之惠時乃
尚饗正統十年國家崇重方鎮歲嚴秩祀所期默運
神化庇佑生民邇者浙江台州寧波紹興府縣沴氣
爲災時疫大作死者相枕病者無已聞之惻然深咎
於衷惟神表奠茲土民所倚賴覩茲災沴能不疚心
茲特遣官賫香帛以告于神尚冀體上帝好生之心
鑒朕憫元元之意弘闡威靈禦災捍患民物獲生全
之福神亦享無窮之祀尚饗（景泰六年）恭承大命重
付聯躬民社所依災祥攸繫志恒內省政每外革或
寒燠愆期或雨暘踰度田疇失利麥穀不登憂切民
心妨及國計水旱疾疫疊見此方饑饉流亡洊臻累
歲究推所自良有在茲因咎致災固朕躬罔避而轉
殃爲福功孰與鈞特用懇祈幸副懸望謹告（成化十
三年）國家敬奉神明肅嚴祠祀所期默運化機庇祐
民庶乃近歲以來或天時不順地道不寧或雷電失
常雨暘爽候或妖孼間作疫癘交行遠近人民頻遭
饑饉流離困苦痛何可言邇者山陰又有雨血之類
惕然於衷罔知攸措惟神奠鎮一方民所恃賴覩此

災沴能不疢心是用特具香帛遣官祭告尚冀體上
帝好生之心鑒于憂憫元元之意斡旋造化弘闡威
靈捍災禦患變禍爲福庶幾民生獲遂享報無窮惟
神鑒之謹告（成化二十年）朕承祖宗大統餘二十年
而於奉神子民之道未嘗敢忽何去年至冬雨雪全
無方今春首京師地震艱麥無收成之望士民懷艱
窘之憂惟神毓秀鍾靈表鎮南土覩此災沴能無疢
心今特遣人敬賫香帛虔告于神尚期默運神機參
贊化育俾陰陽順序風雨以時坤維寧靜黎庶安康
神之享祀亦無窮矣尚饗（弘治六年）伏自去冬無雪
今春少雨田禾未能播種黎庶實切憂惶于甚兢惕
因自側身修省虔致祈禱惟神矜憫下民斡旋大旱
造沛甘澤以滋禾稼以濟民艱庶我有豐稔之休神
亦享無窮之報謹告（正德六年）去歲以來寧夏作孽
命官致討逆黨就擒內變肅清中外底定匪承洪祐
曷克臻茲因循至今未申告謝屬者四方多事水旱
相仍饑莩載塗人民困苦盜賊嘯聚勦捕未平循省
咎由良深兢惕伏望神慈照鑒幽贊化機災沴潛消

休祥協應佑我家國永庇生民謹告
皇清順治八年遣孫廷銓致祭曰惟神秀競千巖靈
鍾萬壑帶江襟海育物福民朕統御寰中敬修祀典
昭茲殷薦衛我南藩尚饗順治十八年遣李敬致祭
曰惟神秀競千巖靈鍾萬壑帶江襟海育物福民朕
誕膺天命祇荷神休特遣耑官用申殷薦惟神鑒焉
康熙六年遣王清致祭曰惟神秀競千巖靈鍾萬壑
帶江襟海育物福民朕躬親政務祇荷神休特遣耑
官用伸殷薦惟神鑒焉康熙十五年遣李廷松致祭
曰惟神秀競千巖靈鍾萬壑帶江襟海育物福民朕
祇承神祐懋建元儲特遣專官用伸殷薦惟神鑒焉
康熙二十一年遣李仙根致祭曰惟神挺秀千巖標
奇萬壑襟江帶海鍾美儲祥朕祇承神佑疆宇蕩平
特遣專官用伸殷薦惟神鑒焉康熙二十四年遣鄭
重致祭曰惟神含英越地鍾美防山秀絶東南襟帶
江海朕祇承神祐考禮時廵特遣專官用伸殷薦神
其鑒焉康熙二十七年遣阿山致祭曰惟神奠位越
州標奇宛委作屏江海用鎮女牛朕纘承祖宗丕

基虔恭明祀茲以　皇祖妣孝莊仁宣誠憲恭懿翊
天啓聖文皇后神至升祔　太廟禮成特遣專官用
伸秩祭惟神鑒焉（康熙三十五年）遣裘充佩致祭曰
惟神鍾秀稽山標奇越地靈爽孔赫作鎮南邦朕勤
恤民依永期殷阜邇年以來郡縣水旱間告年穀歉
登蚤孜孜深切軫念用是專官秩祀為民祈福冀雨
暘之時若庶稼穡之屢豐惟神鑒焉（康熙三十六年）
遣温達致祭曰惟神秀拔江湖功施雲南千巖萬壑
南國雄藩朕以勦除狡寇三履遐荒期掃邊塵又安
中外今者祇承神祐塞北永清用告成功專官秩祀
惟神鑒焉（康熙四十二年）遣王紳致祭曰惟神德配
祝融望隆於越靈威丕赫作鎮南方朕祇承體命統
馭寰區夙夜勤勞殫思上理歷茲肆拾餘載今者適
屆五旬海宇昇平民生樂業見輿情之愛戴沛下土
之恩膏特遣專官虔申秩祀尚憑靈貺益錫蕃禧佑
我國家共登仁壽神其鑒焉（康熙四十八年）遣覺羅
滿保致祭曰惟神德配祝融奇標於越鍾靈毓秀炳
曜炎邦朕仰荷天庥撫臨海宇建立元良歷三十餘

載不意忽見暴戾狂易之疾深惟　祖宗洪業及萬
邦民生所繫至重不得已而有退廢之舉嗣後漸次
體驗當有此大事時性生奸惡之徒各庇邪黨借端
搆釁朕覺其日後必成亂階隨不時究察窮極始末
因而確知病原皆由鎮厭亟爲除治幸賴上天鑒佑
平復如初朕比因此事耗損心神致成劇疾皇太子
晨夕左右憂形於色藥餌必親寢膳必視惟誠惟謹
歷久不渝令德益照丕基克荷用是復正儲位永固
國本特遣專官敬申殷薦惟神鑒焉（康熙五十二年
遣拉都渾致祭日惟神秀挺越山功施浙水靈成有
赫作鎮南方朕纘受鴻圖撫臨區宇殫思上理夙夜
勤求惟日孜孜不遑暇逸茲御極五十餘年適當六
旬初届所幸四方寧謐百姓又和稼穡歲登風雨時
若維庶徵之協應爰羣祀之虔修特遣專官式循舊
典冀益贊雍熙之運尚永貽仁壽之體俯鑒精忱用
埀歆格康熙五十八年遣薄有德致祭寧台道汪國
楨陪祭日惟神位正越疆靈標禹績作屏海服錫祚
黎元朕纘承　祖宗丕基虔恭明祀茲以　皇妣孝

惠仁憲端懿純德順天翼聖章皇后神主升祔　太
廟禮成恃遣專官用申秩祭惟神鑒焉
皇清康熙二十九年郡守李鐸重修棟宇四十二年
皇上御書秀帶巖壑四字懸之廟中復勒石焉

虞舜廟在府城東南七十里太平鄉舜山之陽述異記會稽山有虞舜巡狩臺下有望陵祠又一在餘姚歷山一在上虞百官市一在梁湖堰北稱爲行宮（宋陸游詩）雲斷蒼梧竟不歸江邊古廟鎖朱扉山川不爲興亡改風月應憐感慨非孤枕有時鶯喚夢斜風無賴客添衣千年回首消磨盡輸與漁舟送若暉

鄭太尉廟在樵風涇（宋華鎮詩有序）鄭相起樵風風用郡守第伍倫之薦致位三公與

倫並列可謂盛矣祠宇之下至今猶有風朝南暮北

詩鳴玉鏘金漢上公當年榮與舊君同故山廟食千秋後來往猶乘旦暮風

馬太守廟在府城南二里太守名臻築鏡湖遺利於越唐開元中刺史張楚始立祠湖傍元和九年觀察使孟簡復恢之自後屢修俱不可考至明天啓間知府許如蘭同郡中鄉衮重葺修撰余煌有記後漸傾頽本朝康熙五十六年知府俞卿築沿海石塘告成乃追念馬公舊蹟祭拜祠下見廟貌荒凉盡撤而新之門垣堂寢前後具備較之舊制弘麗數倍焉又一在廣

陵陡門以上隸山陰（宋王十朋詩）會稽疏鑿自東都太守功從禹後無能使越人懷舊德至今廟食賀家湖（徐天祐詩）澄潮昔在鏡中行總是當時畚鍤成莫訝靈祠荒蘚合烟波萬頃已春耕（傅墨卿詩）鑑湖賜賀監誰復知馬侯古廟荒煙湮殘碑逐水流秋風吹稻黍春雨潤田疇憑弔昔年事寒鴉起暮愁（傅雱詩）重湖曲曲水東西太守功成古會稽香稻暗藏茆屋小良苗遥映畫橋低採蓮歌去聲還送載酒船來路欲迷回首永和傷往事却教人避武陵溪（又農歌）永和之前於越國水勢茫茫民勞瘃老農引領望麥登出門見水放聲哭去年炎炎七月晴秋成不收一粒穀南村北村長忍饑東家西家日一粥非旱則潦何曾熟幸逢太守茂陵來開創鑑湖芳堤築稻陂正滿綠針茸麥隴無際黃龍覆豈知豐稔有今朝不復向年米若玉吏不到門人晝眠老稚便便時鼓腹後生須記我侯恩五穀豐登人民育（明湯紹恩詩）澄湖事業更何如鏡水清冷恨有餘埋玉不隨萇血化功刊豈與峴碑殊精英曾扞東方業

偉績無慚太史書千古名祠
當道左往來誰不一嗟吁

曹娥廟初屬上虞後改隸會稽在府城東九十二里

漢元嘉元年上虞長度尚爲石碑屬魏朗作碑文久之未就時尚弟子邯鄲淳年二十聰明才贍而未知名乃令作之揮筆輒就碑曰孝女曹娥者上虞曹盱之女也其先與周同祖末胄荒落爰茲適居盱能撫節按歌婆娑樂神以漢安二年五月迎伍君逆濤而上爲水所淹不得其屍時娥年十四號慕思盱哀吟澤畔旬有七日遂投江死經五日抱父屍出以漢安迄于元嘉元年青龍辛卯莫之有表度尚設祭以誄之詞曰伊惟孝女曄曄之姿偏其反而令色孔儀窈窕淑女巧笑倩兮宜其室家在洽之陽大禮未施嗟喪慈父彼蒼伊何無父孰怙訴神告哀赴江永號視死如歸是以眇然輕絕投入沙泥翩翩孝女載沉載浮或在洲渚或在中流或趨湍瀨或逐波濤千夫失聲悼痛萬餘觀者塡道雲集路衢泣淚掩涕驚動國

都是以哀姜興市把崩城隅或有刻面引鏡剺耳用刀坐臺待水抱樹而燒於乎孝女德茂此儔何者大國防禮自修豈况庶賤路屋草茅不扶自直不斲自雕越梁過宋比之有殊哀此貞厲千載不渝於乎哀哉亂曰名勒金石質之乾坤歲數歷祀立廟起墳光于后土顯昭夫人生賤死貴利之義門何悵花落飄零早分葩艷窈窕永世配神若堯二女爲湘夫人自效髣髴以昭後昆朗至尚以示之朗大嘆服蔡邕聞之來觀值夜以手摸其文而讀之題曰黃絹幼婦外孫虀臼又曰三百年後碑當墮欲墮不墮遇王匡後魏武帝見之謂楊修曰解否曰已解曰卿未可言試我思之行三十里而喻乃令修解之修曰黃絹色絲也幼婦少女也外孫女之子也虀臼受辛也蓋曰絕妙好辭帝曰吾亦意此但有智無智較三十里碑有王右軍所書小字新定吳茂先嘗刻於廟中後爲好事者持去宋熙寧十年著在祀典大觀四年封靈孝夫人政和五年高麗人來貢借

潮而應加封昭順淳祐六年復加封純懿且封其父爲和應侯母爲慶善夫人墓在廟傍嘉定十七年郡守汪綱疊石廟前爲堤七十丈又建娥父曹府君及朱娥祠俗呼救婆廟建熙十年會稽令董楷以朱娥配享共一廟明因之不改嘉靖四年知府南大吉廓之以合郡烈女從祀兩廡後圯　本朝順治五年里紳沈文奎捐千金重建鄉人以其餘資建祠廟側祀文奎名沈公祠久之爲豪民巧佔知府俞卿廉其寔以前三楹復爲祠宋政和告詞勅越州上虞縣靈孝夫人爾以女子能達孝節蹈水求

癸視死如歸精貫金石人稱至今麗人來享有禱祠下義能體國響應甚明王人有言肆加封號仍葺廟宇用嘉忠勤嗟爾有靈稱茲休顯可特封靈孝昭順夫人（潘閬詩）曹娥廟前秋草平曹娥廟裏秋月明扁舟一夜燗無寐近聽江聲似哭聲（潘昉詩）一川紅日漲晴波黃絹碑文漫碧蘿不止但爭三十里曹瞞元不識曹娥（王十朋詩）慟哭無尋處投江竟得屍風高列女傳名重外孫碑荒草没孤塚洪濤春古祠懷沙爲誰死鄰媿是男兒（元胡楷詩）盡識曹娥孝當知虞尚賢廟庭增舊築文字已新鐫朱范誠宜配王樓許共傳江山遙行客盡爽定依然（韓性歌）承荃橈兮桂舟弭靈旗兮中流望四山兮何所映朝陽兮上浮玉笄兮瓔珮馭青蛇兮雲之外采杜若兮江皋芳菲菲兮未沫潭不極兮海門餞夕景兮江濱吹參差兮屢舞馳玉軑兮繽紛雷塡塡兮拊鼓檜陰陰兮靈雨波渺渺兮安流神樂康兮終古（楊維禎辭）昔湘累之徇國兮甘以死而傷生身雖殞而心不懲兮同楚埜爲國殞夫何娥之眇軀兮亦前修之允蹈彼忘死以爲

貞兮兹捐軀以爲孝惟娥之烈烈兮曾稚年之未笄當吾父之善泅兮習婆娑以戲陽侯忽其不仁兮哀層波之墊溺娥呱呱以哀鳴兮旬七日而罔食抑龍之宫不得其屍兮化精衛而莫爲力儼見父於重淵兮奮輕身於踊躍於呼惟仁足以殘肌兮剛足以固志誠足以開金石兮孝足以動天地風濤爲之折裂兮蛟鼉爲之四奔抱父屍以卬出兮儼膚髮之猶存誄江頭之長老兮泣孤舟之過客抱遺骸以致告兮異鮑生之刻木嬙完父於傷槐兮娟代父於醉津緹縈氏之上言兮除肉刑於特恩日寻中人之可企兮匪拔俗而絕倫嗟娥之爲敎兮習絺葛以爲紅豈師傅之夙詔兮誦烈女之遺風惟純誠之天出兮奮百代而獨立宜廟貌之永存兮表雙阡於江邑迨元嘉之元祀兮得賢長於八厨屬邯鄲以秉筆兮樹穹石於龜趺追古雅以述作兮比西京以莫踰探石陰之隱語兮信贊美其非譽夫何後宗人之孟德兮過靈祠以駐馬摩道旁之殘碑兮感外孫與幼婦三十里之較智兮曾何足以爲師昧綱常之大節兮爇長惡

之麥辭彼小兒之祇犢兮又何尤於德祖酌大江以爲酒兮攬江花以爲脯些英英之孝娥兮及皇皇之購甫彼主將其可奪兮勁吾裒其莫禦願激清流于東江兮洗遺汚於鄰土嗚呼銅雀麋鹿兮西陵狐鼠耿孝寬之長存兮照江月於千古（明）楊基詩孝娥有廟臨江側我一登臨倍感傷舊卷尚存唐翰墨斷碑猶刻漢文章日移檜影當堦落風捲濤聲入座凉黄絹只今遺古跡令人翻憶蔡中郎（本朝）紹興知府俞卿詩江上風悲日欲吞行人古渡暮雲屯流來盡是尋親淚何處更招孝女魂（又）臣子從來不有身愚忠愚孝屬何人天高地下男兒事女子綱常祇問濱（又）萬頃江濤一粟無何由父子並全軀鮫宮自有天倫地哭到江心樂不孤（又）天地怪腸生水國水生水死水成仁蛟螭窟宅誰能犯難割人間父子親（又）江頭江尾淚滂時骨月生離死不離水上雙屍生氣在波中信有鬼神爲（又）何人不讀孝女碑何日不忝孝女祠孝女當年豈不死千秋萬古生在茲柯鳳彩詩歲歲祠前過停舟再拜之蓼莪難比痛虀臼易題辭

餘恨將塡海通神在負屍應堪回越俗不忍棄娥眉

梁文濂詩過孝女江名舊舍悽一過之青山留廟貌黃

絹讀碑辭稱齒沉天性洪波出

父屍徒賡陟岵句猶自愧鬚眉

江東廟在府城東北三里神石姓諱固秦時贛人廟

于贛江之東漢陳嬰討南越神以捷報此廟祀之始

越廟不知自何時宋賜額曰嘉濟又一在諸暨縣東

孔府君廟在府城南二十五里又稱孔郎廟晉孔愉

也世說孔車騎少有嘉遁意常獨寢高歌自稱孔郎

遊散名山百姓謂有道術爲生立廟今猶有孔郎廟

舊志云愉隱新安山中改姓孫氏以稼穡爲事信著

鄰里後忽去皆謂爲神人又一在故宅畔

陳朝公主廟在府城東八十五里

嚴司徒廟在府城東三十五里陶家堰相傳云漢司徒助也按嚴助未嘗爲司徒似誤

興善將軍廟在縣東四十里白塔吳越忠懿王建

的耳潭龍王廟在府城東北十里

防風廟在府城東北二十里馬山相傳禹戮防風氏於會稽其後越築城得專車之骨徙葬於此

樊將軍廟在府城東三十里

青山廟舊名伏虎廟在青山下後遷攢宮神路側

顯應廟在攢宮〔明〕季本記夫生爲善士者死爲明神會稽上亭鄉上許里爲攢宮地攢宮之西踰泰寧橋爲湯施山山下舊有郭太尉廟于祖世家攢宮少時族里中故老猶有存者嘗詢得其由公諱紹以行稱紹一父顯山陰牛頭山人贅攢宮包翁之女生公及震而包無後遂以震承包宗震生子夏公無子復以夏爲嗣後亦尋絕公生于元至元六年四月八日卒于永樂二年七月二十七日享年六十初葬永陵宮基之側後以地在禁內遷於今所即公所居包氏舊址也公性質直有義氣鄉閭有急毎以身先之不求其報家貧以樵爲生毫髮不苟取毎至深山窮谷穿虎豹之羣而無恐怖或遍歷二十四岡時憩息焉輒夢與神會既覺質所見聞無不符合及卒常依人言禍福歷歷皆有明徵鄉人異之故水旱疾疫必致禱焉禱即有應正統間鄧茂七之反沙尤也浙師蕭公華領杭越諸郡兵從往征討師次日

瀫間水絕公至自言報效且汲供炊軍無告渴問其
名則曰我欑宮郭紹一也及事平歸詢始知爲神蕭
乃移檄紹興欲爲奏請加封號事不果行民間聞之
則皆詣傳公已勅封矣爭先踴躍立廟而太尉者古
掌兵之職也神具有威靈因尊稱爲郭太尉云然太
尉尊官自秦漢及元皆列于三公非庸人所得僭稱
者況矯假以爲勅封乎以故仕茲土者率指爲淫祠
欲按狄梁公故事時則或假夢以耀靈或驅虎以驚
衆父老具言其神異廟因得不毁嘉靖丙午之冬士
人欲新公廟而予適至謂勅封太尉之稱於禮非宜
乃議易爲佑民顯應之廟鄉人士相率請卜於公公
告之吉可以見其心安於正矣夫公一鄉之善士也
禦災捍患之功雖未能及天下而一鄉災患賴公捍
禦實多宜鄉人之不忘報祀也况其神未盡則其廟
宜存此理之不可誣者故予備述公之行實與人立
廟之由而繫之詩曰會稽之東爰有欑宮靈氣所鍾
實生郭公郭公之生其心正直朝樵暮歸惟以食力
義先人急不私其身人亦有言直者爲神凡民所憂

水旱疾疫有禱於神立昭禍福或顯於迹或降於言厥靈孔應民以弗諼祭則萃人廟則依墓雖無子孫庶幾永慕

蕭山寧濟廟在西興鎮浙江潮神也宋政和三年賜今額六年高麗入貢而潮不應有司請禱潮即大至詔封順應侯淳熙末高宗靈駕來太守張杓躬視漲沙沿御舟入浦處盡護以紅竹詰朝方集萬夫迫潮落沙已蕩盡水去所揷之竹纔尺許及虞祭畢沙復漲塞先是已加武濟公於是又加忠應翊順靈祐公慶元四年賜爵孚祐王有司以八月十五日祭

張大帝廟府舊志稱護堤侯廟在縣東北十里之長山縣志曰宋時建不詳其年神爲張行六五漕運官也咸淳間賜額祈禱甚應尤有功於海堤或云神諱夏宋景祐中浙江塘壞神時爲工部郎中受命護堤置捍江五指揮各卒兵士四百人採石修塘隨損隨築人賴以安郡人爲之立祠朝廷嘉其功封寧夏侯二說微不同然觀廟額護堤字謂工部近是俗謂之長山廟又云張老相公廟有司春秋祭其別建於新林鋪之北者謂之行宫今有司即祭於其所又山陰有廟一在陡亹閘一

在三江閘宋時稱英濟侯王廟明末乃稱靈應大帝民謂三月六日爲神之誕辰本縣必躬行致祭遠近競龍舟慶之陡亹閘廟後又建三楹奉神生父靈澤王明浙江總制胡宗憲爲之撰碑其德沿水要害處各有廟府城坊民私創亦甚多競爲戲劇以賽神祈蓋好觀戲製籤投筊以命戲目有疾病災患則以戲券於神祈福祐謂之戲文願有司或禁之不能止

西殿寧邪保慶王廟在縣西三十五里隋大業中有孔大夫者爲陳果仁裨將討東陽賊婁世幹降之立廟黄山唐光化二年錢王鏐上其事封惠人侯後加今額

南殿保國資化威勝王廟在縣南五十里漢乾祐元年吳越王建

武佑廟在北幹山舊號北嶺將軍廟宋方臘陷錢塘欲東犯會稽其衆見將軍擐金甲陳兵於西興江岸張大旗有北嶺字遂不敢渡郡守劉公韐上其事賜今額輟耕錄至正丙申大旱方士陳希微禱雨於廟累日俄降筆云吾秦人厲狄也與項羽起山陰雖功不竟而死然有德於民父老不忘我俾血食於此世代雲變湮我姓名故以相告至今人遂呼爲厲將軍

廟

白龍王廟在航烏山宋紹興中建

社頭廟在昭明鄉（明張經記廟代祀陳氏歷年遐永莫原其由始然以神之像服驗之弗越乎唐宋之世其玉號詔媚妄瀆意皆出于巫祝之爲因循已久率不可革適貽神羞非所謂尊崇也考之鄉鄰别里神兄弟四人伯氏廟于崇化之黄郝仲氏廟于崇化社壇里其叔氏季氏則廟食於斯惠澤之孚於所祀之地而致報享者雖失傳聞其如在之歆靈係民之祈仰亦足以昭神之既矣昔里有鄉叟戴姓誠之者唱建斯宇于元至大間一時經營之需俱出己有又南築水閘於徐家壩以防旱潦西造石梁十道源里以濟徒涉鄉民懷之歲時侑享於神焉

諸暨范相廟在縣東南五里祀越相范蠡

文應廟在陶朱鄉之松山祀漢朱買臣

孟子廟在縣西三十里夫槩鄉說者曰南宋初有孟載者孟子四十七世孫扈從渡江封爵諸暨流寓夫槩鄉因家焉嘉定中建孟子廟肖像其中明萬曆四年知縣陳正誼新之舊有奉祀生准一體優免順治十七年分巡道批免祀田雜差

秦始皇廟在縣西一里會稽記云始皇崩邑人刻木爲像祀之配食夏禹後漢太守王朗棄其像江中像乃泝流而上人以爲異復立廟唐葉天師焚之開元十九年縣尉吳勵之刪建宋慶曆五年知縣寇中舍

毀之改作廻車院今院側仍有小廟存

烏帶廟在縣東北四十五里烏帶山夏侯曾先地志云梁武帝遣烏笪採石英於此山而卒後人立廟帶笪之誤也

俞柳仙判官廟在縣東南孝義鄉父老傳有姓俞者久寓村媼家病革語媼曰死以兩大甕合以瘞我柩折則窆之鄉人如其說復夢俞曰今爲天曹雨雪部判官會野火且至烈日中雨雪冢上遠近異之即其地立祠宋紹興初久旱迎神至大雄寺禱雨立應歲以

大稔相傳神喜柳枝邑人致禱必持柳枝以獻因號柳仙云

柳鮑仙姑廟在縣東南孝義鄉廟負山帶溪景趣勝絶父老以溪聲高下卜雨暘甚驗人皆異之

餘姚緒山廟在龍泉山（宋）李沐記祀典始于東晉咸康中本朝崇寧間徽廟一夕夢禁中火有神人撲滅已而致恭曰臣越之餘姚緒山神也黎明有司不謹燬及內庭得暴雨乃已上驚異有旨下本道搜求靈跡宛然邑上其事勅加咸康應夢之號宣和方臘之叛二浙搖動綠林數千起剡中椎敍鄰將及境人情洶洶有異雲絶道若不可進衆覩雲中鬼神兵幟可駭皆褫魄遁去

東嶽廟在大黃山宋政和四年通直郎顧復機捨址

知縣廖天覺建建炎間燬市舶使史應炎捨今址復建嶽廟在郡中各邑往往有之而餘姚獨盛春二三月間每初昏無風雨時遠望有火光數點自廟中出燦爛如星已而跨江南北散漫數十百點若飛若墜參差不定久之至夜分漸隱隱向白山沒謂之神燈如此者幾一月俗謬傳三月既望爲嶽神誕辰此其下降之徵殆近誣然神燈則實有殊不得所以於是時禱謁紛紛輻動遠近有自數十里外且行且拜望廟門則拜愈數入至神坐前極其虔禮乃去鄉村婦

女皆出絡繹不絶一邑殆空豪貴因之爲縱遊彩鷁
蔽於江
漢高帝廟在白山山形類蛇又產白蛇故祀以厭之
或云蓋信國公建用以斬蛇山王氣
南雷瑞應王廟在雙鳫鄉晉咸寧間建舊在大小雷
山溪流漂之徙于今所旁有木特大葉繁具數種人
莫能名有竅穴容數人旁有小竅龍神居之宋熙寧
間歲旱知縣林廸具酒與神對酌禱之有蛇見木杪
甘澍隨至後歲旱輒禱蛇輒見即雨邑人請賜廟額

曰孚應

干將廟在冶山鄉

西石頭廟在西石山初山瞰大江有石入江流多爲舟楫之害故邑人立廟於其所後邑士莫若冑鑿去其石今不復爲害

蕭帝廟在竹山又有梁武帝廟在上林湖俱不知始何時

謝太傅廟在東山祀晉謝安

永澤廟舊在儒學旁元州判官葉恒築堤捍海民思

其功請于朝廟祀之至明時廢謝文正公遷議復之
嘗徵費於官中罷後鄉人私祀於開原鄉之龍王堂
助海侯廟在縣西北二百三十步地名鄧家嶴莫詳
何人蓋傳云有功海上
石孝子廟在四明山祀石明三
上虞遺德廟一在五夫鎮一在法界　神周氏諱鵬
舉東晉時宰上虞後守鴈門念昔上虞曾遊漁浦湖
遂乘白駒泛舟全家沒於水自是數示靈響民立祠
奉之號仙官廟血食甚盛唐天寶間僧曇德導以慈

力自是祭奠惟用蔬茹且願以廟庭爲僧廬鄉人孔澤趙瑗請禱願遷于他所忽大風四起朱紱及香鑪皆隨風而去二人視其鑪紱所止處聞之於官爲奏得旨建梵宇祠堂賜額利濟宋宣和中睦寇犯境有素旗之異者乃五夫祠也祠中藏錢王所賜紫袍犀帶及鐵鞭之屬唐人遺德廟記原夫太極肇分三才定位佐圓方之化育廼自神祇保區宇之昌寧率由英傑是知神人一致幽顯殊途生則負業負才功名冠世殁則至靈至聖禍福及人代有可稱永存典祀而神周氏諱鵬舉字垂天東晉時會稽人姚氏分支汝洲啓祔軒裳集慶冠蓋傳芳稟靈虬無匹之資挺天馬不羈之質文戈耀彩早符却日之能智劍騰光自淬决雲之利宏詞登第雄俊成名

初寧上虞憂分百里布絲桐之政兼冰蘗之操民仰如神物資厚利趍朝龍闕出牧鳳門繞輿廉倚之謠巳題孟珠之譽人安俗阜歲稔時清繼隆竹帛之功迥播神賢之美自後心思退讓志務幽閒俄辭建隼之榮遂厭利魚之貴念昔會稽東上虞北曾遊瀘浦湖遇春景韶光訪物外之靈蹤尋湖中之勝槩益見澄瀾湛湛分玉鏡之清光翠岫峨峨列雲屏之秀色松篁掩映花嶼幽奇爰資賞眺之情頗愜嬉遊之趣舟泛青翰車乘白駒全家忽隱於靈源闔邑但驚其神化俄而潛通肸蠁洞布威靈升爲水府之仙超統陰司之職卽時聞奏丹陛肇建嚴祠敬之者福必生焉犯之者禍當立至牲牢互進籩豆交陳遠近居民無不畏憚時有明州天童寺僧曇德禪師道高秉惠德重圓澄感太白之眞星下爲童子登招提之果位卽造諸天禪師聞神血食生人由是大垂慈力俾歸正覺徑造靈祠禪定身心結跏趺坐顯靈通萬狀變見無方禪師寂若無人湛然不動神乃尋知悔過忽顯眞身與三人禮拜歸依受五戒三皈之法祭奠不

茹葷血廟庭願託祇園昔本在湖壖地形窄隘鄉人孔澤趙瑗以謂非立伽藍之所竭誠祈禱咸願遷移咨告纔終狂飈忽起朱紱飛停之處香爐飄落之中民乃上聞於官敷奏於帝續降勑命建置殿宇精崇梵刹安處祠堂院與廟成咸爲利濟會昌五年天下廟庭例行停廢惟此廟宇獨與重存後佛教重興一切仍舊民間祈求應若答響可謂奉天之令安國之禧咸叶庶民乃爲贊曰神道性兮杳冥人神應兮有靈稟一生兮丈夫欽萬古兮留名城光震兮赫奕劍氣上兮衝星仰如在兮享祀感神理兮精誠爇香火兮不絕永表載兮典經利濟

侯因天賜仙官感動民稱

崔長官廟在縣西七里唐縣令崔協值歲旱田租無徵乃傾巳囊代輸之其卒也邑人爲立廟其基本莫氏地稱莫家廟前有樟當官道名九枝樟甚古

朱侍中廟在破岡湖北廟南二十步有學堂橋西有洗硯池邑人謂買臣遺跡非也縣志曰葢漢朱儁歟儁上虞人近是又一廟在驛亭

朱娥廟在縣南八里娥既配曹娥廟其後上虞邑人復爲立祠

靈惠廟在仙姑洞側即鳳鳴洞主廟宋乾道中禱雨有應知縣錢似之聞于朝賜今額

握登聖母廟在縣西南四十里握登山祀舜母

嵩城大王廟在縣西北六十里晉隆安中海寇亂袁

山松築城禦寇而死鄉人祀之
赤石夫人廟在縣北五里山腰有石夕陽反照其色正赤狀如緋衣婦人鄉人異之爲立祠又一祠在東門
蕭將軍廟在縣東南十四里將軍秦人諱闓與弟閎領兵東之上虞植金鞭於地而自誓曰化爲黃竹吾當血食於此已而黃竹生焉黃竹嶺由此得名嶺去廟甚近廟有斷碑云吳太元二年縣令濮陽興立
嵊東白巖廟在縣東簟山世稱陳長官祠

西嚮王廟在縣西剡源鄉

南天嶽廟在縣南昇平鄉世傳於兵事有功

北嵊浦廟在縣北靈芝鄉以上四廟俗稱四柱神水經注嵊浦廟甚靈行人及樵伐者皆致敬焉若有盜竊必爲蛇虎所傷額曰上善利物侯廟宋樓鑰記剡壯縣也兩火一刀自古記之晉宋名勝遺迹至多地以谿名以谿上之山水俱秀也邑城之北山圍平野谿行其中至四十里所兩山相向愈近剡之水易于暴漲者以此然水口氣聚所以爲壯縣也西門嵊山巨石突踞水上其下曰嵊浦岩壁奇聳尤爲勝絕溪多積沙深淺不等惟此數里間淵渟澄澈不知爲幾尋丈潭在石下爲群魚淵藪相傳中有神物無敢觸犯亦險絕之地也上善濟物侯廟貌像嚴毅夙著威靈據山瞰谿

稱其爲神明之居谿逼曹娥大江山爲台越孔道舟車所經無不致敬吉凶嚮荅求夢尤應遠近以雨暘祈禱蒙賜爲深時節報謝者相踵晝像以祠于家者皆是也駱氏世爲廟史有吳越時公牒稱陳長官祠嘉祐七年鄉貢進士何淹爲給事郎太子中舍知縣高安世作記云侯姓陳氏爲台之仙居令始過此峪有卜居之志秩滿舟覆于下拯之復溺死焉自爾靈顯民遂祠之天福初有神兵之助而受此封然酈道元之注水經出于後魏已言嶀山北有嶀浦浦口有廟甚靈驗行人及樵伐者皆先敬焉若相盜竊必爲蛇虎所傷則廟已古矣況台州樂安縣五代時改爲永安至皇朝景德四年始改爲仙居不應百年之前已有此名豈侯實爲永安縣令後人誤承仙居之名邪至如磁州崔府君國家奉之甚嚴會要以爲後漢之崔子玉孝宗皇帝聖德事迹謂賜名從下蓋以始生符瑞默契其名而昭陵實錄乃爲唐貞觀中滏陽一縣令也幽冥之事不可究知傳記亦有謂靈祠聞有以剛方之士代之者惟其血食有素授職于朝故

封爵之報與臣子不殊也建炎金人入越而叛兵欲犯邑境以神之威不戰而退乾道嘗賜香茗之奠今丞相大觀文謝公布衣時由所丘越南宮神已告之富貴之期是舉登科作尉此邑事之尤謹公既登樞筦修職魏君必大率邑人以加封爲請慶元改元賜廟額曰顯應公之力也魏君年及八十爲一鄉之老既募衆力新其祠而淪之子潚適爲丞介以請記惟神之姓字勳績著聞久矣潚又能道祠宇祈禳之詳且將捐私財刻石併爲記之修廟之役劉令君渠先以十萬錢市材魏君以羊木助之周令君悅取以建殿宇始于慶元四年十一月成于六年六月而經始者魏君也

東石鼓廟在縣東七十里西石鼓廟在縣西二十里大抵剡多石鼓廟村聚往往有之歲常以春秋祭皆能福其民

黃姥岑廟在縣東二里

顯應廟在縣西四十里永富鄉建于吳赤烏二年按圖經神嘗爲此邑令有惠政廟食歲久失其名宋宣和中睦寇起蔓延旁境剡縣尤被焚戮一夕四山旗幟車蓋出入雲間見者咸疑神游而廟不存矣觀之廟果燬燼未幾又復見如前日之異若返旆而來賊衆驚呼曰天兵至矣遂自相攻殺官軍未至賊已殲盡鄉人復築廟紹興十一年詔賜額顯應封靈祐侯

阮仙翁廟在縣南十里阮肇故宅也

新昌止水廟一名捍患祠舊在東堤上宋紹興中知縣林安宅寶祐中知縣趙時佺俱築東堤有功民爲立祠明成化間侍郎俞欽征川貴山賊勢甚猖獗憂二人語曰明午當助風次日交戰果反風克勝大異之歸即崇飾廟貌以報其功明嘉靖二十三年知縣萬鵬築城改遷城内易其額曰東鎭

吳府君廟在二十一都神名元之仕唐守越後居剡西今爲永福鄉既没葬于上黄院〈斷碑〉惟公有大臣之量君子之風鎭地山河助天星象雲飛烟水空散月珠

保應廟在十四都宋寶慶二年鄉民楊大春等具狀稱隋諸王避難没葬其地水旱疾疫祈禱輒應民立廟祀之詔賜今額（宋董太初詩）廟食空山八百年衣冠猶是李唐前汴河十里垂楊柳何似松陰數畝田（陳東之詩）投迹空山計已非江都消息亂來稀廟前幾種春香草錯恠王孫去不歸

司馬廟在十九都祀司馬承禎

劉阮廟在十一都採藥徑祀劉晨阮肇（宋王十朋詩）澗水桃花路易迷不同人世下成蹊自從重入山中去烟雨深深鎖舊溪

紹興府志卷之十九終

紹興府志卷之二十

祠祀志二

祠

祠名宦祠九在府縣學有司春秋祭府名宦祠舊在紫金街弓張局之右山陰附焉會稽祀於五雲書院明隆慶元年知縣莊國禎始移會稽名宦入縣學萬曆九年知府傅寵又移府及山陰名宦入府縣學由是九祠皆在學

府祀五十四人 漢會稽郡都尉任公延 漢會稽郡 太守第五公倫 漢會稽郡太守張

公霸 漢會稽郡太守牟平劉公寵 晉會稽郡內
史諸葛公恢 晉撫軍將軍會稽郡內史王公舒
晉散騎常侍左將軍會稽郡內史謝公元 南北朝
宋鎮東將軍會稽郡太守加都督蔡公興宗 南北
朝宋會稽郡太守褚公淡之 唐越州刺史姚公元
之 唐浙東觀察使楊公於陵 唐浙東觀察使王
公式 宋吏部員外郎知越州將公堂 宋吏部員
外郎知越州吳縣范公仲淹 宋資政殿學士右諫
議大夫知越州趙公抃 宋給事中充集賢殿修撰
知越州程公師孟 宋大中大夫充徽猷閣待制知
越州劉公給 宋顯謨閣學士中奉大夫知越州翟
公汝文 宋資政殿學士左中大夫知紹興府張公
守 宋朝奉郎直龍圖閣知越州傅公崧卿 宋寶
文殿學士左奉大夫知紹興府綦公崇禮 宋檢校
少傅奉國軍節度使兩浙東路安撫制置大使知紹
興府趙公鼎 宋左朝奉大夫充集英殿修撰知紹
興府吳公芾 宋朝請大夫直龍圖閣知紹興府江
公宗 宋宣教郎直秘閣提舉浙東常平事朱公熹

宋龍圖閣學士大中大夫知紹興府王公希呂　宋朝議大夫集英殿修撰知紹興府洪公邁　宋直龍圖閣知紹興府沈公作賓　宋朝奉大夫直秘閣兩浙東路提點刑獄公事寳謨閣待制知紹興府汪公綱

宋資政殿學士知紹興府浙東安撫使魏公了翁

宋資政殿學士大中大夫知紹興府吳公潛　宋浙東安撫使常公楙　宋通判越州魯公鞏　宋僉書越州判官陳公璀　宋僉書紹興府王公十朋

宋通判紹興府黃公震　明紹興府知府唐公鐸

明紹興府知府李公慶　明紹興府知府羅公以禮

明紹興府知府彭公誼　明紹興府知府戴公琥

明紹興府知府南公大吉　明紹興府知府湯公紹恩　明紹興府知府李公僑　明紹興府知府蕭公良幹　明紹興府知府梅公守德　明紹興府知府張公魯唯　明紹興府知府許公如芉　同知黃公璧　明紹興府推官毛公伯溫　明紹興府推官陳公讓　明紹興府推官關公永傑　明紹興府知府王公期昇

皇清紹興府知府施公肇元

山陰祀六人 明山陰令金公爵 明山陰令王公停 明山陰令徐公貞明 明山陰令毛公壽南 明山陰令余公懋學 明山陰令馬公如蛟

按舊志云他邑名宦尚多而山陰止二人莫知其故意者山陰名宦舊附于府而祠在通衢居民闌入無禁木主遂散逸無稽耶據此則萬曆間已不能覈籍而補之今經兵燹益無徵矣續以四人從山陰新志

會稽祀六人 唐會稽令李公俊之 宋會稽令曾公亮 明會稽令王公宗仁 明會稽令戴公鵬 明會稽令趙公士謨 明會稽令吳公達可

蕭山祠十五人 宋龍圖閣學士前知蕭山縣將樂楊公時 宋蕭山令郭公淵明 宋蕭

山縣尉游公酢　元蕭山縣主簿趙公誠　明御史
出知蕭山縣蘇公琳　明監察御史前知蕭山縣事
朱公栻　明戶科給事中前蕭山縣主簿張公選
明兵科給事中遷蕭山令王公聘　明蕭山令施公
堯臣　明蕭山令趙公睿　明蕭山令許公承周
明蕭山令王公一乾　明蕭山令沈公鳳翔
皇清蕭山令韓公昌先
皇清蕭山令賈公國楨

諸暨祀三十人

漢諸暨縣令張公敦　吳左丞相前
諸暨長陸公凱　唐諸暨令郭公密
之　宋尚書員外郎秘閣丁公寶臣　宋諸暨令錢
公厚之　宋諸暨令劉公炳　宋劉公伯曉　宋諸
暨令熊公克　宋諸暨令家公坤翁　元西臺御史
前知諸暨州馮公翼　元知諸暨州單公慶　元判
官諸暨州柯公謙　元侍讀學士前諸暨州判諡文
獻黄公溍　元寧國路教授前諸暨州學正俞公長
孺　元知諸暨州于公九思　明諸暨州知州欒公
鳳　明諸暨州知州田公賦　明諸暨縣令吳公亨

明諸暨令張公鉞　明諸暨令熊公禮　明諸暨令張公眞　明諸暨縣儒學訓導李公永　明監察御史前諸暨縣學教諭甯公欽　明諸暨縣學訓導郭公日孜　明大同守前諸暨州判魏公忠　明諸暨主簿史公子疇　明刑部侍郎前知諸暨縣潘公珍　明諸暨令許公璽　明諸暨令陳公允堅　明諸暨令劉公光復

餘姚祀二十三人　吳餘姚縣令朱公然　吳餘姚令朱公桓　梁餘姚令劉公杳　陳餘姚令沈公瑀　宋餘姚令謝公景初　宋餘姚令汪公思溫　宋餘姚令趙公子潚　宋餘姚令施公宿　元知餘姚州脫脫公　元知餘姚州李公恭　元餘姚州同知宇公文諒　元知餘姚州汪公文璟　元知餘姚州郭公文煜　元餘姚州同知劉公輝　元餘姚州判官葉公恒　元高節書院山長陶公安　明餘姚令劉公規　明餘姚令胡公瀛　明餘姚令張公贇　明餘姚縣儒學教諭譚公瑄　明餘

姚令岳公養浩　明餘姚令周
公塤　明餘姚令馬公從龍
上虞祀十人　漢荆州刺史前上虞令度公尚　唐上
虞令崔公協　宋少師前上虞令陳公
休錫　宋尚書左僕射前上虞令葉公顒　宋太學
錄前上虞尉沈公渙　元上虞尹林公希元　明上
虞令汪公度　明上虞令陳公祥　明上
虞令胡公思伸　明上虞令徐公待聘
嵊祀五人　齊剡邑令張公稷　宋嵊邑令楊公簡
明嵊邑令吳公三畏　明嵊邑令施公三
捷　明嵊邑
令王公志遠
新昌祀一十六人　宋新昌令張公珦　宋新昌令林
公安完　宋新昌令丁公疇　宋
新昌令王公世傑　元新昌縣達魯花赤史魯公思
容　元新昌縣尹李公拱辰　元浙東宣慰陳公恬
明新昌縣令賈公驥　明新昌縣令周公文祥
明新昌主簿曾公衍　明新昌令佟公應龍　明新

呂令曹公天憲 明新昌令宋公賢 明新昌令萬公鵬 明新昌縣儒學訓導石鼓山龔呂公不用 明新昌令李公應先

鄉賢祠九亦在府縣學有司春秋祭

府祀一百八十四人 漢處士嚴公光 漢合浦太守孟公嘗 漢太尉朱公儁 漢河內郡太守魏公朗 漢尚書太尉鄭公弘 漢光祿王事戴公就 晉光祿大夫賀公循 晉處士虞喜 晉著作郎虞公預 晉吳國內史張公茂 晉散騎常侍尚書孔公坦 晉中書太保謝公安 晉右光祿大夫內史王公羲之 晉右光祿大夫會稽內史虞公譚 南宋孝子郭公原平 晉會稽內史孔公愉 宋太子太師祁國公杜公衍 宋吏部侍郎顧公臨 宋監簿吳公孜 宋兵部尚書石公弼 宋徽猷閣待詔尹公焞 宋徽猷閣待制姚公舜明 宋資政殿學士李公光 宋知婺州陳公槖

宋禮部尚書兼侍讀胡公沂　宋直寶文閣待詔陸公游　宋浙東提點刑獄李公孟傳　宋禮部尚書煥章閣學士知隆興州黃公度　宋戶部侍郎劉公漢弼　宋太常少卿知臨安府孫公了秀　宋刑部侍郎徐公希　宋司農丞溫州通判魯公忠　宋端明殿大學士兵部尚書胡公義　宋兵部侍郎謚忠肅陳公過庭　宋直寶謨閣潘公畤　宋浦江令黃公汝楫　宋戶工二部尚書王公佐　宋孝子蔡公定　宋保陵處士唐珏　明國子監博士錢公宰　明都察院左都御史韓公宜可　明河南按察使朱公仲安　明南京吏部尚書魏公驥　明吏部左侍郎章公敞　明廣西布政司左布政使胡公智　明通政司通政使謝公澤　明國子監祭酒贈禮部侍郎司馬公恂　明廣東布政司右參政胡公謐　明江西布政司左參議張公以弘　明貴州布政司左布政使唐公彬　明寧國府知府沈公性　明河南布政司右布政使陸公淵之　明河南按察司副使陳公壯　明戶部尚書謹身殿大學士謝公遷　明

雲南府知府封翰林院學士董公復　明刑部尚書
韓公邦問　明南京吏部尚書封新建伯王公華
明資政大夫刑部尚書王公鑑之　明桂林府知府
張公景琦　明貴州按察司副使王公綬　明巡撫
江西都察院右副都御史孫公燧　明南京兵部尚
書封新建伯王公守仁　明光祿寺少卿前務州同
知郁公采　明處士羅頎　明山西布政司參政葛
公木　明興府長史張公景明　明吏科給事中吳
公舜　明處士徐文彪　明廣東按察司提學副使
蕭公鳴鳳　明江西按察司僉事汪公應軫　明前
軍都督府都督僉事孫公堪　明尚寶司卿孫公墀
明工科左給事中周公祚　明兵部侍郎劉公棟
明南京禮部尚書孫公陞　明工部尚書何公詔
明雲南按察司副使吳公便　明工部右侍郎龔
公輝　明贈光祿大夫少保兼太子太保禮部尚書
武英殿大學士呂公本　明翰林院侍讀唐公之淳
明興化府知府朱公衮　明吏部侍郎諸公大綬
明吏部右侍郎陶公大臨　明贈工部郎中隱士

王公碩　明泰州知州朱公公節　明京衛武學訓
導陶公廷奎　明江西巡撫都御史周公如斗　明
南京通政司參議徐公學詩　明南京通政司右通
政沈公束　明右都御史陳公性善　明山東道御
史凌公宗　明兵部尚書何公鑑　明太常寺少卿
潘公府　明吏部左侍郎贈禮部尚書董公玘　明
翰林編修韓公砥　明贈光祿少卿沈公鍊　明禮
部尚書贈少保呂公本　明春坊諭德張公元忭
明福建按察使司馬公相　明兵部郎中王公戩
明吏部尚書孫公鑨　明南京御史董公子行　明
禮部尚書羅公萬化　明江西布政張公一坤　明
吏部尚書陳公有年　明刑部尚書顧公遂　明陝
西布政司參政馮公景隆　明南雄府同知陳公翰
英　明禮部尚書陶公承學　明給事中王公淵
明淮安府知府范公檟　明贈通議大夫王公鈺
明贈歙縣知縣鄭公遂　明刑部侍郎鄒公陞　明
兵部尚書吳公兌　明池州府知府祁公司員　明
撫州知府王公㷆　明贈順天府府丞朱公東陽

明兵部尚書太子太保趙公錦　明太僕寺少卿馮公應鳳　明柳州府知府鄭公舜臣　明贈册徒縣知縣徐公敬　明江西巡撫都御史張公元冲　明國子監祭酒陶公望齡　明廣東左布政使王公洋　明邵武府知府司馬公祉　明贈陝西道監察御史陸公瑋　明通政司右通政朱公敬循　明廣西按察司副使范公可奇　明江西按察司副使錢公檟　明陝西行太僕寺卿姜公子羔　明湖廣按察司副使駱公問禮　明廣西巡撫右副都御史陶公大順　明處士劉烙　明通政司右參議胡公朝臣　明贈江西右參政劉公塈　明大理寺少卿商公爲正　明贈右僉都御史商公維河　明陝西右布政使祁公清　明贈刑部員外郎董公祖慶　明湖廣按察司副使張公泰禎　明廣東布政司右參政章公守誠　明江西按察司副使葉公雲初　明貴州按察司副使徐公應箕　明處士陳雲器　明大理府知府諸公萬里　明陝西左布政使陳公性學　明贈廣東韶州府同知陳公季濩　明工部尚

書周公汝登　明贛州府知府贈禮部尚書姜公鏡
明福建叅政王公以寧　明廣東布政使林公紹
明　明工部尚書贈少保王公舜鼎　明贈太僕寺
卿劉公永基　明光祿寺少卿周公應中　明刑部
尚書何公鰲　明贈太僕寺少卿姚公祖壽　明漢
陽府同知張公天衢　明南城縣知縣倪公鐙　明
贈安福縣知縣倪公應蘄　明瓊州府知府倪公棟
明光祿寺寺丞倪公元珙　明處士金軾　明肇
慶府推官陶公奭齡　明山西左布政使鄒公學柱
明韶州府通判朱公貞元　明光州判官贈知縣
王公淵　明婺川縣知縣蔡公國齡　明孝子蔡天
福　明泉州府知府葉公信　明贈文林郎朱公炆
明南京兵部尚書孫公鑛　明禮部尚書姜公逢
元　明戶部尚書今追謚文貞倪公元璐　明左
都御史劉公宗周　明河南道御史祁公彪佳　明
鳳陽府通判范公紹裘　明太學生周養浩
皇清贈禮部尚書胡公一吉　皇清贈按察司僉事
酈公胤昌　皇清中議大夫童公士毅　皇清滑遠

縣知縣嚴公允立　皇清太子少保吏部左侍郎胡
公兆龍

山陰祀三十人　漢大中大夫陳公囂　漢尚書僕射
鍾離公意　晉吳興太守孔公嚴
晉光祿大夫丁公譚　晉徵士戴逵　梁廣州刺史
王公琳　宋中大夫知亳州陸公佃　宋國子監祭
酒姚公勔　宋資政殿大學士陳公過庭　宋戶部
尚書王公佐　宋隱士唐珏　宋知池州錢公勰
宋秘書郎唐公閎　元隱士韓公性　明大理寺少
卿呂公升　明都察院右都御史王公暹　明河東
運鹽司使周公鉞　明雲南布政司左參政薛公綱
明禮部左侍郎陳公復　明贈光祿寺少卿監察御
史朱公節　明處士錙績　明處士王文轅　明南
京工部尚書贈少保何公詔　明四川成都府知府
費公愚　明南京刑部主事季公寀　明兵部尚書
吳公兌　明陝西布政司右布政祁公清　明吏部
尚書孫公鑨　明巡撫應天都察院右副都御
史王公元敬　明陝西按察司副使劉公永基

會稽祠二十七人　宋海虞令何公子平　宋饒州知州唐公震　明江西餘干縣儒學教諭邵公廉　明廣東布政司左參議陶公懌　明廣東布政司右參議胡公恩　明大理寺卿徐公初　明遼東行太僕寺少卿章公瑄　明廣東高州府知府曹公謙　明兵部左侍郎贈兵部尚書陶公諧　明吏部侍郎兼翰林院學士陶公大臨　明湖廣長沙府知府季公本　明隱士范瓘　明右僉都御史陶公大順　明大理寺正卿商公爲正　明江西副使葉公雲初　明光祿寺少卿周公應中　明廣東布政司使林公紹明　明福建參政王公以寧　明參議商公周初　明副使范公可奇　明訓導沈公槤

蕭山祠三十人　晉孝子高山令夏公方　南宋孝子處士郭公原平　唐孝子衡陽博士許公伯會　宋參知政事兼觀文殿大學士張公叔椿　宋寶章閣待制太師祁國公張公稱孫　明大理寺評事顧公觀　明交趾等處提刑按察司副使殷公旦　明南京吏部尚書魏公驥　明河南按察

司按察使朱公仲安　明太常寺卿姚公友直　明
南京工部尚書張公貴　明河南府學訓導翁公文
明福建福州府知府前河南道監察御史翁公五
倫　明江西布政司右布政使來公三聘　明應天
府府尹王公三才　明處士來勵　明陝西按察司
使來公天球　明雲南按察司副使戴公尚志　明
湖廣按察司使倪公朝賓　明刑部主事陳公伯龍
明贈少傅兼太子太傅戶部尚書來公經邦　明
贈廣西按察司副使來公嘉模　明福建布政司右
布政使來公斯行　明誥封知縣來公立模　明贈
推官原任廬陵縣儒學訓導王公思孝　明逸民韓
振强　明奉直大夫蔡公繼魯　明贈推官來公繼
韶　明通議大夫來公方煒
皇清鄉飲大賓朱公世學

諸暨祀二十九人　春秋越大夫范公蠡　唐孝子張
公萬和　南北朝孝子賈公恩
宋元祐發解張公堅　宋徽猷閣待制贈太師姚公
舜明　宋處士黃汝楫　宋崇安令黃公開　宋秘

書郎進寶文閣王公厚之　宋朝請大夫知衢州王公琰　宋處士楊文修　宋處士宋光　元淮東宣慰使王公艮　元旌表孝子丁公祥一　元江西提舉楊公維禎　元處士王冕　元碧崖先生吳公雄　元處士俞漢　明監察御史黃公鄰　明翰林院修撰江西提學僉事王公珏　明孝子趙公紳　明處士駱象賢　明沛縣知縣馮公謙　明崖州知州轉通州徐公琦　明澧州知州鄭公欽　明大理寺少卿呂公昇　明政和縣典史郭公斯垕　明廣東布政司使陳公性學　明孝子陳公子朝

皇清永州府通判贈按察司僉事鄭公胤昌

餘姚祀一百六人　漢徵士嚴公光　晉左光祿大夫開封侍中虞公譚　晉徵士虞公喜　晉散騎常侍著作郎虞公預　晉廷尉祭酒虞公愿　唐弘文館學士文懿虞公伯施先生　宋太常寺少卿知臨安府孫公子秀　宋知縉雲縣事莫公當　宋冢宰金紫光祿大夫莫文清公叔光　宋

知婺源州陳公槖　宋文華閣直學士趙公彦械
宋禮部尚書兼侍讀胡公沂　宋狀元右文殿修撰
莫公子純　宋知饒州府謚忠節唐公震　宋通判
邵武軍孫公應時　宋國子監司業王公逨　元孝
子石明三　明瓊山縣學教諭考古先生趙公撝謙
明南京太僕寺卿胡公鐸　明中憲大夫都察院
右僉都御史胡公東皐　明巡撫鄖陽都察院右副
都御史宋公冕　明工部郎中楊公榮　明刑科給
事中張公逵　明湖廣按察司副使黄公肅　明山
東布政司左參議徐公守誠　明南雄府知府倪公
宗正　明廣東德慶知州陳公煓　明旌表太醫院
吏目黄公濟之　明都察院右都御史魏公有本
明誥封刑部員外郎于公震　明光祿寺卿陳公煥
明南京工部尚書陳公雍　明南京工部侍郎嚴
公時泰　明陝西按察司副使邵公蕃　明湖廣布
政司左參議錢公古訓　明刑部左侍郎劉公季箎
明辰州府學教授戚公顯　明江西南安府知府
許公南傑　明廣東按察司副使毛公吉　明太子

少保吏部尚書黃公恂　明太子太保都察院左都御史史公琳　明巡撫江西都察院右副都御史孫公燧　明少傅兼太子太傅戸部尚書謹身殿大學士謝公遷　明南京吏部尚書進封新建伯王公華　明兵科給事中牧公相　明奉天翊運推誠宣力守正文臣特進光祿大夫柱國新建伯兵部尚書王公守仁　明工部郎中徐公愛　明廬州府同知贈右副都御史顧公蘭　明都察院右副都御史陳公克宅　明湖廣按察司副使聞人公銓　明太僕寺少卿周公如砥　明山東按察司副使韓公廉　明都督府僉事旌孝行孫公堪　明尚寶司卿孫公墀　明南京禮部尚書孫公陞　明湖廣按察司副使陳公墀　明勅封兵部主事徐公建　明廣東布政司右參政管公見　明工部侍郎龔公輝　明禮部侍郎陳公陞　明贈光祿大夫少保兼太子太傅禮部尚書武英殿大學士呂公改　明特詔進階朝列大夫錢公德洪　明雲南僉事邵公煉　明禮部尚書武英殿大學士贈太傅呂公本　明刑部右侍郎

張公岳　明吏部尚書孫公鑨　明南京刑部右侍
郎顧公遂　明吏部尚書陳公有年　明太僕寺卿
孫公鎵　明雲南布政司參政陳公覲　明封禮部
郎中武邑縣知縣鄒公名　明刑部左侍郎邵公陛
明陝西布政司參政胡公安　明吏部主事李公
貴昌　明典化府知府徐公紹卿　明廣東布政司
使鄒公墀　明廣東從化縣知縣贈知府朱公宇道
明潁州兵備副使朱公錦　明鄖陽府知府葉公
逢春　明漳平縣知縣施公信　明陝西按察司廉
使朱公瀛逵　明湖廣山西左布政鄒公學桯　明
徵君嘗公霞標　明增城縣知縣徐公震　明江西
提學僉事諸公燮　明兩淮運同胡公從政　明副
使周公思宸　明廣西兵巡副使魯公史　明江西
饒州府知府于公重華　明兵部尚書翁公大立
明知縣錢公伯英　明副都御史陳公詠　明知縣
周公思允　明翰林院庶吉士邵公有良　明知府
朱公縉　明同知夏公淳　明長樂縣知縣俞公介
明知縣俞公瀾　明按察司戴公晨　明廣西左

布政戴公王言　明兩淮鹽運司使陸公一鵬　明
江西石城縣知縣陸公恒　明知縣鄭公光昌　明
知縣封行人邵公元凱　明兵部尚書孫公鑛
皇清封行人司行人鄔公恩武
上虞祀四十四人　漢太尉錢塘朱公儁　漢河內太
守魏公朗　漢合浦太守孟公嘗
漢徵君王公克　晉太傅廬陵郡公謝公安　宋
少師龍圖閣學士趙公子潚　宋廸功郎夏公夔龍
宋左司郎中直顯謨閣潘公畤　宋監簿趙公良
坦　宋司農卿劉公漢傳　宋戶部侍郎劉公漢弼
宋刑部侍郎李公知幾　宋建康僉判貝公欽世
宋鄞縣丞劉公漢儀　宋兵部尚書宋公延祖
宋參知政事李公光　明福建僉事謝公肅　明東
阿縣知縣貝公秉彝　明福建同安縣學訓導王公
仁　明廣東左布政陳公金　明崇陽縣學教諭俞
公繪　明河南左布政陸公淵之　明五經儒岫雲
張公輝　明隱士劉公履　明太常寺少卿潘公府
明贈廣東韶州府知府同知忠義韓公銑　明大

理寺卿葛公浩　明都察院右副都御史車公純
明山西右參政葛公木　明陝西行太僕寺卿姚公
翔鳳　明福建興化府知府宋公衮　明福建將樂
縣令陳公大經　明廣東部州府知府陳公紹　明
福建龍巖縣令胡公景華　明江西道御史贈光祿
少卿葉公經　明廣東布政司使陳公金　明太僕
寺卿姚公翔鳳　明南城縣知縣倪公鎧　明貢生
徐子嶙　明遂安縣知縣鄭公遂　明柳州府知府
鄭公舜臣　明岳州同知葛公焜　明典化
府同知徐公希明　明刑部郎中陳公紹

嵊祀二十人

晉右將軍會稽內史王公羲之　晉處士戴逵　齊吏部尚書漢昌侯朱公士民　晉處士戴顒　晉建武將軍授散騎常侍會稽內史謝公元　齊侍中開府儀同三司諡忠貞張公嵊　宋寶文閣待制國子祭酒姚公勔　宋徽猷閣待制　贈太師姚公舜明　宋戶部員外郎樞密院編修姚公寬　宋端明殿學士還參知政事姚公憲　宋廸功郎太學國子學錄許公桌　宋定城尉贈通

直郎張公逖　明處士張燦　明德州知州周公山
　明福建興寧令贈兵部尚書喻公思化　明靜海
縣學訓導瑚光祿寺卿周公謨　明處士封知州王
公尚德　明工部尚書周公汝登　明雷州同知王
公應呂　明兵部
尚書喻公安性

新昌祀三十九人　宋刑部尚書石公待旦　宋尚書
　贈金紫光祿大夫石公公弼　宋
侍御史直龍圖閣石公公揆　宋尚書金紫光祿大
夫責公度　宋太常簿石公公整　宋烈士汝州團練
使董公健　宋奉議郎通判石公斗文　宋朝請大
大石公宗昭　宋寶章閣直學士王公夢龍　宋監
察御史大理少卿俞公浙　宋隱德忠臣陳公非熊
　宋義士常幹廸功郎陳公雷　宋少保左丞相信
國公王公爚　宋忠臣吳公觀　宋義士陳公祖
元孝子石公永壽　明孝子呂公升　明太子太保
兵部尚書何公鑑　明都察院左僉都御史謚恭惠
楊公信民　明河南道監察御史俞公集　明河南

左布政使甄公完　明都察院左僉都御史丁公川
明尚寶司卿俞公振英　明孝子胡公剛　明兵
部左侍郎俞公欽　明陝西按察使呂公昌　明南
京兵部侍郎呂公獻　明湖廣按察司副使俞公振
才　明高隱徐公雲卿　明義士俞公用直　明無
爲州知州董公曾　明隱士呂公宗學　明南京工
部郎中徐公志文　明誥封兵部尚書兼右都御史
呂公世良　明封禮部右侍郎兼翰林院學士前部
武縣學教諭潘公日升　明漳州府通判呂公繼楩
明贈工部郎中呂公明忠　明南京工部尚書呂
公光洵　明太子太保禮部尚書武英殿大學士潘
公晟

續祀名宦

府皇清紹興知府張公三異　皇清紹興知府許公
弘勳　皇清紹興知府李公鐸

會稽皇清會稽令王公風采

蕭山　明蕭山令陳公如松　皇清蕭山令姚公文熊

諸暨　皇清諸暨令毛公上習

餘姚　皇清餘姚教諭沈公惺

新昌　皇清新昌令張公宏

續祀鄉賢

府　漢南昌尉梅公福　漢尚書僕射鍾離公意　漢徵士王公克　魏中散大夫嵇公康　吳侍御史虞公翻　晉侍中嵇公紹　晉處士謝公敷　晉處士戴公逵　晉黃門侍郎王公徽之　晉中書令王公獻之　晉處士夏公統　晉處士孔公沉　晉處士朱公百年　晉左將軍散騎常侍會稽內史康樂獻武公謝公元　晉處士戴公顒　晉司徒主簿王公弘之　宋司徒掾謝公惠連　宋海虞令何公子

平　齊南郡太守孔公稚圭　梁五經博士賀公瑒
梁尚書左丞賀公琛　梁右衛將軍太子右衛率徐
公摛　陳東中郎建安王諮議虞公寄　唐弘文館
學士永興文獻公虞公世南　唐秘書監賀公知章
宋都官員外郎張公宇發　宋江山令姚公宏　元
江西儒學提舉楊公維楨　明六合知縣沈公縉
明太常寺少卿金公蘭　明陝西長安知縣吳公從
義　明左春坊左庶子余公煌　明刑部主事魯公
錦　明翰林院侍讀學士贈禮部侍郎周公鳳翔
明監察御史贈太僕寺卿黃公尊素　明翰林院編
修魯公元寵　明九江兵備僉事王公思任　明鄉
進士何公國輔　明寶應知縣余公增遠　明高士
陳崔　明國子助教陳公箴言　明貢生何公育仁
皇清總督漕運兵部尚書沈公文奎　皇清封禮科
都給事姜公天樞　皇清贈巡撫都察院僉都御史
張公建璧　皇清巡撫都察院僉都御史張公尚
皇清封太子少保禮部右侍郎胡公拱樞　皇清贈
工部郎中周公方爇　皇清湖廣糧儲參政吳公執

忠　皇清封松江知府魯公元錫、皇清太子少保
福建總督姚公啓聖　皇清刑部尚書胡公昇猷
皇清通政司使周公之麟　皇清封山東提學僉事
唐公允思　皇清山東提學僉事唐公賡堯　皇清
封翰林院庶吉士魯公元炅　皇清贈翰林院庶吉
士余公維　皇清河南道監察御史余公縉　皇清
衞輝知縣秦公長春　皇清生員楊公學泗　皇清
奉天府丞姜公希轍　皇清贈國子監助教王公龍
光　皇清贈湖廣道監察御史何公治仁　皇清湖
廣監察御史何公嘉祐　皇清贈翰林院編修陳公
新　皇清翰林院編修河南督學陳公至言　皇清
鄉飲賓聞人公炳　皇清封懷遠將軍九溪知縣虞
公敬道　皇清贈松江知府趙公自成　皇清贈驃
騎將軍都督僉事韓公大能　皇清高士倪公會鼎
皇清贈吏部文選郎中沈公以庠　皇清贈安慶知
府何公曾臬　皇清鄉大賓馮公士章　皇清庠生
胡公嶽　皇清庠生朱公洪謐　皇清遺獻黃公宗
羲、　皇清南康同知盛公國俊

蕭山　皇清生員吳公之楨　皇清生員吳公維賢　皇清贈翰林院編修陳公新　皇清翰林院編修河南督學陳公至言　皇清贈吏部文選郎中沈公以庠

餘姚　明御史贈太僕寺卿黃公尊素　明都察院左副都御史忠愍施公邦曜　明按察司副使孫公嘉績　明禮科給事中熊公汝霖　明廣西按察司使葉公憲祖　明廣東布政司參議胡公時化　皇清贈翰林院侍讀學士高公厚中　皇清鄉飲賓聞人公炳　皇清雲南按察司副使鄔公景從　皇清遺獻黃公宗羲　皇清慶元教諭徐公景瀚　皇清贈通議大夫楊公愈椿　皇清欽點侍衞贈通議大夫楊公煥斌

上虞　皇清鄉大賓馮公士章

新昌　皇清贈刑科都給事張公觀僧　皇清思南知府求公琰　皇清翰林院編修陳公捷　皇清

監察御史贈太僕寺卿俞公志虞　皇淸江南徽寧
道呂公正音

紹興府志

卷之二十

三

紹興府志卷之二十一

祠祀志附圖

王右軍祠圖　　愍孝祠圖

唐將軍祠圖　　錢清劉侯祠圖

德惠祠圖　　王烈婦祠圖

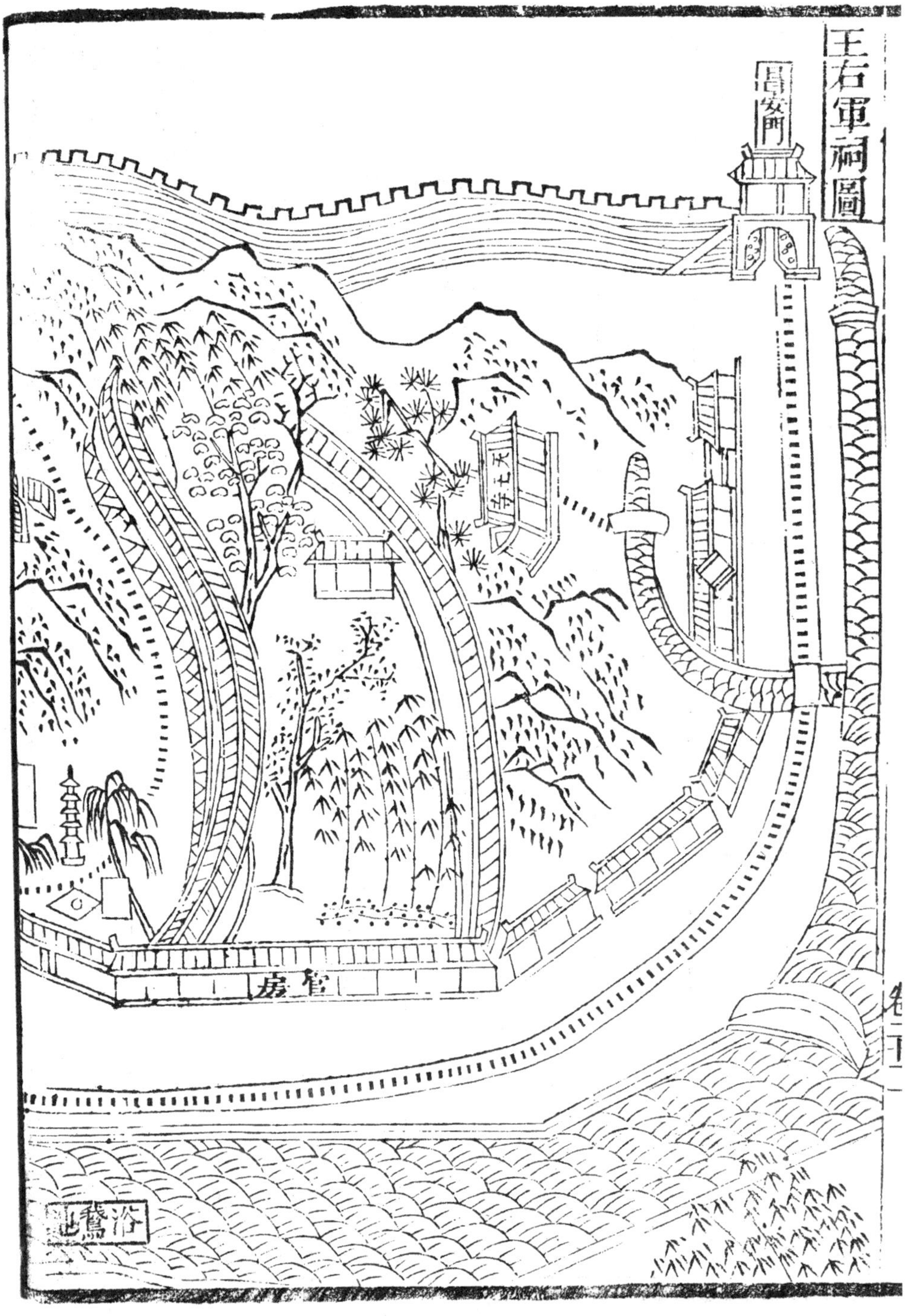
王右軍祠圖
昌安門
官房
浴鵞池

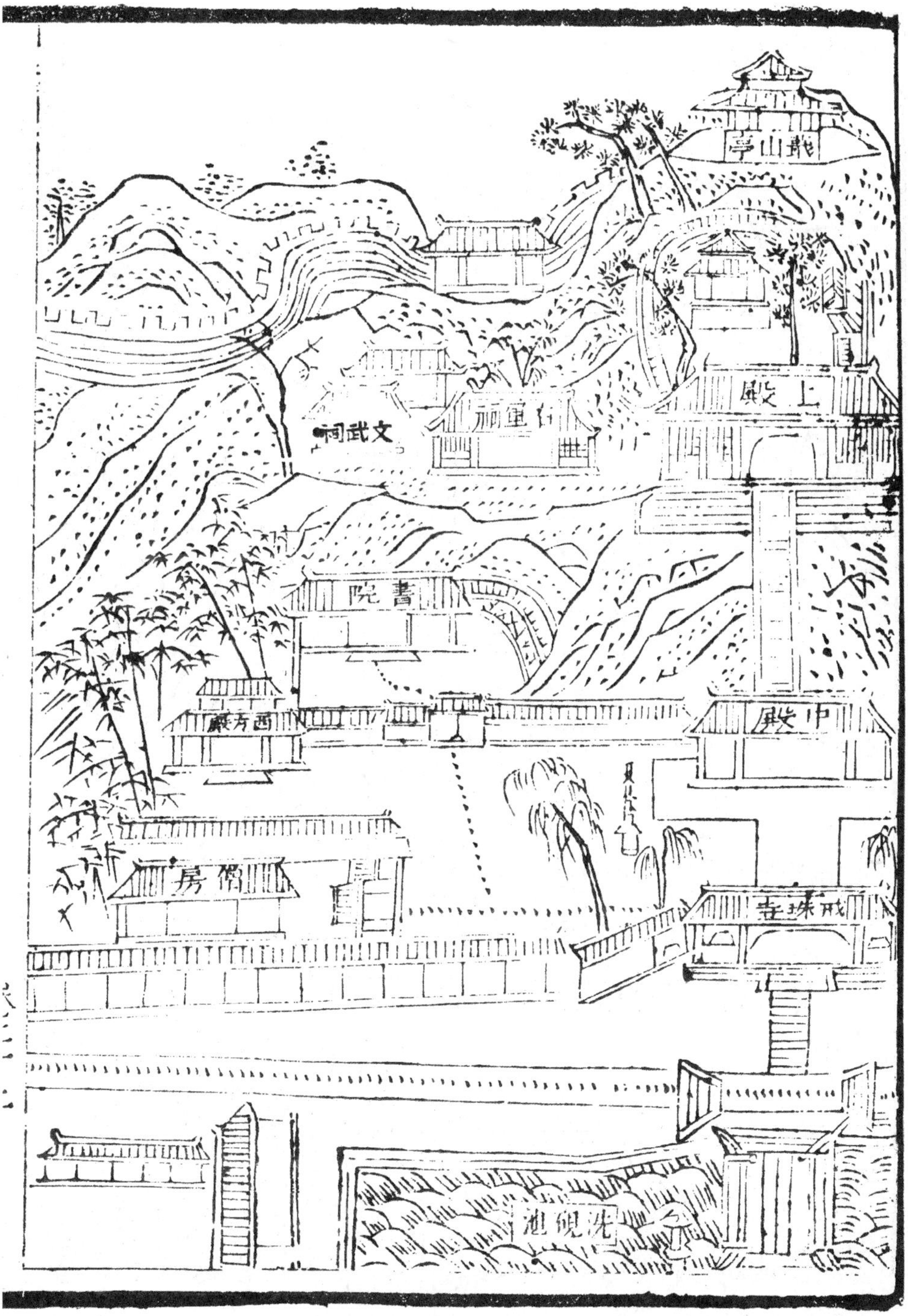
戒山亭
上殿
右軍祠
文武祠
書院
中殿
西方殿
僧房
戒珠寺
洗硯池

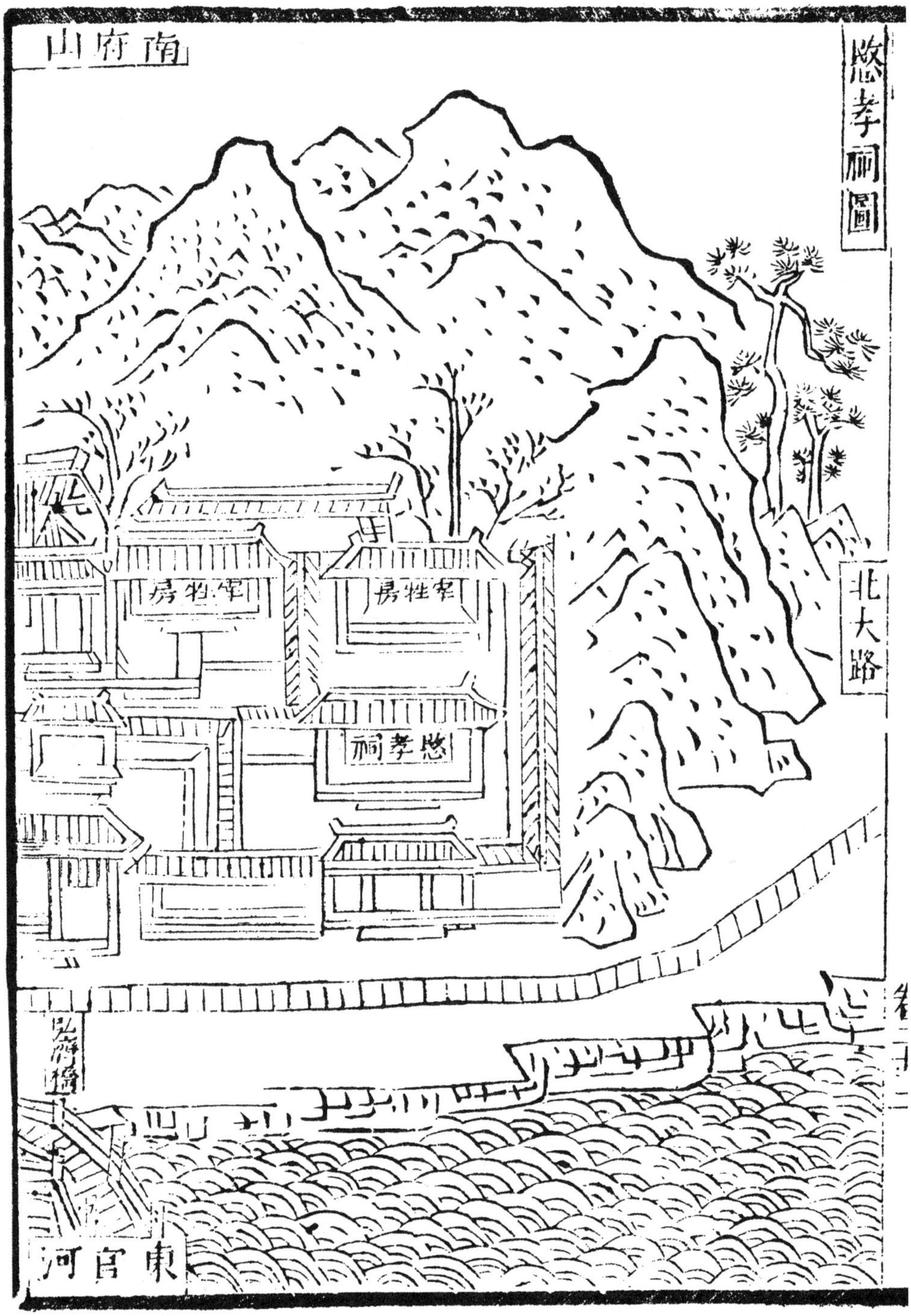

愍孝祠圖

南府街
徵愛祠
玉泉書院
忠孝祠
水則
文武忠孝

唐將軍祠圖

閻王廟

庵值班

唐將軍題

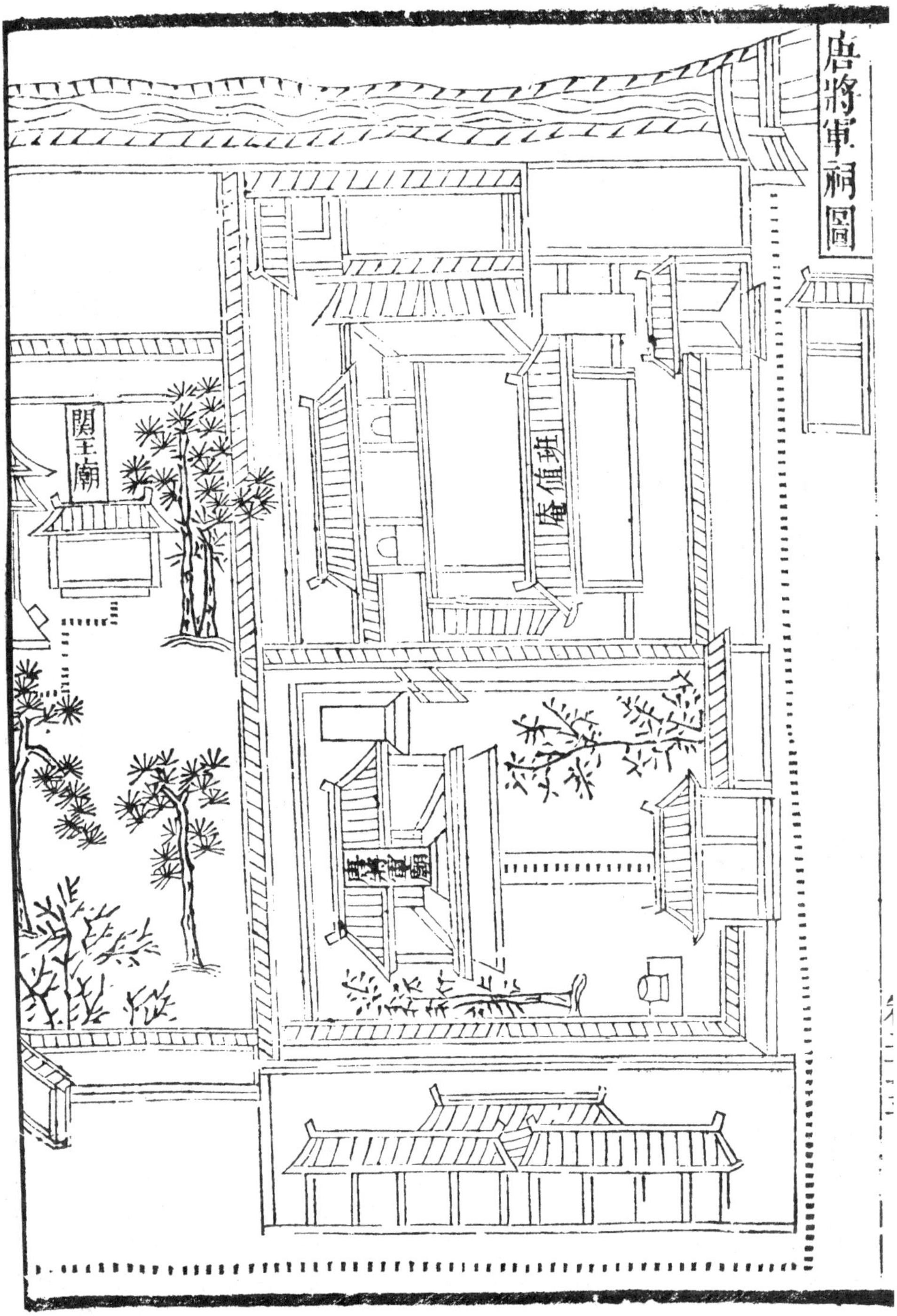

旗纛廟

錢清劉侯祠圖

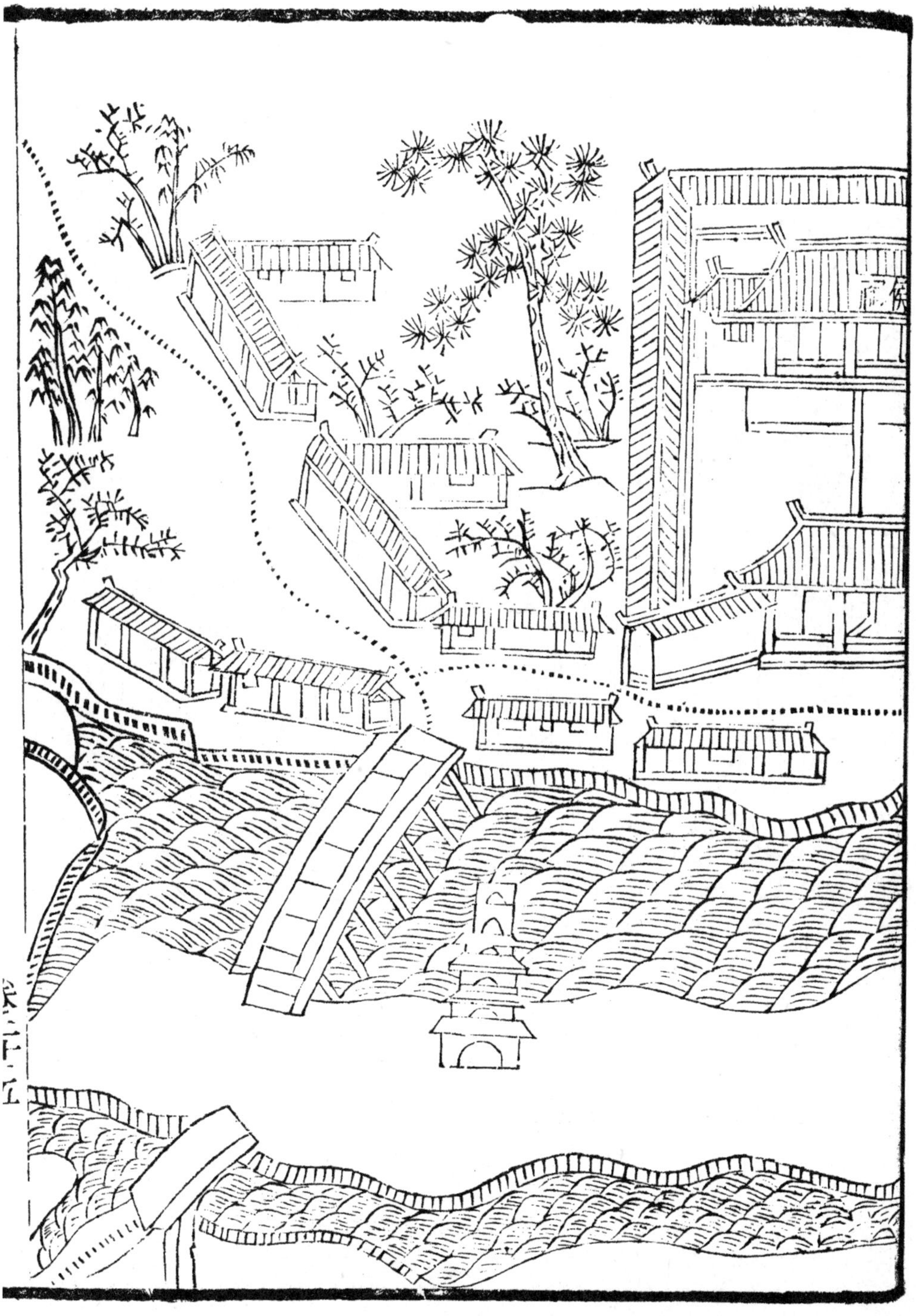

德惠祠圖

望海亭

王烈婦祠圖

楮林鋪

紹興府志卷之二十一

祠祀志三

祠 堂 亭

府城内越王祠祀越王句踐宋時在府西北二里久而廢明嘉靖十一年知府洪珠即光相寺基改建蓋去舊址又西北一里許有司春秋祭唐呂溫詩丈夫可殺不可羞如何送我海西頭十年撫養十年教二十年間死却休宋王十朋詩寂寞霸圖歇堂堂祠宇留餘休障一國往事憶千秋若載山中採香醪河上投平吳端在此可與後人謀

徵愛祠在卧龍山東麓明嘉靖三十一年知府梅守

德卿大節祠改朔祀漢太守劉寵宋太守范仲淹有司春秋祭大節祠原祀愍孝蔡公定唐將軍琦通判賈公悳知府許公如蘭令唐蔡各祀于原祠而會附蔡祠金祀

王右軍祠在蕺山戒珠寺東寺即右軍別業明嘉靖十年知府洪珠移置于佛殿之西寺門外鵞池墨池尚在宋吳萊謁祠詩小立天地窄前登萬山阻越王棲蕺處秋綠空榛蕪古祠復河人遺像寄梵宇柳老題扇橋荷香弄鵞浦典午當衰亂神州渺淮楚經略欲馳兵保障期安堵姦溫多大志誕浩却浪許護軍曾孫綜機疏極心瘁廟謨不可勝野戰徒爭武內外未協和英雄豈豪舉泗口聊進屯譙城遽介沮事勢日趨異朝廷孰撑柱去官寧阼違誓墓獨酸苦父子但法書功勳總塵土青緗每收拾繇筆餘圖譜

草隸俱入妙雲龍競撇舞崔蔡須抗行羊殷豈儔匹
鳧鷺或有識野鶩紛難數平生破布被設以指畫肚
起抑放墨池
長鯨戰風雨

司馬溫公祠在府北五里公四世孫宋吏部侍郎伋
所建

史魏公祠在戒珠寺前宋史浩守越奏免湖田糧民
爲立祠額曰彰德

朱文公祠在府西南一里初稽山書院有公像明萬
曆七年書院廢十年知府蕭良幹復之遂易額有司
春秋祭

愍孝祠在寶珠橋邊宋太守王綯建祀孝子蔡定明嘉靖中以會通判恴企祀改額曰忠孝後額復舊而會仍祔有司春秋祭

〔宋王十朋詩〕我昔嘗讀黃絹碑長嘆越國無男兒孰知種山山下水千載有此一段奇嗚呼哀哉蔡孝子風烈遠過羈與恢乃翁白首困縲絏半年不脫兒心悲請身荷械代父罪或廿黥涅居軍麾况遇軍典擊卒叛身先矢石死不辭當時非無賢太守孝子抱志終不施人間無路可赴愬投命河泊祈天知自爲銘誌及訟牒欲訴以魂贖以屍情哀意切語不愆孝與忠厚俱天資臨河更效結纓死頗與沛於禮曾無虧父脫纍下子顏畢身在九泉廿若飴名聞九重獲旌表賜廟愍孝風羣黎奚爲祠宇乃如許兩楹破壁河之湄未聞設誅有度尚絕好更欠邯鄲詞我來贅慕欽孝烈顧瞻廟貌成吁嘻他年太史作佳傳願從紙尾書吾詩

劉太守生祠在府城隍廟西明正德三年郡人王埜輩建祀知府劉麟〔明〕王華〔碑〕漢劉寵爲會稽太守及被徵去山陰有五六老叟自若耶山谷間出人齎百錢以送漢史傳其事不過曰簡除煩苛禁察非法又曰犬不夜吠民不見吏而已此外別無赫赫之功今去漢千數百年寵猶廟食茲土百姓猶歌思不忘正德戊辰夏六月刑部郎中劉君元瑞擢守吾郡僅五十日輒罷官去百姓徬徨如失父母乃日會聚于神祠佛宇祈禱卜筮謀所以留侯者而不可得則相與聯名列狀赴愬十部使者以求復侯之官不可得則又相與罷市易肆捐己貲將不遠數千里走京師以闘于　天子以求復侯之官卒不可得則又相與扶携老稚塡郭溢衢追送至數十里外侯數停舟慶謝衆猶擁遏不忍舍去道路觀者莫不嘖嘖稱歎以爲數百年來之所未見世嘗言今之人不古若即侯之去任視寵之去會稽豈相遠耶或謂侯之在郡僅五十日而止即其五十日之所設施

雖有良法美意亦豈能家至而戶到雖吾夫子妙綏來動和之化其相魯亦必誅少正卯禮郤萊兵三月而民始歌誦之侯在吾郡直廉恭儉約弗擾于民而已耳而吾民視侯乃有千百年固結之愛使侯久於其任得以究其設施則民之愛戴思慕又不知何底極也且寵之去被徵歸朝侯之去任被黜歸田其榮辱懸殊也而百姓之送侯者所至千百成羣不止五六老叟謂今人之不古若豈其然耶侯既去郡百姓思之不置則又相與謀肖侯之像立祠于臥龍山麓蓋將尸祝而俎豆之祠既成余遂爲之記侯名麟南京人由弘治丙辰進士起家至今百姓稱爲新劉云

陳侯生祠在城隍廟劉太守祠後明嘉靖四十四年邑之耳老建祀知縣陳懋觀

忠烈祠在徵愛祠之左明嘉靖二十一年知府沈啓

敕祀江西巡撫餘姚孫忠烈燧左右兼祀其子都督堪尚寶卿堺南京禮部尚書陞又一在餘姚縣龍泉山亦兼祀其三子而別爲三孝祠在祠右俱有司春秋祭

義愛祠在徵愛祠之南舊爲明知府王昇期祠徵愛祠圮乃移漢太尉劉寵宋大參范仲淹二像入王祠久之王祠亦圮康熙十一年知府張三異撤而新之以前堂祠漢壽亭侯而其後並列劉范王三公皆越郡守也總額曰義愛祠已又增入明知府許如蘭後

并張三異與義士唐珏並祀於右楹五十四年知府俞卿捐俸倡修郡人爲落成焉

五賢祠在臥龍山府署上　本朝康熙二十八年知府李鐸建以祀漢太守劉寵明知府湯紹恩號二賢祠舊時郡大堂後清白泉之左有文范祠祀文種范蠡亦李鐸所修久之盡傾乃移文范於二賢祠內額曰四賢後又增入李鐸而名之曰五賢祠祠後倚山峭壁數仞鐫龍湫二大字壁下有水一泓頗汙濁蓋潦水也

言子祠在武勳橋側舊爲邪人所居創長生教以誘惑無知者晝夜聚無賴其中康熙五十三年知府俞卿逐之乃改飾其屋宇以祀十哲子游額曰言子祠言子生于吳地其實越人也按春秋魯哀公十三年越滅吳又三年而孔子卒壽七十三則滅吳之歲夫子年正七十而史記云子游少夫子四十五歲是吳併於越子游方二十有五纔踰弱冠郎史記不可盡信孟子稱孔子沒子游欲尊事有若豈有期艾之年而謀北面事人者夫吳滅四年而夫子沒沒三年而

心喪終又三年而子貢歸然後諸弟子議奉他師無論其後日壽考卽此十年中履越之土食越之毛秦人而卒於漢寧不謂之漢人隋人而卒於唐寧不謂之唐人子游爲越民而山陰越都也立祠祀之以見越之道統開於春秋亦千古未發之論也

王文成公祠在府北二里許明嘉靖十六年御史周汝員建以祀王文成守仁初名新建伯祠　本朝康熙二十九年知府李鐸修之敀今額一在餘姚縣龍泉山歲久摧落康熙五十七年知府俞卿修之俱有

司春秋祭
褒忠祠在王文成公祠西明嘉靖三十四年紹興府知事何常明山陰庠生金應暘餘姚監生謝志望庠生胡夢雷禦倭死事聞詔贈官立祠有司春秋祭今圮
六賢祠在郡城南府學之東羅門側　本朝康熙二十四年知府胡以渙建以祀明季節義諸臣監察御史黄尊素戶部尚書倪元璐左都御史劉宗周左副都御史施邦曜右庶子周鳳翔蘇松巡撫祁彪佳六

公　胡以濱有碑記

清涼母祠舊名捨子廟在龜山下祀唐清涼國師母旁有捨子橋

錢王祠在府東南五里唐長興七年吳越王錢鏐薨後二年嗣王建廟於越基甚閎壯歲久傾圮宋末僅餘四楹元時則盡鞠爲蔬圃矣明嘉靖十六年知府湯紹恩重建內祀忠武肅王鏐文穆王元瓘忠獻王佐忠遜王倧忠懿王俶有司春秋祭唐皮光業銘崧高嶙峋是生哲人天上獅子出澤麒麟衣冠表裏文武經綸廣運將新大盜斯起紫蓋蒙塵黃金多壘既數憲章又裂文

斡武肅英王提劍東方龍行雲雨虎變文章洗滌星紀整頓天常告功彤庭圖形麟閣三道犀幢入朝鳳握丹券家門錦衣城郭六瑞琢章三品鑄符尚父四履尚書萬樞巍峩萬壽巍赫蜀闘我王奉天爲時而出國士無雙鳳華第一側樹平戎夢禾授秩功既挺世德又動天襲封二冊嗣位三年忠無假類孝絕雕鐫未就畢纘乃建清廟卧龍之東會稽之要嵐界廻廓粉明周繚廣殿露開重門嶽峙瑞占禮器香檀聖容民之祀王我之神宗燃蕭燔膟奠幣輪琮於穆祠宮煥焉陰府五齊恒馨六佾常舞餚薦房烝歌隨露鼓令子懿孫光今顯古宋徐天祐詩石鑑山前結駟遊故鄉霞錦徧林丘祇今東府空遺廟蘚立唐碑老樹秋

尹和靖先生祠在拾子橋下古小學內蓋善法寺廢址明嘉靖間知府洪珠改建有司春秋祭

劉公祠在杏花寺側知縣唐時舉建以祀五忠劉公者按宋史劉頜謚忠簡孫純謚忠烈從孫韐謚忠顯韐子子羽謚忠定子羽子珙謚忠肅嘗方寇之亂韐守會稽有捍禦功舊有祠而圯其後裔有爲山陰幕者因家於越乃合五忠祠祀之有司春秋祭

吳孜祠在府學內宋吳孜捨宅爲學因祀之（宋王十朋詩）右軍宅化空王寺秘監家爲羽士宮惟有先生舊池館春風長在杏壇中

旌忠祠在府東南五里宋太守傅崧卿建祀衛士唐琦初崧卿既爲琦立廟未及請額以疾去後守陳汝

錫請賜額有司春秋祭宋傳崧卿祭文乙巳之冬金人大入寇太上皇內禪幸浙明年正月金兵竟犯京師議和於城下而還是冬再犯京師明年春二聖出巡朔漠五月今天子即位于宋又明年冬金分兩道寇江浙其一由武昌渡江犯洪州六宮百司衛從隆祐后遷于處以避之金自洪進兵西南至劉陽西北至建昌其一由溧陽渡江破建康陷太平廣德進破杭渡錢塘江入越陷明州天子自越幸明自明航海幸溫今年金人自明越而西復陷秀陷平江達于鎮江並山鑿河通道建康卒以其衆若所掠吳越之人濟江而北徘徊于淮南至于今去否所不得知也嗚呼金內侵六年國家之難生民之禍至此極矣士大夫畏避其能爲吾宋仗節死難者與有幾侯以衛士武人生不知書遇亂憤發顧能不愛其死徂擊金人慢罵降帥至死猶不絕口其義豈惟今人之所稀見古書傳所載何以尚茲嗚呼偉哉崧卿時治兵在衢方道路梗絕旁郡縣行事往往不相聞知惟侯之事諜者爭相傳以爲美談至一

日十許告聞者相與嘆息有爲流涕者或恨不與之偕死已而崧卿守越凡在越之人類皆言之參考既眞㨿以其事聞天子愍嘉之詔議追褒而邦之人相與請建祠宇以旌侯之忠以勸來者乃作之廟方須其成請額於朝且記其事於石未及而崧卿既以病免矣於其行日姑以不腆之酒禮于像貌之前而致告焉（王十朋詩）國家往往艱難中搢紳節義掃地空靖康有一忠愍公建炎獨有唐侯忠唐侯爵位何曾隆身居行伍儕羆熊平生經史漫未通嚴霜烈日蘊在衷憤然一奮不顧躬太尉奪笏嗟匆匆子房鐵椎計已窮張巡就縛氣尚雄杲卿鋸解罵未終忠血義肉塗地紅烈氣英魂薄蒼穹事驚朝野聞帝聰立廟旌忠浙江東睢陽雙廟同高風名書青史等岱崧當時開門誰見容遺詬千古如蝡蟲（明戴冠詩）唐琦一衛士初不聞名聲思欲報主讐奮然竟捐生殺身雖易言幾人能果行琦志不可奪口與心自盟事在義與否何計敗與成金石或可革此心無變更死願爲厲鬼生願爲干城厲鬼殺寇賊干城扞敵兵

生義媿彼偷生榮中有一腔血誓爲吾君傾安知死廟食但求生結纓

湯太守祠在開元寺内祀知府湯紹恩明萬曆初建

其生祠在三江閘邊明嘉靖中建有司春秋祭

吳通判祠亦在開元寺内祀通判吳成器明萬曆初建

龐公生祠在府學西明萬曆間郡人建祀巡按御史龐尚鵬（明張元忭記）天順間朱御史英所疏行兩役法籍縣民分爲十年而統於坊里之長每一坊一里長率十人令民按丁若田五年而率錢與長爲吏辦公私費坊主宴里主饋日甲首錢又五年而長率民詣縣庭審諸役日均徭歲環遞以爲常蓋五年而一用民也時頗稱便其後吏肆而長饕所云甲

首錢有一貧男子出白金四五兩者即富者按田而率有如畝滿千金不數百不已於是貧者走徙往往以錢累其身富者不免詭其畝以逃役至若均徭一不幸得館庫或捕鹽諸役其在榜中顧役直不過七八金富民承之則詠攖百出不數百金亦不已又不幸富者兼得兩重役貧者或分得十之一二則身家亦破碎平生構聚至百千朝居而暮空貧者至不有其妻子與籠雞柵豕互牽引鬻市中相聚以哭邑里郊墟色憯憯若在冬秋於是每書榜則老胥黠吏巧播弄以網賄與詭者相唇齒而民之病極矣今右副都御史南海龐公尚鵬舊爲御史來按浙其因革尊予悉稿故常知前兩役爲病既大且久乃一破其法一邑中調劑官百所需費若諸顧役不縮不盈與民之丁土相麗合凡丁一田畝十率出若干錢與秋租歲並輸于邑吏明年百所費與所役亦歲出庫中錢擇其人掌之且買且顧又刻帖人給一紙令曉然無所謂甲首錢長不得濫索無均役富者亦不入館庫役最重且苦若鹽捕等者不得勤富者募而且歲輸

每丁不踰二十分取細易辦受施者不得行書吏者無所用其播弄蓋自詔下行之至今農始知貴用而櫃擔而食者亦重去其土閭閻熙熙略始甦息然既十餘年矣諸父老子弟乃始釀金搆屋以祠公而屬石上言于余何曉耶詰之則相顧以對曰公亦知永州事乎柳大夫將奪蔣氏之蛇而復其賦蔣氏出涕汪然者以蛇之毒人不若賦法之毒人甚也今罷公易兩役爲條鞭是出我水火加之衽席頃者聞且將奪我衽席而復之水火其毒於蛇也倍幾矣曰誠若是則若等之言衆言也予言者一人之言也衆言也者能致於聞者也予一人言也而又言於石是不能致於聞者也諸父老更進曰急父母之病者醫藥不已也而兼事于禱甚則且靡股上肉又安問禱祀之不如醫藥哉噫是亦可哀也已予又奚庸於喙

景賢祠在禹跡寺西明萬曆二年郡人建祀長沙知府季本（明張元忭碑）先生蚤聞新建致良知之旨既浸溢攫後之學者日流而入於虛乃欲身挽

其徹著書數百萬言大都精考索務實踐以究新建
未發之緒四方之士從之遊者數百人自筮仕至老
且革無一日不孳孳問學者亦且數十年而處心制
行光明坦易孝友忠信蓋卜諸鬼神鬼神許之質諸
兒童兒童信之者矣間有稍疑之者謂先生當長沙
時以嚴以涅爲人所彈詆罷罷而獨居禪林著禮書
將有所迎而希也嗟乎是惡知先生哉先生先人秉
憲爲大夫家世祿先生一大郡守罷歸不兩紀身死
幾不能殮骨日未寒而二子巳寄舍于他人涅者固
如是乎火烈民望而畏之故鮮死萑苻之盡殺于大
叔之不猛也芟稂莠植嘉禾治何病于嚴哉當長沙
之入覲善當軸者以書畀先生先生疑其薦巳也懷
之不達及罷啓書果然始推官建寧會寧藩變先生
提兵壁分水關院史以卿試役檄郡守及先生先生
移書并縮守令城守再三拒院檄弗往卽得罪弗顧
若爲御史得謫則以慈壽太后及肅皇帝兩宫故抵
逆鱗卽茲三事其所志不在榮進也亦明矣襟之於
顯然之章奏而顧迎且希于不可必達之故紙迎且

希者固如是乎先生之學與行仕與處其懿美不可殫舉其大約爲人所疑與信則如此噫一疑之一信之彼從其疑我從其信亦足稱賢矣乃不得與與槩無可信者一食于校殆十有二年而先生存時往往語其徒曰吾子孫無顯者而顯者之先吾所知也吾死慎勿隨世俗爲鄉賢舉與聞者咸志之常快快一日越中薦紳暨家大夫以先生即不樂于校未必不樂于社而祀于社又吾輩之力所易爲也議始倡和者嚮應郡穎上言遂撤巳所祐旁舍三楹徙置禹跡寺西林實先生舊著書所以祠先生陳憲僉錫胡納言朝臣奔走督率益力助貲者既衆祠所需用旬日告成門以二重垣徑畧備潔牲卜吉治主以升鼓吹道周國人喜躍以元忭職史也宜書忭始見先生時未知學也既稍從事于學而先生則已殁殁而嘗追師之竊比于聶司馬事新建之義於是舉也誠快之書其敢辭先生名本字明德別號彭山進士仕推官召拜御史以謫歷縣佐令起爲禮部

郎中再謫歷府佐止長沙知府

沈公祠在稽山里明隆慶六年巡按御史謝廷傑建祀光祿寺少卿沈鍊有司春秋祭

山陰徐侯生祠在迎恩門外明萬曆三年邑人建祀知縣徐貞明明張元忭碑山陰徐侯以召入之三歲予偶過侯所築官塘新祠下有父老四五輩趨而前曰此爲前侯徐公祠也公惠政大夫所知且大夫史也祠而不碑可乎敢以請予曰諾其後民劉棐周昇洎僧眞秀如曉輩請曰至蓋棐等侯所屬治塘而有勞者塘成在官路者可五十里其在海者復若干里並有益于民甚大且久而民不知有費是以並祠而碑之至論侯之全則在邑且不能盡舉第曰塘蓋侯生有至稟如騶虞鳳凰然以不殺爲性其於治也恐恐然如良醫之於蠱瘵惟恐其傷之以鑴磨爲戒而以不擾爲良甫下車卽板輿行農畝間悉得民所疾苦若戶之富貧與人之强弱奸良及盜

賊攘博瑣至倚市之箠平常捕格百出所不禁者侯
並訪得爲之不用一鞭無不立止其時丞簿胥牒如
蝟毛民如爛鮮至是無一紙入其所馭廊吏不能竄
一字僥訟牒訟者亦不輸一錢與吏無一卒入鄉勒
租稅直與民約投篋最後者始若以傳輸民爭投無
敢逋者他雖遣卒百逋如故也當是時舟子三卒擾
矣我何用舟爲或捨舟而倒屣酣且飯于邑門者曰
訟者不復食衙中人矣我何用張爲或蓄冶其壺具
吏或走家居閱月而至無一事可爲凊戒使者至所
司承指撫索里中戒大震侯弗與使者怒亦不爲動
吏急之輒以病謝里中老稚賴以免者無算大吏攝
訟者於邑就聽斷即必先聽而以書復或涉毛細則
不遣其人大吏始甚銜之久之並諒侯非抗已也至
于課校中士不徒以文舉公正爲民導善化惡使不
輩面則懇懇款款如雨之於物令其飽而自化善訖
者不敢造公庭言事如澁之在舌亦自卷攣耳侯去
之日送者萬人自邑門而達于江遮不得行者百里
有渡江守數日而返者返而復往者涕濕襟者哭失

祭者舉酒悲悲而不得飲者亭驛而是其喜者則自舟于盤篙楫卒輿胥買驛記點而飲者範錫而復壹具巳耳侯之去一也其悲者何人其喜者復何人噫明是可以知侯矣侯之用召爲工科給事中以県左遷而碑之請爲書也乃在三歳前時侯方在要路故需之今侯謫居且以憂阻論久而彌定矣遂書侯名貞明字伯繼家江之貴溪

高瓊祠在府城西六十里祀宋太尉高瓊以其裔孫世則祔

忠節祠在府城西南五里明正德時滁州同知郁采死流賊之難嘉靖中僉事蔣舜民知縣劉昺即其墓立祠祀之

張文恭祠在山陰縣右明萬曆間建祀諭德張元忭

陶文簡祠在江橋右明天啓間建祀祭酒陶望齡

會稽賀監祠在鏡湖上（宋王十朋詩）賀老祠堂枕鑑湖霓裳羽化宅荒蕪無人更問君王覓轉使高風千載孤

雙義祠舊在名宦祠側歲久而圯明嘉靖間知縣張鑑改建于攢宫（明文徵明記）嘉靖廿有六年丁未十月會稽雙義祠成祀宋義士唐公珏林公德暘也宋社既屋毁故宫爲寺而宋諸陵之在會稽者悉發而平之姦僧楊璉眞珈寔倡率焉珠玉悉攫取而投骨榛莽極其憯慽璉方貴横莫敢旁睨二公先後以他骨竄易而瘞之植冬青以志未幾璉衆遺骸雜枯骼築爲鎮南浮圖謂可以澌滅摧盡而不知雅非蜕玉矣二公舉事之時履危探險艱阻百

出而卒汔於成其志亦烈矣顧正史不傳而其事雜出於紀事之書其言不皆同而皆有所徵要爲不誣也夫開國之君往往以封植陵墓爲首事而元乃發諸陵以事厭勝或謂此皆姦僧之爲按前此以丙子下江南丁丑二月璉即爲江西總攝尋以所發宋陵金寶修天衣寺又以寧宗攢宮故地爲泰寧寺其後以臺臣言其盜用官物及流毒江南詩正典刑而赦之不殺獨怪當時輔佐諸臣一時名碩曾無一人抗疏而奮身仗義乃出于布衣之士其事有足慨者且其時宋已滅亡時移運改二公者豈復有所覬乎詭者謂其無所爲而爲高義卓行比隆豫讓夫讓嘗受智伯國士之知以國士報之宜矣二公在宋曾不沾一命之榮而慷慨從事至于變服爲丐醫家具以需間關羈逆以圖卽功其難易厚薄君子蓋能辨之矣稽之前史漢唐易世後其陵寢亦多被發不知當是時亦有高義之士反藁梩而掩之如二公者乎抑於是有以知宋養士之厚而獲報之無已也縣故有祠在名宦祠之左歲久且敝南充張君鑑以甲辰進士

來知縣事謂二公所爲得名直以陵寢之故陵旁故多隙地依陵植祠於事爲宜歲時有事六陵以次及公祠與陵相爲終始亦庶幾二公之志也於是言於郡守吳江沈公啓公亟俞其請相與成之以書屬徵明記其事而二公事始具于鄭元祐陶宗儀者不暇詳也

陸公祠在承福寺側祀明[illegible]部侍郎陸性善久圯康熙五十七年知府俞卿撤山會二邑重建

雙節祠在賀家湖口江家園止水墩明弘治中里人所建祀范氏二女嘉靖間知縣牛斗重新之

陸孝子祠在丈午村　本朝康熙五十五年知府俞卿建祀孝子陸尚質并著爲傳論勒石以表之俞卿陸孝

子傳并論孝子姓陸名尚質世居山陰海濱丈午村其父一中以庠生教授鄉塾明隆慶巳巳秋八月七日渡海口遇颶風幾覆舟質從堤上望倉皇號慟躍入怒濤中觀者色駭嘆爲父子並魚矣倏而舟逆上若有綷之者一中遂濟質竟汨沒求其尸不得鄉人哀之名其渡曰陸郎請縣令徐貞明上其事下詔旌孝且崇祀焉論曰西河卜子有言事父母竭其力非必兼致其身也但父母身所自出幸而安樂考終葬祭盡禮固人子常分不幸罹水火盜寇暨猛虎極刑命爭須臾爲之子者刺心割腸狂奔赴救或兩全或俱斃或殺身以存親皆得謂之孝考諸前誌代不乏人如山陰陸孝子其一也當孝子奮身於滔天波浪中如履平地但知有親不知有身而竭力致死目瞑重淵豈計傳當時垂奕世哉越人之祀曹娥也自漢迄今廟食弗替孝子死水與娥無異而能生其父蹟尤奇乃相去百餘年問渡陸郎里老罕有能識者丈午村猶是而其戚族亦寥寂矣荒沙野蔓中誰復爲葺一椽拈瓣香晞噓而歎想豈孝德流芳亦有數存

乎其間耶余鳩工海塘數經其地因事關
風教亟命肖像復祀并錄其傳而著爲論

蕭山劉太守祠舊在山陰禹會鄉祀漢劉寵唐曰靈應廟宋改封靈助侯元至正間越帥周紹祖移建於錢清北鎮有司春秋致祭　本朝康熙二十八年知府李鐸屬會稽知縣王風采修之不久又圮五十五年知府俞卿重修元王叔能詩劉寵清名舉世傳至今遺廟在江邊近來仕路多能者也學先生揀大錢

德惠祠在縣西二里據淨土寺之麓宋楊時爲縣令開湘湖民感其惠明成化元年立祠賜額後縣人尚

書魏驥亦有功於湖既歿有司請于朝以配享後又
祔祀御史何舜賓孝子何競于祠左楹春秋致祭
江丞相祠在江寺
楊郭二長官祠在湘湖之濱
劉李二相公祠在蒙山
施侯遺愛祠在倉橋祀知縣施堯臣
諸暨梁公生祀在紫山明隆慶間建祀知縣梁子琦
餘姚嚴子陵祠舊在客星山歲久廢明弘治中參政
周木立祠于龍泉山顛嘉靖三年知縣丘養浩徙于

千佛閣左有司春秋祭

三錫祠在龍泉山祀總督胡宗憲宗憲嘗爲餘姚知縣明嘉靖中爲總督時建

趙考古祠在江南新城内明嘉靖中知府湯紹恩建祀瓊山教諭趙謙有司春秋祭

忠襄祠在汪姥橋東五十步舊天妃宫址祀忠襄公毛吉有司春秋祭

謝文正祠在龍泉山忠烈祠東明大學士謝遷祠也有司春秋祭之前有褒忠祠祀其孫贈太僕寺丞志

望

海日祠在新建祠東祀新建伯之父尚書王華

大學士呂文安永賴祠在龍泉山有司春秋祭

貞烈祠在新城內石嵬橋西祀姜通判妾竇氏

黃忠端公祠在餘姚新城保慶王廟左祀黃御史尊素祠舊在黃竹浦康熙二十九年餘姚大水堂寢俱漂沒尊素子宗羲遷今地後宗羲沒遂祔焉慈谿鄭寒村梁嘗問學於宗羲其子生員性緣父雅意哀黃氏家寠不能供歲時祭五十六年爲置田四十餘畝

知府俞卿立石記之

上虞鄭公祠在等慈寺東祀知縣莆田鄭芸有司春秋祭

羅公祠在城隍廟右明嘉靖中本府推官羅尚德署縣事卒于縣因立祠

朱公祠在虞河大道旁明萬曆中知府朱芹勘清皂李湖瀨湖居民德之爲立祠（郡守張三異記）余守越羅前賢芳躅無遺乃虞邑諸生謂明萬曆間郡侯錦波朱公舊有祠今求記焉曰虞邑西二十里許有皂李湖始自唐貞觀初居民資灌溉疆界不混雖強有力不能奪涓滴萬曆間有徐令者俾葛曉修邑志曉

受賄懷私改古志篡入僞説冀以水利分於鄰境而令亦許可弗駁逾年邑志成竟有踰界以引溉者恃僞説爲左券湖民大譁向朱公號寃以千萬計公同别駕葉公詣湖濱度其高下廣狹因指示葉公曰盆盎水耳溉此方田猶不足而可他洩乎亟命斥僞説仍舊制遂立石禁之衆心帖然俄而公以課最陞陜西糧憲去民思其德爲建祠肖像祀之蓋直道若斯其永也余因思居民上者代有其人或一時聲稱徧閭閻而不久輒艾無他其及民者未深而民感之者未至也若錦波先生公而能明不爲僞説所撓至今環湖之民享祀加虔昔朱邑語其子曰我故爲桐鄉吏後世子孫奉嘗我不如桐鄉民果爲立祠歲時祀之令先生之祀于虞無異桐鄉抑何其殊世而同揆也聞先生蒞越德政遍入邑及于虞者其一耳余記之高山景行是足以訓矣先生諱芹號錦波蜀之富順人萬曆巳丑進士累陞貴州左布政司使萬曆三十六年建祠于虞河孔

道旁顔曰郡侯朱公祠

王公祠在縣城西三十里明崇禎中知府王期昇築上陳塘通江水民懷其德建祠祀之邑人戸部尚書倪元璐有碑記

嵊佑順侯胡侍郎祠在縣西五十里宋兵部侍郎胡則婺之永康人嘗奏免衢婺身丁錢民被其賜廟祀於衢婺之間無慮數十胡歿于慶曆中廟初未有封爵永康之民因宣和中封方巖神爲祐順侯牽合以爲胡侍郎凡婺州境内皆以祐順爲名故嵊亦承誤焉

謝仙君祠在縣北十五里遊謝鄉仙君謂靈運也

白雲祠在縣東六十里祀昇仙太子晉

葛仙翁祠在太白山有丹井藥竈

靈濟侯祠舊在南門外明嘉靖三十九年知縣吳三畏築城徙祠東門外又一在縣西十五里清化鄉浦橋名善應祠蓋侯所生之地〔宋俞浙記〕剡之浦橋有神曰陳侯諱賢者生于乾道戊子殁于紹興庚寅既殁禦災捍患所在響荅至端平甲午以水戰助王師敗金兵于蔡州封靈濟侯淳祐王子以厭殺、浙東南大水加善應景定庚申借潮浙江航貴人輩翣加協惠此其事卓異載在祀典人所共知也又有異者人殁爲神有之未有生而從事幽冥以濟物也侯生稍長不問晝夜遇假寢輒神遊江海間拯護舟楫或爲人驚悟則嘆曰壞一舟矣人每祭潮神侯與焉寤則哇所享牲肉錢鎛行在所恃堤岸以捍江潮嘉定庚辰潮怒囓堤由侯潮門抵新門潰突不可遏朝廷命有司起徒卒僇力畚鍤隨築隨毁相顧無措召侯問計侯呼江神祭以三牲喻以關係利病手一竹植沙塗上誓之曰神有靈無使潮越吾竹潮至望竹伊邇即勢伏迤邐折而東行未幾西岸擁沙成阜畚鍤就緒而長堤屹若山繞矣嘗欲傳其始末一日剡之鄉丈人趙公炎來道侯之孫某將築亭墓上奉時祭求文爲記吾方遜讓若有物觸其衷者蓋吾少時舟行浙江中流浪湧幾覆篙工仰天呼侯數四浪輒平舟獲善濟吾時常有祈禱之語久未克償今之觸吾衷者侯其速吾文以償其愿與遂記之

王烈婦祠在清風嶺烈婦臨海人宋末爲元師所劫乃囓指血寫詩山石上投崖下死血漬入石至今天陰雨則僨起如新有司春秋祭祠久頽　本朝康熙

五十七年浙江巡撫朱公軾檄紹興知府俞卿修之遂大加崇葺若雲構焉

〔無名氏詩〕嚙指崖上書投身崖下死伊誰知妾心千古長江水〔元楊維禎詩〕天荒地老妾隨兵天地無情妾有情痛血嚙開霞嶠赤啼痕化作雪江清能從湘瑟聲中死全勝鳴笳拍囊生三月子規啼盡血春風無淚寫哀銘〔張翥詩〕清風嶺頭石色赤嶺下嵊江千丈黑數行血字尚斕斑雨蕩霜摩消不得當時一死眞勇烈身入波濤魂入石至今苔蘚不敢生上與日月爭光晶千秋古石化爲碧海風吹斷山雲崩可憐薄命良家子千金之軀棄如土奸臣誤國合萬死天獨奚爲妾遭阻古來喪亂何處無誰肯將身事他主兵塵澒洞迷天台骨肉散盡隨飛埃楓林影黑寒燐墮精靈日暮空歸來堂堂大節有如此正當廟食標崔嵬君看嵊江之畔石上血直與湘江竹上淚痕俱不滅〔明張羽詩〕赤城曉擁青絲騎玉鏡愁鸞落紅淚水魂偷逐水仙歸綺樓一夜靈犀碎六曲闌干不凝春羅

帶盤風輕颺塵越波不動越山碧青天影落桃花雲
相思月照祠前水離離芳樹流紅子無情桃李亂中
開只有芙蓉抱江死〔王琥詩〕妖氛蹐奪霞城赤一片
風花滚香魄翠腥空圍杜宇春釵鳳雙分鸞鏡隻啼
痕漫點枯竹斑哀音不托琵琶絃天姥西來上楓嶺
氷腸嘔出相思聯春蕊入口纖纖碎紅噴金精泣魑
魅翻身躍出豺虎羣百丈空潭半空墜翠翹觸破青
玻璃一泓冷浸珊瑚枝江妃水仙吊孤寂青天影裏
開雙眉素質涓涓淨於洗洗心不用清冷水波底雛
消精衞冤墓頭去作鴛鴦鬼斷石土屋官道旁沉冥
不復愁天荒歲享春蘭與秋菊黄金像古苔花蒼林
幽夜靜行人歇壁角紗燈半明滅往事無根有故壚
兩岸青山半明月〔本朝柯鳳彩詩〕身似落泥花草
戚詎得加舍生離火宅轉眼即仙家古廟巢新燕荒
臺集暮鴉清風歸故里長伴赤城霞〔夏兆豐詩〕昨拜
曹娥廟今瞻烈婦祠清風吹片石丹血沁題辭死盡
人間事名偏異地垂由來傳節孝江水共漣漪〔梁文
濂詩〕夙世是蓮花纖埃不受加遭離生少趣完節死

爲家絕壁披叢莽荒祠吽亂
鴉猶餘指上血化作嶺頭霞

新昌陳宣慰祠舊在城隍廟西元至正中建祀浙東宣慰陳恬今廢〔宋俞浙記〕公諱恬字慶甫河南府人至元十四年以浙東宣慰從百餘卒來自福建是時婺之玉山多悍夫先是有欲逞悍於一使者呼儔五百輩約便道爲邀害計適值公來邑人白公少避之公曰吾宣皇靈慰民望以爲職不幸遇寇弭寇可也避寇可乎縱可避百姓魚肉不上負朝廷差使節邪兕寇亦吾民也吾將導揚天子德意昭示禍福使知向背即留止縣治翼日寇至公肩輿招諭寇認爲前使者喧湧不復聽命擁衆直前公遂死焉寇始覺其誤驚駭鳥散邑人壯而祠之

李公祠在東門外祀明紹興知府李慶

石公祠祀宋儒石墪

何鄉德祠在東城外祀明尚書何鑑
宋公祠在縣西一里祀明知縣宋賢
萬公祠在縣西一里祀明知縣萬鵬
曹蕭德政祠在縣西二里祀知縣曹天憲蕭敏道
佟公祠在縣西二里祀明知縣佟應龍以上七祠舊俱以有司祭

堂

諸暨五泄龍堂在五泄山三學院側

亭

新昌龍亭在高蟠潭上俗稱白龍母所棲因作亭奉之水旱禱應元至順中王綸爲新昌尹將之任舟

次楊子江夢一嫗來謁問之曰新昌高蟠人姓白間

公遠來故相迎耳覺而怪之比至謁之果有高蟠潭

白龍母亭

紹興府志卷之二十二

祠祀志附圖

禹陵圖

宋六陵圖

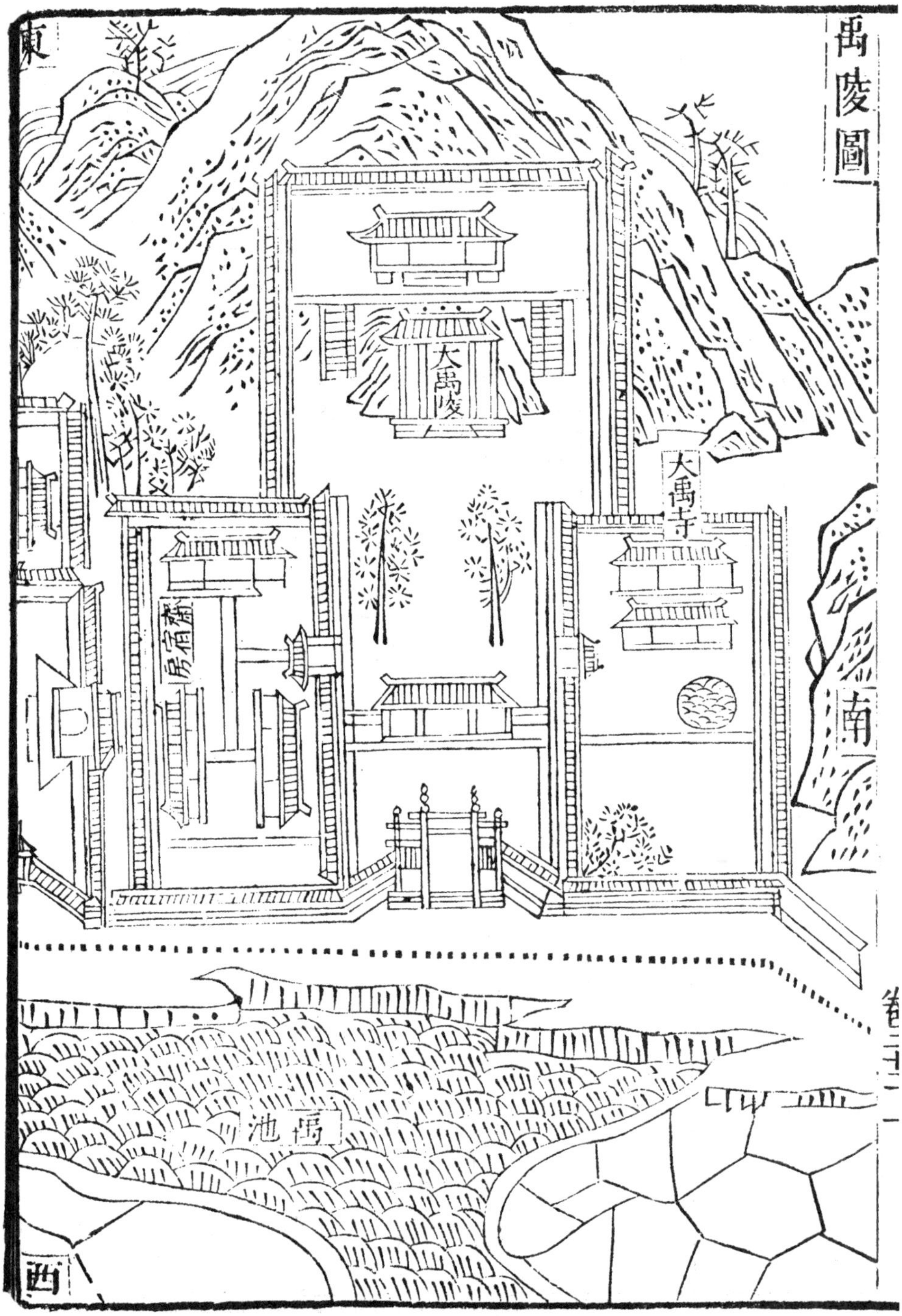
禹陵圖
東
大禹陵
大禹寺
齋宿房
南
禹池
西

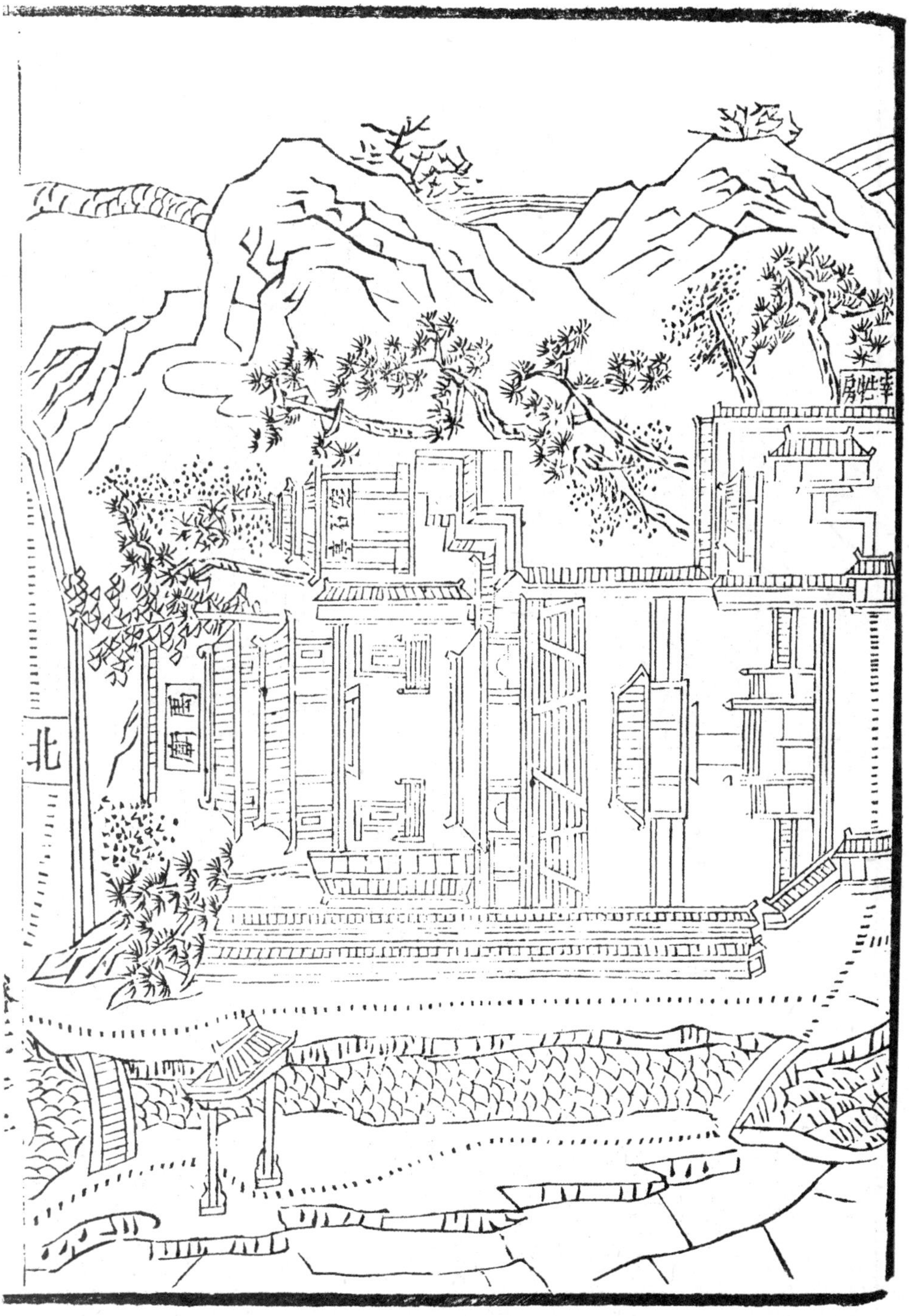
宰牲房
北

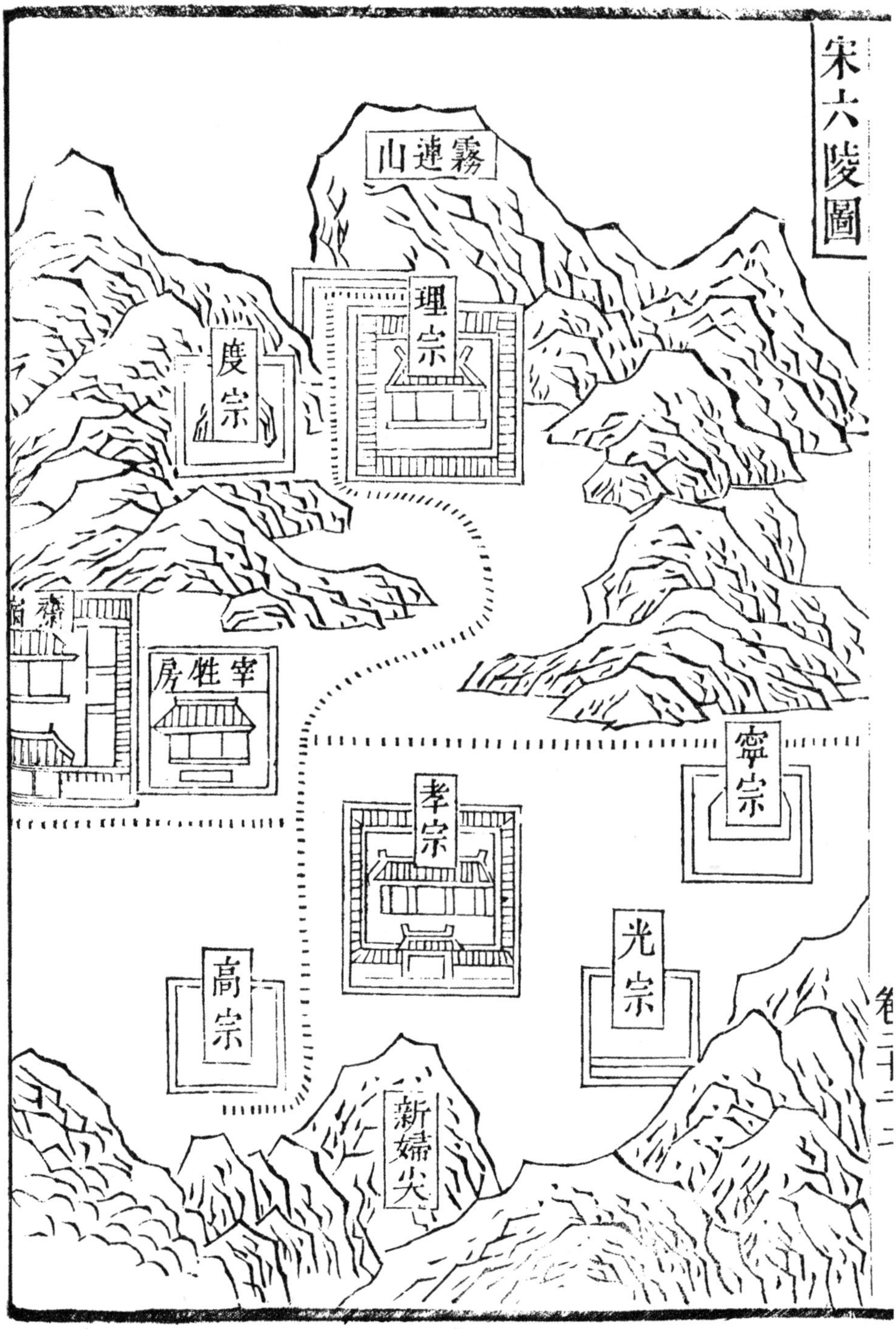
宋六陵圖
霧連山
理宗
度宗
宰牲房
寧宗
孝宗
光宗
高宗
新婦尖

通泰橋
大寧寺
大寧橋
井亭
郭太尉廟

紹興府志卷之二十二

祠祀志四

陵墓

陵會稽禹陵在會稽山西北五里越絕書禹始也憂民救水到大越上茅山大會計及其王也巡守大越因病亡死葬會稽嘉泰志云禹巡守江南死而葬焉猶舜陟方而死遂葬蒼梧聖人所以送終事最簡易非若漢世人主豫自起陵也劉向曰禹葬會稽不改其列謂不改林木百物之列也苗山自禹葬後更名

會稽皇覽禹冢在會稽山自先秦古書帝王墓皆不稱陵陵之名實自漢始吳越春秋禹命羣臣曰吾百歲之後葬我會稽之山葦槨桐棺穿壙七尺下無及泉墳高三尺土階三等葬之後曰無改畝司馬遷自序曰上會稽探禹穴水經注亦云東游者多探其穴史記正義又引會稽舊記云禹葬茅山有聚土平壇人功所作故謂之千人壇獨懸窆處不可億知嘉泰志是山之東有隴隱若劍脊西嚮而下下有窆石或云此正葬處疑未敢信窆石之左是爲禹廟背湖而

南嚮然則古之宮廟固有依丘隴而立者明嘉靖中閩人鄭善夫定在廟南可數十步許知府南大吉信之立石刻大禹陵三大字覆以亭恐亦未足爲據而廟之建則似起于無餘祀禹之日吳越春秋無餘從民所居春秋祠禹墓於會稽傳世十餘末君不能自立轉爲編戶禹祀斷絶于有餘年有人生而言語其語曰鳥獸呼燕喋燕喋指天向禹墓曰我無餘君之苗末我方脩前君祭復我禹墓之祀爲民請福于天衆民悅喜皆助奉禹祭因共立以承越後復夏王之

祭宋建隆二年詔先代帝王陵寢令所屬州縣遣近戸守視其陵墓有隳毀者亦加修葺乾德四年詔吳越立禹廟于會稽置守陵五戸長吏春秋奉祀紹興元年紹祀禹于越州紹熙三年十月修大禹陵廟明洪武三年遣官訪歷代帝王陵寢令各行省臣同詣所在審視陵廟并其圖以進浙江行省進大禹陵廟圖九年令五百步之内禁人樵採設陵戸二人有司督近陵人看守每三年傳制遣道士齋香帛致祭登極遣官告祭每歲有司以春秋二仲月祭水經注禹

廟有聖姑像禮樂緯禹治水旱天賜神女聖姑即其像也今廢（唐宋之問謁禹廟詩）夏王乘四載茲地發金符峻命終不易報功疇敢踰先驅總昌會後至伏靈誅玉帛空天下衣冠照海隅旋聞厭黃屋便道出蒼梧林表祠轉茂山阿井詎枯舟遷龍負壑田變鳥耘蕪舊物森如在天威肅未殊青童屆瑤席玉女侍清都奕奕閶闔遠軒軒仗衛趨氣清連曙海雲白洗春湖猿嘯有時答禽言常自呼靈歆異蒸糈至樂非笙竽茅殿今不襲梅梁古製無運逢日崇麗業盛答昭蘇伊昔力云盡而今功尚敷揆才非篚美精享愧生芻郡職昧爲理拜空寧自誣下車霞已積攝事露行濡人隱冀多祐曷難霑薄軀（杜甫詩）禹廟長藤蘿生靈享祀多九年非禹力天下盡江河（嚴維詩）竹使羞殷薦松龕拜禹祠爲魚歌聖德舞羽降神祠文衛瞻如在精靈信有期夕陽倍醉上堂上鳥咸遲（李紳詩）削平水土窮滄海畚鍤東南盡會稽山擁翠屏朝玉帛穴通金闕駕雲霓秘文鏤石藏蒼璧

寶檢封雲化紫泥清廟萬年長血食始知明德與天齊〔宋〕秦觀詩陰陰古殿注修廊海伯川靈儼在旁一代衣冠埋窆石千年風雨鎖梅梁碧雲暮合稽山暗紅芰秋開鑑水香令我免魚由帝力恨無歌舞奠椒漿〔明〕鄭善夫詩脫屣行探禹穴靈萬年鴻寶秘丹扃梅梁窆石空山裏想見虞廷舊典刑〔周〕祚詩禹廟千峯側城南椒亂生黃扉消水怪白日走山精滾滾江河下遥遥碣石傾龍蛇萬里外羣石仰垂成〔馬〕明衡詩夏王陵廟垂今古野客孤懷萬里開海上清氛迷玉帛山空白日走風雷清時喜見神龜出絶代誰憐司馬才欲訪藏書問何處千峯雨色送高杯〔汪〕應軫詩禹穴窅迷惟有廟龍蛇古屋空山開玉笥沉沉深歲月梅梁隱隱動雲雷支祁不鎖千年足魚鼈曾與萬國哀海色江聲作風雨蒼梧歸客共吟盃〔陳〕寉宴集禹廟詩十年相望路猶迷一夜逢君鑑水西花下長歌燈屢換簾前話久月初低稽山雨後晴雲出禹廟春深暮草齊萬里爲官向巴峽思家莫聽嶺猿啼〔陳〕子龍詩夏王南狩日會計此山陽玉帛朝羣后旌

旗擁大荒防風膏斧鉞蒼水貢文章九鼎山河奠夔
珪日月光橋陵遺劍碧梧野出雲黃廟貌垂千祀神
功啓百王烟霞移石壁雷雨晴梅梁白雀留陰羽丹
楓落曉霜銀池墳不起金簡穴能藏淵道征音發風
簷鈴語揚晃旒瞻律度圭璧侍班行鳥鼠游神座龍
蛇靜帝鄉庚辰來上佐癸甲授元艮元女精靈盡黃
熊哀慕長夏書存渾渾越絶紀
茫茫萬古終河洛其咨永不忘

皇清二十八年
翠華南巡閱視黃河慨然念大禹神功
特幸會稽二月十四日昧爽
詣廟致祭發帑金二百兩給其後裔增守祠二人復
御書地平天成四字江淮河漢思明德精一危微見

道心十四字懸之廟知府李鐸葺其殿宇後漸圮四
十二年
上諭織造部臣重建巍然改觀至五十二年兩廊及
大門周垣俱頹知府俞卿修之（明洪武三年祭文）昔者奉天明命相繼為
君代天理物撫育黔黎彝倫攸叙井井繩繩至今承
之生民多福思不忘報特遣使齎香帛命有司詣陵
致祭惟帝英靈來歆來格上饗（洪武四年）曩者有元
失馭天下紛紜朕出集衆平亂統一天下今已四年
矣稽諸古典自堯舜繼天立極列聖相傳爲烝民主
者陵各有在雖去古千百餘載時君當修祀之朕典
百神之祀故遣官齎牲醴奠祭修陵君靈不昧尚維
歆饗（宣德元年）惟王丕崇王道寧濟生民偉烈鴻謨
光垂萬世予嗣承大統之初謹用祭告惟神昭格祐
我邦家尚饗（正統元年）惟王奠安海宇致治之功民

用永賴于嗣承大統祇嚴祭告用祈祐我家國永底
隆平尚饗〔景泰文同〕〔天順元年〕惟王平治水土民物
奠安功德之隆萬世永賴茲予復主大位祇嚴祀事
用祈祐我家邦永底康乂尚饗〔成化元年〕惟王肇啓
王業以家天下治水神功萬世賴焉茲予祇承天序
式修明祀用祈鑒祐永福我邦家尚饗〔弘治正德嘉
靖隆慶萬曆天啓崇禎文同〕〔春秋二祭文〕惟王功加
當時澤垂後世陵寢所在仰止益虔〔皇清康熙七
年遣周之桂致祭曰〕自古歷代帝王繼天立極朕奉
天眷紹纘丕基躬親庶政明禋肇脩敬遣專官代將
牲帛用伸殷薦惟神鑒焉尚饗〔康熙十五年遣李廷
松致祭曰〕自古歷代帝王繼天眷命撫御鴻圖懋建
元儲前徽是景明禋大典亟宜舉行敬遣專官代將
牲帛爰昭殷薦之忱聿脩欽崇之禮伏惟格歆尚其
鑒享〔康熙二十一年遣徐誥武致祭曰〕自古帝王受
天顯命繼道統而新治統聖賢代起先後一揆成功
盛德炳如日星朕誕膺眷佑臨制萬方掃滅克殘廓
清御宇告功古后殷禮肇稱敬遣專官代將牲帛爰

修禋祀之誠用展景行之志仰企明靈尚其鑒享康熙二十七年遣色特致祭曰自古帝王受天明命御曆膺圖時代雖殊而繼治同道後先一揆朕承眷佑臨制萬方稽古禮文肅修祀事茲以　皇祖妣孝莊仁宣誠憲恭懿翊天啓聖文皇后神主升祔　太廟禮成特遣專官代將牲帛虔修禋禮之典用抒景行之忱仰冀明靈鑒茲誠悃康熙三十五年遣王材任致祭曰自古帝王繼天出治道法兼隆莫不慈惠嘉師覃恩遐邇朕勤恤民依永期殷阜邇年以來郡縣水旱間告年穀歉登蚤夜孜孜深切軫念用是專官秩祀爲民祈福冀靈爽之默贊溥樂利於群生尚鑒精忱俯垂歆格康熙三十六年遣王煒致祭曰自古帝王受天景命制治綏猷必禁暴除殘以乂黎庶緬懷往烈道實同符朕欽承帝祉臨御九圍茲以狡寇跳梁親征漠北蕩滌寇氛廓清邊徼永消兵革與普天率土樂育太和敬遣專官代將牲帛昭告古先哲后虔修禋祀式彰安攘之模用展景行之志仰企明靈俯垂鑒饗康熙四十二年遣李旭升致祭曰自古

繼天立極出震承乾莫不道洽寰區仁周遐邇朕欽承丕緒撫馭兆民思致時雍常殷惕勵歷茲四十餘載今歲適屆五旬宵旰兢兢無敢暇逸漸至民生康阜世運昇平頃因淮黃告成親行巡歷再授方畧善後是期覲民志之歡欣滋朕心之軫恤遹因鑾馭大沛恩膏用遣專官敬修祀典兾黙贊邦隆之治益弘仁壽之體尚鑒精忱俯垂昭格康熙四十八年遣盧起龍致祭曰朕惟古帝王正位臨民代有令德是以享祀千秋用昭鉅典仰荷天庥撫臨海宇建立元良歷三十餘載不意嬰狂易之疾深維祖宗洪業及萬邦生民所係至重不得已而有退廢之舉嗣後漸次體驗當有此大事時性生奸惡之徒各庇邪黨借端搆釁朕覺其日後必成亂階隨不時究察窮極始末因而確知病原皆由鎮厭亟爲除治幸賴上天鑒佑平復如初朕比因此事耗損心神致成劇疾皇太子晨夕左右憂形於色藥餌必親寢膳必視惟誠惟謹歷久不渝令德益昭丕基克荷用是復正儲位永固國本特遣專官敬申殷薦尚祈歆格康熙五十二年

遣周起渭致祭曰自古帝王繼天出治建極綏猷莫
不澤被生民周恩褒宇朕躬膺寶曆仰紹前徽夙夜
孜孜不遑暇逸茲御極五十餘年適當六旬初届所
幸四方寧謐百姓乂和稼穡歲登風雨時若維庶徵
之協應爰郡祀之虔修特遣專官式循舊典冀益贊
雍熙之運尚永貽仁壽之庥俯鑒精誠用垂歆格康
熙五十八年遣田文鏡致祭臬台道江國楨陪祭曰
自古帝王受天景命建極綏猷垂萬世之常經修一
朝之典禮朕欽承帝祉臨御九圍夙夜維寅敬將祀
典茲　皇妣孝惠仁憲端懿純德順天翼聖章皇后
神主升祔　太廟禮成特遣專官代將牲帛用展苾
芬之敬幸聯禋祀之虔仰冀明靈尚其歆享（會稽知
縣晉爵林禹穴辨）禹穴者黃帝藏書處也禹得之因
以禹名舊經謂禹告成功復藏書於此雖不可考然
要之爲會稽之禹穴則章章矣祇世遠莫詳其處或
曰即今所稱陽明洞者或曰非也即菲井也或曰禹
廟傍窆石恐是其所諸説紛紛大抵不離乎宛委者
近是惟明楊修撰升菴忽有禹穴在蜀之説其冉鉛

錄所載有云蜀之石泉禹生之地謂之禹穴頃劉遠夫脩蜀志搜訪古碑刻有禹穴二字乃李白所書始知會稽禹穴之訣夫丘墳巖穴皆古昔藏書所名未聞生其地而稱爲穴者死則歸穴生安得出穴况禹爲顓頊之孫伯鯀之子顓頊都帝丘而伯鯀封崇謂之崇伯若鯀妻脩已則又爲有辛氏女誰則遣伯鯀夫婦辭祖丘謝封國雙遷至蜀而生禹其地又况李白蜀人毋論其書不足據果有其書亦必唐後記載早見踪跡豈有歷唐宋而元而明而逮今而始得之者且杜子美南尋禹穴見李白之句又何稱焉乃又云作地志者以會稽禹廟傍小坎如春白者指爲禹穴是有何奇而辱子長之筆則弇陋倍甚夫古人遺跡苟關考索但當論其眞不眞不當論其奇不奇也且宛委之書藏之自軒轅發之在夏后迨既發而復藏之則必有以還天地之秘而反欲仍留此窪然穹然者以供人之玩索而賞奇焉則亦褻慢之甚矣從來登臨慷慨攬古興懷正惟此摩挲彷彿滅沒有無之間致足感也禹穴相傳已歷數萬千縱山堅洞藏

而風雨淘汰嵌岈翳薈所賴傳古君子登斯山而神往焉以發吾胸中之奇而乃刻來而不得並區域而亦移之其誰信之太史公自序云年二十而南遊江淮上會稽探禹穴闚九嶷浮於沅湘語次秩秩而近作廣輿記者惑於升菴之說遂解曰上會稽總吳越也探禹穴言巴蜀也則徒以地志之禍而並禍史文冤也已矣唐鄭魴從事越邦特大書禹穴二字立石而序之觀察使元稹爲之銘歲久就堙余承乏茲土因重爲立石於宛委之麓而

附一言以俟後之採攬云

鳥田在禹廟下吳越春秋禹崩之後天美禹德而勞其功使百鳥還爲民田大小有差進退有行一盛一衰往來有常地理志山上有禹井禹祠下有羣鳥耘田也水經注鳥爲之耘春拔草根秋啄其穢是以縣

官禁民不得妄害此鳥犯則刑無赦

梅梁在禹廟梁季修廟忽風雨大至湖中得一木取以為梁乃梅梁也四明圖經鄞縣大梅山頂梅木伐為會稽禹廟之梁張僧繇畫龍於上忽夜風雨飛入鏡湖與龍鬬後人見梁上水草淋漓駭之乃以鐵索鎖于柱後為人取去今所存他木也〔宋徐天祐詩〕殿角枯梁水月身木龍誰信解成真休將金鎖苔縈紲靈物飛騰自有神

窆石在禹廟之左高丈許狀如秤錘舊經禹葬會稽山取此石為窆上有古隸不可讀宋楊時有題名元

至正末兵變爲所傷折今覆以亭知府彭誼修明韓陽記按史記禹至江南會諸侯于塗山崩遂葬焉夫窆石者豈下棺之具耶或謂下棺之後以此石鎮之及考檀弓註天子葬用四牌窆石與碑制類其數不同或繁簡異宜或世代悠遠所存止此皆不可知焉石上有遺字宋直寶文閣王順伯金石錄云是漢刻第以歲久糢糊難于考辨石之下即神禹所藏穴也故先輩有一代衣冠埋窆石之句舊有亭覆其上柱皆以木爲之風漂雨摧速成易朽天順戊寅羊城彭公誼來知府事謁陵之後覩亭傾覆即用工鑿山取石爲柱爲楯而重建之不二年亭成勒石以記本朝浙江督學張希良窆石漢隸考禹陵窆石王順伯金石錄云是漢刻第以歲久糢糊難以攷辨余庚午與浙試恭謁禹陵瞻窆石時九日微雨風寒見石上隱躍有字欲命工滌而摹之匆匆返櫂未暇也屬親知官此地者搜求皆以無字對心益惓惓不釋今夏校士越州屬部吏往搨之以意屬讀得二十九字葢漢代展

祭之文尋其其隅角當爲五行行十六字其其下截爲元季兵毁依韻求之則其其下當闕六字敬譯以俟博物者由是觀之安知無字碑不尚有點畫可尋而耳食相沿無好事者以發其秘可慨也

禹碑亭在禹廟旁明嘉靖中季本守長沙從嶽麓書院携碑文歸知府張明道刻入石字奇古難辨成都楊慎譯之〔禹碑文〕承帝曰嗟翼輔佐卿洲渚與登鳥獸之門參身洪流而明發爾興久旅忘家宿嶽麓庭智營形折心罔弗辰往求平定華岳泰衡宗疏事裒勞餘伸禋鬱塞昏徙南瀆衍享永制食備萬國其寧竄舞永奔

宋政和四年勑改禹廟爲告成觀靖康初翟守汝文作三清於正殿又作眞武像尤極精緻說者謂得天

人粹温之氣而陰威肅然翟忠惠家傳公妙於刻塑受法工師於會稽告成觀刻三清玉帝眞武像神氣虛閑如與人接郡人謂之木寶嘉泰志云翟公命工塑眞武像既成熟視曰不似不似即日毁之別塑即告成觀西廡小殿立像是也

翟公設醮告詞臣聞昊天有目之所共覩尚絶形容上聖衆妙之所圓成孰能體象敢以凡情之見解妄慕浩劫之高明深慮愚冥自貽誅譴伏念臣叨蒙覆燾粗識薰修每嘆元像之不傳莫慰羣倫之生敬力求繪素仰肖光儀用志歷年僅成茲事今者甫塵丹陛獲遂夙心竊惟高上至極之尊必示淵默無爲之相寫三清之垂拱用仿威神具萬德之莊嚴出臨霄極倘獲上通帝所克簡聖衷即乞頒降諸天普同供養成瞻睟表永有依歸臣尚恐粉畢既焚閟藏

雲闕復命工師再刻崇建琳宮流傳巘巘之姿安奉告成之宇庶存下土以廣真遊臣謹願力劫始終歸誠道蔭生身嗣續祇命元科非敢萌纖毫僥福之心直以盡頂踵報天之實自稱小兆臣翟汝文

宋攢宮諸陵俱在寶山今名攢宮山紹興元年四月哲宗昭慈皇后孟氏崩遺詔斂以常服不得用金玉寶貝權宜就近擇地攢殯俟軍事寧息歸葬園陵所製梓宮取周吾身勿拘舊制以爲他日遷奉之便朝廷欲建山陵是時曾紆以江東漕兼攝二浙應辦議曰帝后陵寢今存伊洛不日復中原即歸祔矣宜以攢宮爲名遂從之攢宮之名實始于紆之請也是年

徽宗顯肅皇后鄭氏崩于五國城五年徽宗亦崩七年何蘇還始聞帝后訃音先上陵名曰永固九年高宗顯節皇后邢氏崩于五國城十二年八月金人以三梓宮來還十月徽宗鄭后合攢于昭慈太后攢宮西北改陵名永祐而邢后攢昭慈攢宮西二十九年九月高宗母顯仁皇后韋氏崩攢永祐陵西三十一年金人以欽宗訃聞遥上陵名曰永獻乾道中朝廷遣使求陵寢地金人乃以禮陪葬于鞏縣欽宗皇后朱氏從北去不知崩所歲月淳熙十四年十月高宗

祔攢會稽上陵名曰永思慶元三年十一月高宗慈
烈皇后吳氏祔祔永思陵紹熙五年六月孝宗祔攢
永思陵西上陵名曰永阜開禧三年五月孝宗成肅
皇后謝氏祔祔永阜陵慶元六年八月光宗祔攢會
稽上陵名曰永崇嘉定十七年閏八月寧宗祔其冬
命吏部侍郎楊華爲按行使華歸奏云獨泰寧寺之
山山岡偉持五峰在前直以上皇青山之雄翼以紫
金白鹿之秀層巒朝拱氣象尊崇有端門旌旗簇仗
之勢加以左右環抱顧視有情吉氣豐盈林木榮盛

以此知先帝弓劍之藏盡在於此尋令太史局卜格
一起一伏至壬而後融結宜於此矣詔遷寺而以其
基定卜上陵名曰永茂紹定五年十二月寧宗仁烈
皇后楊氏祔永茂陵其孝宗成穆皇后郭氏成恭
皇后夏氏光宗慈懿皇后李氏寧宗恭淑皇后韓氏
攢在山陵之前並不遷祔攢所亦無考景定五年十
月理宗祔攢會稽上陵名曰永穆咸淳十二年七月
度宗祔上陵名曰永紹元至元中西僧楊璉真珈奏
發諸陵宋遺民山陰唐珏潛易以僞骨取真者瘗之

山陰天章寺前六陵各爲一函獨理宗顱巨恐易之
事泄不敢易楊璉真珈遂築白塔于錢塘藉以骨而
以理宗顱爲飲器明洪武二年詔下北平返理宗顱
歸舊陵三年遣官訪歷代帝王陵寢令各行省臣同
詣所在審視陵廟并圖以進浙江行省進宋諸陵圖
唯孝理二陵獻殿三間繚以周垣餘僅存封樹九年
令五百步之内禁人樵採設陵戶二人有司督近陵
之人看守二年一傳制遣道士齎香帛致祭于孝宗
理宗二陵登極則遣官祭告理宗陵有頂骨碑亭其

右爲義士祠内外禁山三千七百三十五畝田三十八畝九分歲久爲居民所侵正統間趙伯泰奏復弘治元年復帖縣典史張弘檢勘具冊以覆其後或以山無守者雖有厲禁侵盜無已時乃割禁山之半佃爲民業其半亦令居民守之而入其租然樵採之禁守衛之夫亦寖以疎矣中興小曆云先是有時陰陽家說欲廣攢宮禁域爲二十里有墓在其間者皆當徙去浙東帥臣王師心立言其不可時監察御史任文薦奉詔監掩攢宮就令按視於是獲免者七百六十有奇會稽新志曰按嘉泰志自祖宗時有殿攢起攢之名皆用攢字至顯仁太后祔永祐攢宮始易以攢字而記又云菆塗龍輴菆謂攢也菆聚也聚木菆觀而塗之也如此則當用菆

宇今姑從俗本（明知府張仕敏記）洪武元年正月戊午皇帝御札相臣宣國公李善長索宋理宗頂骨于北平移北平大都督府及守臣吳勉西僧汝訥監藏深惠以頂骨來獻詔付應天府守臣夏思忠四月癸酉瘞諸南門高座寺之西北明年五月壬辰遣使訪歷代帝王陵寢六月庚辰浙江以紹興宋諸陵圖進復令禮部尚書臣崔亮奉敕以理宗頂骨復諸舊穴嗚呼穆陵之發距今八十有六年遺骸餘蛻始克復歸于土豈非天耶惟我國家德邁前王澤被幽壤是宜刻詞穹碑昭示永世臣士敏適守是邦承命惟謹敬述歲月俾後有考焉宋濂集有書穆陵遺骸事與此同（登極祭文洪武四年）與禹同（洪熙元年）惟皇德合天地治紹唐虞安民之功垂憲萬世予嗣位之始率典章祇遣廷臣敬修陵寢尚賴神休羽翼治平尚饗（宣德元年）惟帝統承先業保乂家邦民賴以安功德惟茂予嗣位之初特用祭告尚饗（正統元年）予嗣承大統追惟前代嗣君克紹先業用保生民者心存景慕謹用祭告惟帝享之（景泰）文同（天順元年）茲予

復承大統緬惟前代繼述之君克紹先業以綏民生者心甚慕焉是用祭告惟帝享之〔成化元年〕惟帝克守先業致治保民茲予嗣統景慕良深謹用祭告尚饗〔弘治正德嘉靖隆慶萬曆〕文並同〔王十朋詩并序某比緣職事朝拜攢宫瞻望松栢愴然悲涕遂成小詩崇觀昇平主神遊在九霄稽山嗟葬禹寰海痛思堯天上仙宫別人間寶祚遥微臣望松栢魂思黯然銷

冬青穴在府城西南三十里天章寺前宋唐林二義士瘞宋陵骸骨處六陵各爲穴上植冬青樹六根〔元羅靈鄉撰唐義士傳〕唐君名珏字玉潛會稽山陰人家貧聚徒授經營滫瀡以養其母歲戊寅有總江南浮屠者楊璉真伽怙恩横肆勢燄爍人窮驕極淫不可具狀十二月十有二日帥徒役屯蕭山發趙氏諸陵寢至斷殘支體攫珠襦玉柙焚其胔棄骨草莽間唐時年三十二歲聞之痛憤盡貨家具得白金百星許

鏡券行貸得白金又百星許乃具酒醪市羊豕邀里中少年若干輩狂坐轟飲酒且酣少年起請曰君儒者若是將何爲焉唐慘然具以告願收遺骸共瘞之衆謝曰諾中有一少年曰發丘中郎將䟫䟫鐵虎事露柰何唐曰余固籌矣今四郊多暴骨取竄以易諸復知之乃斲文木爲匱複黃絹爲囊各署其表曰某陵某陵分委散遣之葹地以藏爲文而告詰旦事訖來集出白金羨餘酬戒勿泄越七日總浮屠下令泉陵骨雜置牛馬枯骼中築一塔壓之名曰鎮南杭民悲戚不忍仰視了不知陵骨之猶存也禍福不爽流傳京師上達四聰天怒赫赫飛風雷號令捽首禍者北焉山陰人始有藉藉傳唐事者由是唐之義風震動吳越聲生勢長若背江掀入月之濤名雖高困固自若明年巳卯後上元兩日唐出館燈歸忽坐屏息奄奄若將絕者良久始蘇曰吾見黃衣吏持文書來告曰王召君導我在觀闕巍峩宮宇靚麗殆非人間有一冕旒坐殿上數黃衣貴人降揖曰藉君掩骸其有以報唐乃陛謁造王前王謂曰汝受命窶且貧兼

無妻若子今忠義動天帝命錫汝伉儷于三人田三
頃拜謝降出遂覺罔不知其何也踰時越有治中袁
俊者至始下車爲予求師有以唐薦者一見署賓館
一日問曰吾渡江聞有唐氏瘞宋諸陵骨予豈其宗
耶左右指君曰此是已袁大駭拱手曰君此舉豫讓
不能抗也叟之坐北面而納拜焉禮敬特加情好益
篤叩知家徒四壁惻然嗟矜語左右曰唐先生家甚
寒吾當料理使有田以給左右逢迎爰諏爰度不數
月二事俱愜聘婦僩故國之公女負郭食故國之公
田所費一一自袁出人固奇唐之節而又奇唐之遇
兩高之曰二公真義士義士云後獲三丈夫子鼎立
頎頎斥夢中神所許稽其數無一不合咄咄怪事乃
知此唐瘞骨後又於宋常朝殿掘冬青樹植於所函
推上作冬青行二首馬箠問髐形南面欲起語野
尚純束何物敢盜取餘花拾飄蕩白日哀后土六
忽怪事蜿蜒掛茅宇老天鑒區區千載護風雨又
青花不可折南風吹涼積香雪遙遙翠蓋萬年枝
有鳳巢下龍穴君不見犬之年羊之月霹靂一聲

天地裂復有夢中詩四首味亾忽震蛟龍駢軒敝夢
慇犬馬情親拚寒瓔出幽艸四山風雨鬼神驚（又）一
坏自築珠丘土雙匣親傳竺國經只有春風知此意
年年杜宇哭冬青（又）昭陵玉匣走天涯金粟堆寒起
暮鴉水到蘭亭轉嗚咽不知眞帖落誰家（又）珠凫玉
鴈又成埃班竹臨江首重回猶憶年時寒食節天家
一騎捧香來（張孟兼撰唐珏傳）大約與羅傳同末云
有謝翶者文丞相客也與珏友善嘗賦珏事爲作冬
青樹引語甚悽苦時讀者莫不灑泣翶字皋羽閩人
亦奇士云（鄭元祐書林義士事蹟）宋太學生林德暘
字景曦號霽山當楊總統發掘諸陵骸時林故爲杭
丐者背竹籮手持竹夾遇物卽以夾投籮中林鑄銀
作兩許小牌百十繫腰間取賄西番僧曰餘不敢望
收其骨得高家孝家足矣番僧左右之果得高孝兩
家骨爲兩函貯之歸葬於東嘉其詩有夢中作十首
一坏未築朱宮土雙匣親傳竺國經只有東風知此
意年年杜宇哭冬青（又）空山急雨洗巖花金粟堆寒
起暮鴉水到蘭亭更嗚咽不知眞帖落誰家（又）橋川

方劍未成灰玉匣珠襦一夜開猶記去年寒食日天
家一騎捧香來餘七首尤悽然則悲之矣葬後林於
宋常朝殿掘冬青一株植於所函土堆上又有（冬青
花二首）冬青花花時一日腸九折隔江風雨清影空
五月深山護微雪石根雲氣龍所藏尋常螻蟻不敢
穴移來此種非人間曾識萬年觴底月蜀魂飛繞百
鳥臣夜半一聲山竹裂（又）君不見羊之年馬之月霹
靂一聲山石裂（宋謝翺別唐珏冬青樹引）冬青樹山
南陲九日靈禽居上枝知君種年星在尾根到九泉
護龍髓恒星晝隕夜不見七度山南與鬼戰願君此
心無所移此樹終有開華時山南金粟見離離白衣
人拜樹下起靈禽啄粟枝上飛（冬青樹引跋二條）子
既注皐羽西臺慟哭記又以此詩讀者未易通其詞
旨故為之疏以便參考而自質焉適文獻黃先生之
門人傳藻氏以書來謂聞之文獻者曰楊總統利攢
宮金玉時越中王修竹出金帛與眾惡少謂曰爾輩
皆宋人也吾不忍陵寢之暴露已造石函六刻紀年
一字為號自思陵以下欲隨號收殯爾眾皆諾遂夜

維守貯遺骨葬之上種冬青樹爲識此玨詩之所爲作也其說如此予以舊志頗有異同未敢以舊聞非是姑錄一通寄傳且書其言于此以問該洽者庶幾或可再正也丙午正月十日張丁識〔又〕浦陽張君孟兼取謝翶爲宋丞相文公所作西臺慟哭記詳疏其文復取其至越中所作冬青樹引併疏之于卷末且以竊宋遺骸事爲唐玨王修竹而疑其異同予謹按鄧先生霽山林君當宋亡忠義耿耿有南山有嘉樹及商婦怨等詩見所著集中常與唐玨收宋遺骸於山陰種冬青樹其上刻誌有丙之年子之月冬青花不可說之句蓋先生乃王修竹門客先生與玨所爲王蓋與知之矣夫謝翶在文公之門非張君所述殆泯滅不傳今書玨之事而林君不與焉豈非闕乎予因併識其事以釋君之疑且以副君好古之盛心云明洪武四年二月十日孔希普識明隆慶中山陰志曰按輟耕錄所載唐玨林景熙收宋諸陵骨事年月事實前後不同有紀事四絕句唐之傳林之集中各有載其詞亦大同而小異與陶九成謂唐所收者諸陵

骨林所收者但高孝兩朝詩中有雙匣字得非林之詩而傳者誤入於唐傳中者乎故今載於林之名下其冬青花歌附於唐傳者二載於林集中者一詞皆不同今則各附於二公名下俾觀者有所辨也會稽志張元忭曰忭按唐林二義士事所樹冬青與所傳詩四首並同蓋甚惑之竊疑當時二人本協謀而傳者失其實耳季長泳公本乃以收骨事爲唐珏非林景熙其誑謝翺詩云星在尾謂寅年也元史曆志授時曆經黃道十二次宿度尾三度一分一十五抄入析木之次辰在寅謝翺以布衣杖策叅文天祥軍事天祥死于燕翺徬徨山澤遇處即哭卒窮以死其忠憤如此故謂收骨爲唐珏事且知爲戊寅年者以翺詩爲証耳然以冬青樹引二跋觀之則如余前所疑庶幾近之而王修竹名英孫嘗延致景熙要亦與聞其謀者也又嘗覽霽山集載冬青花諸詩甚明中與唐王潛王修竹往還詩不一多激烈語其答謝皐羽又有夜夢繞勾越落日冬青枝之句謂非與聞其事者可乎當收骨時事甚秘故姓氏互傳若此姑識此

以俟博古者辨之宋遺民錄無名氏詩六陵艸沒迷東西冬青花落陵上泥黒龍斷首作飲器風雨空山魂夜啼當時直恐金棺腐鑿石通泉下深錮一函白雁度江來寶氣竟逐妖僧去金屋猶思宮女侍玉衣無復祠官護可憐持兒戲髑顱寧飼烏鳶及狐兎寘人歎見起江東鐵馬九月踰崍峒百年枯骨却南返雨花臺下開幽宫流螢夜飛石虎殿江頭白塔今不見人間萬事安可知杜宇聲中淚如霰

墓府城内文種墓在卧龍山北麓輿地志潮水至越山失其尸今缺處是也水經注文種城於越而伏劒於山陰越人哀之葬於重山文種既葬一年子胥從海上負種俱去游夫江海故海水之前揚水者伍子胥後重水者大夫種宋徐天祐詩越種與胥總可憐傷心賜劍兩忠賢浮丘無地埋

艮骨却送湖頭嚙墓山

謝彝吾墓在府署儀門下初彝吾將死囑其家曰漢末當亂必有發掘露骸之禍宜懸棺下葬府門下其家從之故墓獨存

遁里古思墓在蕺山古思以紹興錄事司官掌總督越兵爲御史拜住所殺溺其首濁中未死前三日有星大於盃盤墜鎮越門化爲石明吳縣詩鎮越城邊將星墜蘭臺忽起蕭墻禍殘軍不領戰衣歸屍首那將革裹裹旁無石獸表無文至今不識誰家墳棠梨花開虢無踪墳頭高處羊成羣憶昔孤城臨大敵保全竟賴斯人力當時不見起祁連向後誰能銅陰宅百年陵谷儘如斯故

老于今有口碑元堂陰深
土花碧萇弘冤血應淋漓

白太守墓在卧龍山之陰太守名玉漢中人正統中合家病卒無所歸因葬焉明嘉靖二十一年知府張明道因永福寺故址立祠有司春秋祭

山陰越王允常墓在木客山水經注句踐都瑯琊欲移允常冢冢中生分風飛沙射人人不能近句踐謂不欲遂止

越王句踐墓在府城南九里越絕書獨山大冢者句踐自治以爲冢徙瑯琊冢不成去縣九里今獨山乃

在城西三十五里

句踐子墓在夫山越絕書夫山大冢句踐庶子冢也去縣十五里

陳音墓在陳音山

灼龜公墓在府城南一里越絕書民西大冢者句踐客秦伊善灼龜者冢也因冢乃名秦伊山十道志在龜山下

薄父墓漢薄太后父吳人死山陰因葬焉後文帝即位追尊爲靈文侯會稽郡置園邑三百家長丞以下

使奉守寢廟上食祠如法史記索隱云顧氏按冢墓記薄父墓在會稽縣西北禖山上今猶有兆域正義云括地志𢧵山在會稽西北三里一名稷山唐時省山陰縣也據西北是今山陰境𢧵山想卽蕺山然不在西北稷山則更在東會稽境十道志稷山一名禖山恐西字誤

馬太守墓在府城南二里鑑湖舖西卽漢守馬臻也

本朝康熙五十六年知府俞卿修之

孔愉墓在府城西二十九里卽孔車騎

郗愔墓在府城西南二十五里愔以會稽內史老因居於此

謝輶墓在府城西南三十三里晉會稽內史

謝靈運墓在府城西南三十三里靈運死廣州歸葬於此

徐浩墓在府城南二十一里

賀知章墓在府城南九里其地因名九里墓在山顛鄉人呼爲賀墓

康希詵墓在蘭亭旁舊有墓碑顏魯公撰并書宋郡

守吳奎攜去又康德言墓在離渚屬石湖旁淛之得
名以其墓碑石屬
魏惠憲王愷墓在法華山天衣寺法堂故址王諱愷
宋孝宗第二子也王嘗領雍州牧既薨命厝紹興善
地遣使輟祭且視窆焉
杜太師祁公衍墓在永呂鄉苦竹村
孫威敏公沔墓在承務鄉
陳中書過庭墓在府城西南三十里黄祊嶺上
王特進俊義墓在府城西六十里栖山西尙書佐墓

附焉地名西山村有王佐祠佐祠題額曰忠孝祠乃同榜進士新安朱熹書後於墓旁掘得南宋全皇后妹合葬墓碑始知佐曾孫婦亦附於此

傅墨卿墓在承務鄉

曾文清公幾墓在鳳凰山

陸太保昭墓在承務鄉左丞之祖四世葬於此墓碑尚存

趙太師墓在承務鄉清憲公之祖與陸氏墓正相對墓碑亦存

唐運史閱墓在府城西南三十里蘭亭相近

李太尉顯忠墓在府城東南三十里秦望山之北
張文恭元忭墓在小南山
唐少卿翊墓在蘭亭西
王海日華墓在天柱峯下其夫人鄭氏墓在徐山
王文成守仁墓在府城南二十里花街洪溪爲後裔
盜賣豪右乘機佔之文成與其父母三墓侵削殆盡
康熙五十四年知府俞卿毅力廓清至各墓親勘盡
追所佔者還之王氏俾世守之復恐不肖子孫與豪
族覬覦五十七年三月立讞語存案爲先賢丘壟之

計心亦苦矣

知府俞卿識語：查得王陽明先生文成公理學勳猷著于前朝功業文章垂于後世是以薄海欽崇後學嚮往所有先生賜塋在花街洪溪規模廣大先生父冢宰海日公葬天柱峯母鄭太夫人葬于徐山奈歷年未久而坟山祭産蕩焉無存或被豪右侵佔或盜賣盜葬不一而足康熙五十三年五月間據府山會三學詳據生員魯康城等連名具呈詳請到府據即批仰山會兩縣確查從前侵奪姓名并勘明各墓去後未報本年十月間又據杭嘉湖紹四府紳衿士民黄華等呈詞前來復批山邑會同三學教官躬勘查究去後疊催不覆五十四年五月間本府親詣各墓所登山履勘復經逐一庭訊雖據各有契劵但問其賣主俱云物故則契之真僞殊難憑信即或契買果真總屬圖謀盜買查洪溪墓所史文典計山三十六畝葬墳十二冢捐田壹畝壹分壹釐湯文欽共山一百十二畝五分葬坟六冢施子揆計山十畝葬墳一冢勞子和計山六畝五分葬墳一冢張岐暘田九分八釐葬坟一冢姑念安葬

巳久從寬免遷離坟二丈釘界不許再行侵葬餘山及田追還王姓每年照例償租存祭其無坟柴山汪仲彰將祠基作竹園王元祐山四十三畝張子美山四十三畝金憲侯山二畝一分劉克振山二十二畝戴書青計田六畝六分俱退捐認租王昌侯山三十畝全捐田十九畝認捐一半計八畝八分王紹志山四十四畝六分認捐四十畝僧大眞山百餘畝認捐還五十畝又田一畝九分退還俱照例償租又山一片計租一兩現係孫任六收受亦應追出還王再天柱峯墓所金有彪山一畝葬坟一塚愿捐祭田一畝零免遷離坟二丈釘界餘山退還至徐山地方馮君顯等盜厝各坟俱着遷移另葬王啓明等各家房屋每年大屋償租一斗小屋五升交王姓存祭程汪煜田九分捐爲祭產王嘉侯退還假山書室以作公用俱取有各認狀并不致再行侵葬甘結附卷三處坟山祭產着王姓子孫立議鬮定派管王後學協同總理世守勿替庶先賢百年封樹永保無虞而千秋俎豆亦得延綿于靡旣矣再前有許文捐修墓銀二十

兩餙府學協同後裔修葺三處墳塋又金聖傳捐銀四兩發修文成公祠宇完工一並報明查核嗣後無論異姓本宗敢有盜賣侵葬以及盜蔭等情三尺俱在斷難寬假立案

徐如翰墓在古城山

祁彪佳墓在亭山

會稽若耶大塚越絶書句踐葬先君夫鐔冢也

晉八仙塚在白塔山舊志晉稽康善琴過白塔宿傳舍遇古伶官之魄而得廣陵散曲曲終指其葬處至今窟穴猶在（宋徐天祐詩）廣陵莫惜世無傳遺恨南聲第二絃伶鬼何關興廢事凄凉一曲兆南遷

塚斜在平水上三十餘里接嵊界相傳越之墳墓多在所謂斜者如唐宮人斜之類耳

曹娥墓在曹娥廟東

丁固墓十道志在會稽又名司徒冢今不知何所

吳越忠遜王墓在昌源宋史錢倧疾殂東府以王禮葬焉 宋林景熙詩 牛頭一星化爲石千仞稜層垂鐵脊隆隆隱隱佳氣藏列峰環拱效圭璧玉棺何代埋衣冠三朝萬乘子復孫典册輝煌照九上歲時園廟嚴駿奔輪雲自古幾飜覆山靈不守松栢飛離離荒草鬼火青麥飯無人灑林麓我來弔古欲雪天梵宮金碧棲寒烟殘僧相對語寂寞苔梅隔嶺青年年

太傅信王趙璩墓在昌源石傘峯宋宗室璩以少保恩平郡王判大宗正始賜府于紹興後罷大宗正進少傅王薨贈太保信王以葬至慶元六年加贈太傅

榮王趙希瓐墓即理宗父也在昌源

錢內翰易墓在天柱峯下子集賢彥遠伊孫伯言祔

陸諫議軫墓在五雲鄉焦塢

齊賢良唐墓在昌源石傘峯

顧內翰臨墓在昌源石傘峯

陸左丞佃墓在陶宴嶺支峯下

胡尚書直孺墓在秦望山

韓左司膺胄樞密肖胄運使髦墓並在日鑄嶺

傅編修堯咨墓在石旗山給事中崧卿左藏檜並祔

尹和靖先生焞墓在龍瑞宮前峯石帆山下（明季本詩有序）

尹和靖墓在會稽龍瑞山嘉靖中爲里豪所發得其志石人有見者聞于官時莆田洪玉方知府事使人訪求則石既毀矣乃即城南捨子橋下爲祠以祠和靖其祠蓋善法寺廢址云一從南渡寄遊寬龍瑞山前日邑昏宋代寢園銷已盡程門衣鉢瘞無存空瞻特廟荒新壤不及幽銘認舊墳弔古尚多遺恨在休將往事論楊髡

梁司諫仲敏墓在秦望山

蔡孝子定墓在觀嶺下

王尙書定肅公希呂墓在三都之破塘里

陸太師游墓在雲門盧家嶴

莫侍郎叔光墓在平水

宋張太守遠猷墓在石人山

元韓先生性墓在木石岡

呂副樞珍墓在府城東南七十里湯浦獅子山麓

倪文正元璐墓在白蓮嶴山聖儀洞公十七登科夢女鬼數人相扼持窘迫之際壯繆忽前叱之乃屏退因語公曰子前身雖陽也以殺妾饗士公案未了故來此公憬然由

是繪像供長春觀事壯繆
甚謹殉難時對酌三杯
劉宗周墓在下蔣
蕭山朱儁墓在洛思山
曹亮墓在昭明鄉
郭璞墓在孝悌鄉或云郭母
許敗墓詢之父在鳳儀鄉
夏靖墓在螺山
山遐墓簡之子濤之孫晉東陽太守在由化鄉
羊太守元保墓在長典鄉

陳休墓在鳳儀鄉

勞流墓在鳳儀鄉

徐鴻墓在長山鄉

羅隱墓在許賢鄉

張尙書亮墓在北幹山下

許珪墓在鳳儀鄉

沈職方衡墓在鳳儀鄉

厲大資墓在郭墓山石獸俱存

張侍制稱孫墓在湘湖龜山石獸俱存

華郡王墓在長興鄉

王侍郎綠墓在碑牌嶺

諸暨王右軍墓孔曄記曰在苧羅山孫綽作碑王獻之書碑亡已久或云在嵊金庭山或云在會稽雲門山智永傳云欲近祖墓便拜掃移居雲門寺則在雲門者近是然雲門今無迹也永師爲右軍七代孫雲門或其別祖墓耳

劉龍子母墓晉時劉姓一男子釣于五泄溪得驪珠吞之化龍飛去人號劉龍子其母墓在擣江石山每

清明龍子來展墓必風雨晦冥墓上松二株至今奇古可愛相傳龍子所植云

姚侍制舜明墓在長寧鄉子樞密憲墓亦在旁

欒知州鳳墓在苧羅山

吳知縣亨墓在龍華山

餘姚嚴子陵墓在客星山華清泉之左數十百步又躡而上登復數百步岡平壠合左顧右旋東望山凹處如吻仰張狀凹外隱隱見海是先生墓所故有題石曰漢嚴光墓唐人筆也今莫存明正德八年府同

却屈銓復立石鐫曰漢徵士嚴光之墓輿地志光墓有石阜爲衛宋乾道四年史浩鎮越作客星菴置墓田即墓建書院今並廢

虞國墓在雙雁鄉國守日南雙雁隨還餘姚國死雁棲墓不去死乃瘞之墓旁名之曰雁塚

劉綱墓在四明鄉綱上虞令與其妻樊夫人並昇仙其蛻骨皆合葬云

虞龢墓在鳳亭鄉羅壁山下

汪亮墓在四明鄉石井山

趙秀王墓在從山秀王者孝宗本生之父名伯圭家餘姚而葬焉〔元陳綱詩〕秀王陵墓此山巔古寺荒凉隧道邊花礎皎龍蟠夜月蘇碑麟鳳泣秋烟劫灰不泯三千界香火今餘二百年頭白老僧言歷歷逢人揮淚佛燈前

陳侍郎橐墓在化安山

莫殿撰子純墓在烏戍山

莫將仕當墓在菁江

李莊簡光墓在姜山

倪侍郎思墓在賀溪

史巖之墓在梅梁山石柱及石門石香亭尚存石柱

遠在山外臨溪水

于家大墓縣志云在縣西南隅山川壇之右于肅愍公祖墓也肅愍之先家餘姚父老猶能識其處後自姚徙杭姚之里正歲科督之厲甚不能堪乃籍于錢塘明正統初始除餘姚之籍自是以姚爲諱而墓尚存焉其說如此然考肅愍公碑志家傳絕無餘姚字公一代名臣不應忘祖且云爲諱何解傳疑可也

孫鑛墓在月湖

黄忠端尊素墓在化安山

上虞黃塚會稽十城志上虞縣東南古塚二十餘墳永嘉之初湖水壞其大塚所壞一塚磚題文云居在本土厥姓黃卜築于此大富强易卦吉龜卦凶

孟嘗墓在縣東南

魏朗墓在縣西北四十里

蔡墓在五龍山世世傳爲蔡邕父母之墓旁有石室爲邕妻守墓之所葢傳會

謝安墓舊志云在始寧鄉史稱安墓在建康梅崗此云安墓未詳

謝元墓在東山南史云謝靈運父祖並葬始寧

包孝女在羅巖山

楊威母墓水經注縣東北上亦有孝子楊威母墓今不知何所

葛仙翁墓在嵩公山有石室丈餘如塚神仙傳葛元居會稽語弟子張恭曰今當解去遂入石室而卧二晝夜大風折木良久而上然燭視之但有衣在豈即此地而名墓耶

魏道徵墓在縣西北四十四里

吴越公主墓在小越伏龍山

朱娥墓在縣南六里

劉漢弼墓在瑞象寺前

趙龍圖墓在漢弼墓北斷碑猶存今不知何所

林希元墓在瑞象寺東元至正間希元爲上虞令卒于官貧不能歸民捐地葬之

董玘墓在隆祐山

嵊阮裕墓在縣東九里裕以疾築室剡山徵金紫光祿大夫不就卒

戴顒墓在縣北一里王僧達吳郡記曰顒死葬剡山
今石表猶存嘉定三年隻鑰爲書本傳立碑于道左
今俱不存
山桐公墓在縣東故港有高塚世傳以爲謝氏祖墓
許元度墓在孝嘉鄉濟度村葢元度居濟度卒
褚伯玉墓在縣西白石山今名西白山南史本傳云
齊高帝於此山立館居之伯玉常居一樓及卒葬焉
朱侯墓在桃源鄉烏榆山齊朱士明官至吏部尚書
梁封漢昌侯

姚參政墓在靈芝之鄉按舊志姚太師舜明墓在諸暨今曰參政墓者疑其爲祖墓耳

陳靈濟侯墓在縣西十里許浦橋之上去冢一百步侯之孫某築亭墓上奉時祀

新昌支道墓在南明山戴安道嘗過之歎曰德音未遠而拱木已積冀神理緜緜不與氣運俱盡耳王珣法師墓下詩序余以寧康二年命駕之剡石城山即法師之丘也高墳鬱爲荒楚五壟化爲宿莽遺跡未滅而其人已遠感想平生觸物悽懷

石氏墓彝堅志新昌石氏之祖本山東人因適越挈

家徙居焉時有韶國師善地理每經從石必迎佇致敬其妻嘗出拜曰夫婦皆年老欲從師求一藏骨地韶許之與往近山得一處五峯如蓮花溪流平過其下回抱環揖指示之且葩識窆穴而去翁媪葬焉後數十年孫曾登科相仍至以百數宣和以後頓衰越五舉畧無齒鄉書者而里中一民家産寝豐生四子容質如玉或告石氏是人竊以父骨埋于君祖塋之上故致此駭引石往發土得木桶藏枯骸其中棄之民家自此遂微四子相繼夭逝先是石塋有棠梨一

本毎抽新枝則族系一人必策名若攺秩或一枝萎折則有當其咎者民思報怨夜往伐其樹自是科級視昔年弗逮云又石氏宗譜新昌石昉墓前有柘木生而內向覆墳如蓋然守墳者言每有登科者則柘有枝特生一枝一人或二三枝則二三人縣志云石氏始祖太保元遂葬沃洲平頂山節度使昉葬靈柘棠梨疑卽靈柘洪公以祖墓有名訛爲一耳

榮王墓隋榮王白避隋亂亡入彩烟鄉葬歷岡三渡之原民爲立白王及韓妃廟

漏澤園嘉泰志云初崇寧三年二月有詔收葬枯骨凡寺觀旅櫬二十年無親屬及死人之不知姓名及乞丐或遺骸暴露者令州縣命僧主之擇高原不毛之土收葬名漏澤園用以墻栅庇以土地所宜易生之木人給地八尺方磚二刻原寄之所知日月鄉里姓名者併刻之暴露者官給轜葬日給寓鏹及祭奠酒食墓上立峯有子孫親屬而願葬園中者許之給地九尺已葬而願改葬他所者亦聽禁無故輒入及畜牧者又立法郡縣官違戾者弛慢者失檢察者皆

置之法久之有司奉行頗過至有分爲三園艮賤有
爭又葬日及歲時設齋醮置吏卒護視守園僧以所
葬多爲最得度牒及紫衣遂有析骸以應數者久之
始詔裁損自軍興多故遂益弛中興以來郡縣或自
以意廣朝廷惠澤至今爲利建炎初翟參政汝文爲
守時亦收四郊纍骨葬園中知山陰縣王朝議饒士
之得骸千計內有異骨二皆相鉤連自頂至踵無分
寸脫落釋氏謂之鎖子骨是也紹熙五年少監李大
性來爲提舉浙東常平於會稽鎮塢山陰洞[illegible]

各置義塚〔會稽尉徐次鐸記〕越之流風凡民有喪即議僑寄棺柩所積夙號墓園連歲不登繼以癘疫而民不免于死亡公奉命東來一意全活饑者賑之以粟病者起之于藥死者遺之于棺荒政舉行畢力無倦復有意于埋胔掩骼之舉命次鐸走近郊枚數寄棺凡三千餘下令申飭曉告使人人知有送死之義且曰其有徇浮圖火化者助之緡錢姑從其私乃若無力歸藏請于官給所費規畫已定復命次鐸度地得二所其一鎮塢廣四十畝又其一洄湧塘旁十餘畝由是義塚之規立矣兩隅分峙男女以辨繚以周墻封其四圍畫圖傳籍備錄分藏閭里姓氏次第刻著申命緇黄以視墓室五封廣列尚爲後圖庶幾有以繼于此也自慶元改元夏迄于冬十月野處之棺官爲覆藏者凡千二百九十有三據籍可考至是澤及枯骨矣自今不燎于原不淪于川不暴于野是則公拳拳之志也

明山會漏澤園二縣共一所在府城南七里即宋舊

址

本朝康熙二十九年知府李鐸於蓬萊驛旁立漏澤園周圍築土垣建墓門令民掩埋其中五十二年里紳姚陶又於南堰門外段山置義塚十數畝復建普同塔二所於其旁以貯骨骼焉

蕭山義塚在北幹山麓明嘉靖十一年改置于淨土山麓周繚以垣上覆以石北置門初置守塚二人後廢今又有張氏義塚

諸暨義塚二一在縣西門外長山之麓一在楓橋鎮

黃土山明嘉靖中知縣朱廷立置土山里人陳元璧所輸也

紹興府志卷之二十二終

紹興府志卷之二十三

祠祀志附圖

雲門山寺圖

應天塔圖

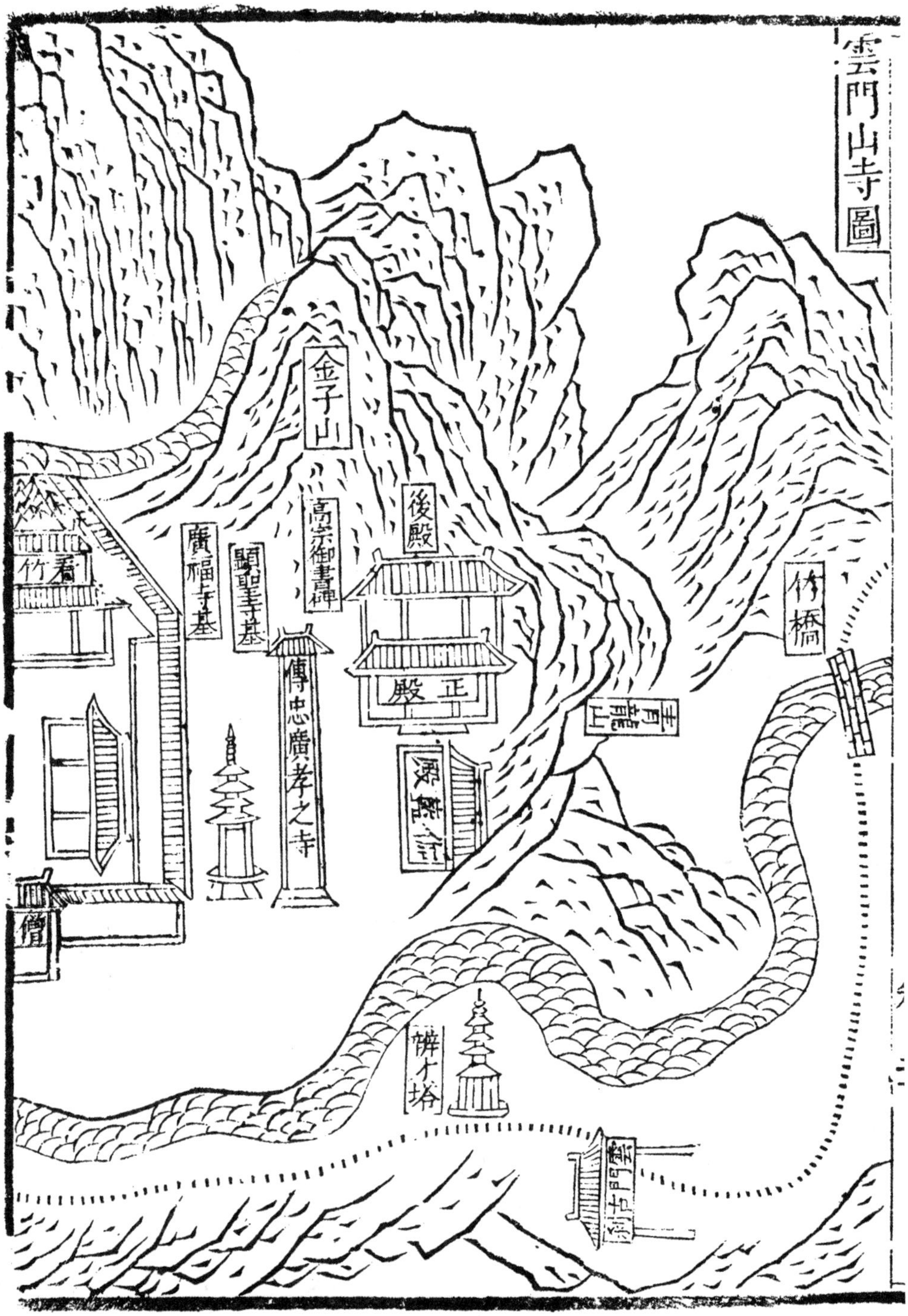
雲門山寺圖
金子山
後殿
高宗御書碑
顯聖寺基
廣福寺基
看竹
傳忠廣孝之寺
正殿
青龍山
竹橋
僧
辯才塔
雲門古刹

秦望山
白乳泉
火者塔
火者塔
蕭然樓
樓
石橋
房
釣石

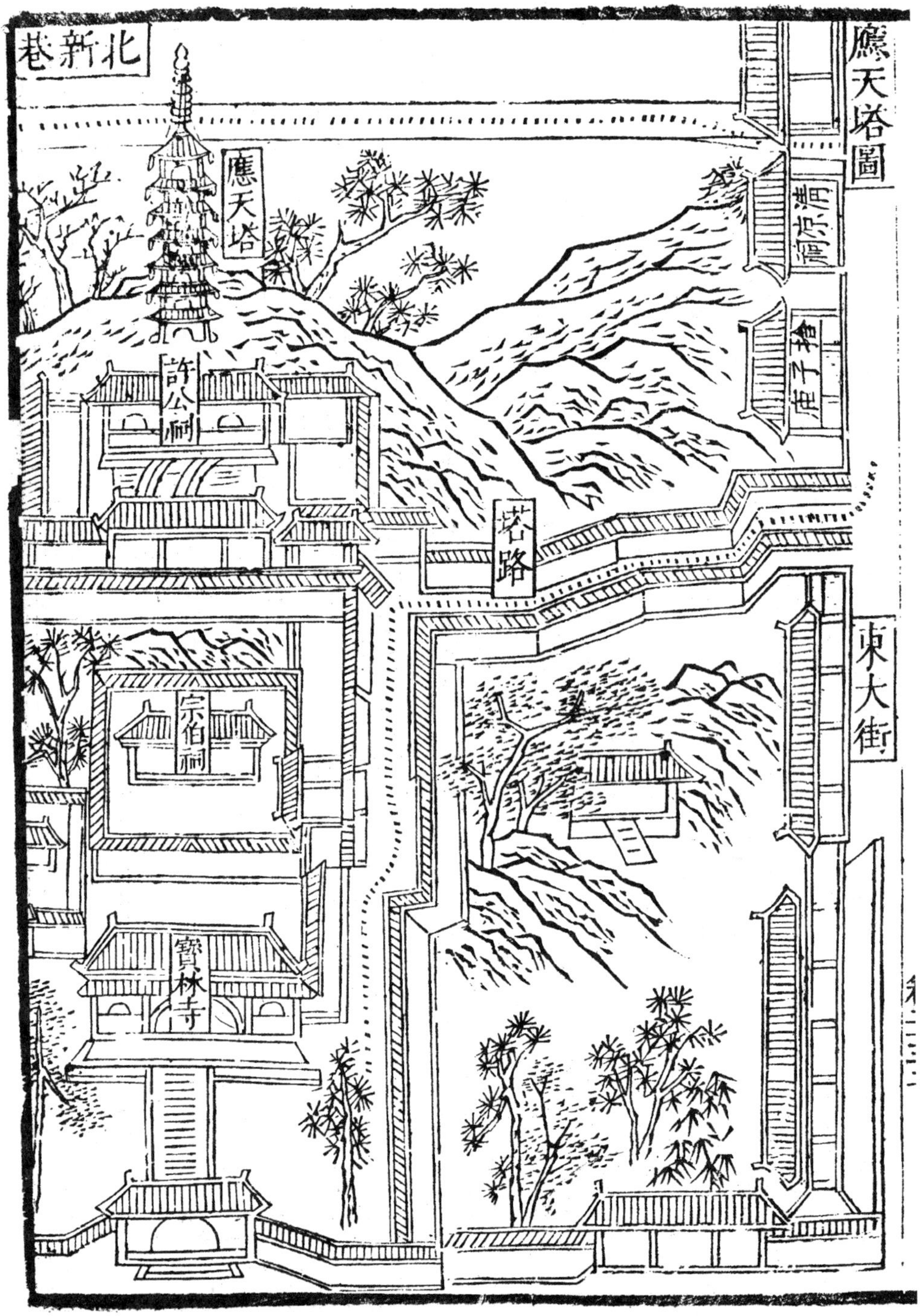
應天塔圖
北新巷
應天塔
許公祠
塔路
清涼祠
東大街
宗伯祠
寶林寺

街
新巷
塔下營
伽藍殿
西寺街
僧房
鮑府君
張神殿

紹興府志卷之二十三

祠祀志五

寺　院　庵　塔

寺府城內大能仁寺在府南二里許晉許詢捨宅建號祇園寺後廢吳越王時觀察使錢儀復建號圓覺寺宋咸平六年從知州事兵部員外郎康戩之請用承天節名改賜承天寺政和七年上后土號曰承天效法厚德光大后土皇地祇詔天下承天僧寺皆改爲能仁寺蓋避后土號也是歲詔建神霄玉清萬壽

上海圖書館藏書

宮以僧寺壯麗者改建而越以能仁爲之建炎中興命神霄復爲僧寺能仁寺復故州又有能仁院郡人請兹寺爲大能仁寺元初燬至正間重創明嘉靖三十年後倭患作有司議鬻諸寺院以助軍興能仁遂廢大學士呂本以其地建別業名樛木園崇禎十五年祁鳳佳復買之仍爲大能仁寺至康熙三十年後主寺者失人寺又頹敗四十五年僧德禧立誓以興復爲任次第修之奕然還舊觀焉

〔郡人姚陶碑記〕自晋許徵君元度捨宅爲寺而宋政和間改名能仁其爲梵刹古矣吾越山水清妙高僧多駐錫于此而郡城以內巨麗者凡

三區自能仁外日大善日開元其廣輪畧相等然二寺在城心爲四方所輻輳市廛旁午騈僧負擔之聲塡咽于耳識者病其囂獨能仁僻居西南淸流環繞挹飛來而面鮑郎塵埃之所不及明嘉靖季年呂文安太傅乘寺之廢營爲別墅祁德公先生以三千金贖而復之遂還舊觀余聞長老言太傅別墅號樛木園其値可萬餘金子姓家焉皆精爽不寧或恍惚變現光怪因曠其宇而他徙而祁先生方夢寐間見金甲神拱揖來前乞金三千兩先生異其事曉起徘徊簷下適僧無量至無量苦行頭佗也語以故無量勸先生買呂氏園呂氏慷慨許之而無量復募緣稠人增飾其棟宇置田百十二畝後六十年以匪人主席寺復頹敗緇流無可棲居民埋棺槨其中爲義塚惡少年剔佛金屑而鎔之無畧存者祁先生後裔魯瞻欲圖興復徧謀之知識皆逡巡不敢前最後遇慶菴禪師力任其艱重慶翁願堅而道卓天神相之遂次第振起建大殿天王殿伽藍堂祖堂禪堂以及方丈兩廊爲屋者若干楹飾大佛羅漢諸天韋馱天王爲

金者若干軀遷厝民叢雜淺露之柩于南門段山爲安厝者若干具而又贖其田畝庀其器用然後大集遠方承學之徒演三乘十二部以化導之而能仁之勝復甲于海内夫盛衰遞嬗道塲無湮滅之理即能仁亦屢廢屢興然當其興也皆出于薦紳有力之士獨慶菴以蕭然衲子隻手而扶之其功偉矣佛氏之派五宗其于天下名藍各有所屬惟能仁無常主有道者迭居之今魯瞻目擊丘墟以其地承歸之慶菴而不自居檀越慶菴持鉢繞城從者雲集星馳慶菴之道風越人之好義皆盛事也余家距寺不二里與慶菴爲方外交故録其顛末勒之石以付後人使奉以不墜慶菴名德禧嗣法臨濟諸暨人俗姓俞氏子也

小能仁寺在府西北二里宋開寶六年觀察使錢儀建太平興國二年吳越給地藏院額後改今額明萬

曆四年道人李明性淨桂如曉重修城中諸寺獨小
能仁習禪持戒旦夕爲飯接衆凡渡海謁普陀者往
反必一飽當春時日以百千計鄉人見其如此爭擔
米助之亦未嘗缺也小能仁接衆之名遂聞於四方
叢林矣修寺之費蓋即其口食餘資云張元忭有重修寺記
寶林寺宋元徽元年製法華經維摩經疏僧遺敎等
與法師惠基於寶林山下建寺名寶林寺時有皮道
與捨宅連山造寺山之巔有石岫岫有靈鰻旁有巨
人跡錫杖痕初晉末沙門曇彥與許詢元度同造甎

木二塔未成詢亡久之至梁天監中岳陽王將至彥頭告門人曰許元度來也岳陽亦早承誌公密示至州即入寺尋訪彥望而曰許元度來何暮昔日浮圖今如故王曰弟子姓蕭名詧彥曰未達宿命焉得知之遂提手命入室席地王忽悟前身造塔之事宛若今日由是復修塔塔加壯麗唐會昌中廢乾符元年重建改題爲應天寺宋乾德初僧皓仁建塔九層高二百二十丈號應天塔崇寧三年八月詔改崇寧萬壽禪寺三月八日又改崇寧爲天寧每歲天寧節郡

寮祝聖於此紹興七年改報恩廣孝禪寺俄又改廣
孝爲光孝專奉徽宗皇帝蓋以本天寧祝聖之地也
時有長老滋須者有高行會改當十錢爲當五郡守
召須及能仁老長密告之且曰聞二寺方大興造有
未還瓦木工匠之直倘蓄當十錢可急償之明日文
字一出皆大折閲矣二人既歸能仁呼知事僧告以
將赴他郡之請凡有負者皆卽日償之於是出千餘
緡與之抵夜乃畢得者皆喜明旦遣侍僧問天寧則
曰長老歸自郡齋卽以疾告閉方丈門熟睡至今猶

未起也及令下須始以當五之數償負能仁乃大婣服乾道末藻繪尤盛置田五千餘畝後經幾燬今梵宇則明永樂十一年僧善悊所構構時尚未有塔嘉靖三年郡人蕭副使鳴鳳言于郡召僧鐵瓦復建塔隆慶末塔復將圮萬曆六年寺僧眞理募緣修之又改其前殿加高敞焉寺舊有聖母閣今廢寺田亦罕存塔前近建許元度祠（唐李紳詩最深城郭在人烟疑借壺中到梵天巖樹桂花開月殿石樓風鐸繞金仙地無塵染多靈草室鑒眞空有定泉應是法宮傳覺路便消煩惱見青蓮方干詩二首山椊亭臺郭繞山遙盤蒼翠到山巔巖中古井雖通海窻裏陰雲不上天羅列衆星依木末周廻

萬室在簷前我來可要歸禪老一寸寒灰已達禪(又)
中天坐臥見塵寰峭壁垂蘿不易攀晴捲風雷歸故
壑夜和猿鳥鎖寒山勢横綠野蒼茫外影落平湖瀲
灧閒師在西巖最高處路尋雲裏見禪關(趙抃詩)二
首佳辰何處泛花遊丞相筵開水上頭雙引旆搖山
雨響一聲歌動寺雲秋林光靜帶高城晚湖色寒分
半檻流共賀萬家逢此節可憐風物似荆州(又)已到
朱門誰復容晚烟疎磬入長松初收上界半軒雨綠
盡高秋繞寺峯宿處客塵隨夜靜望中寒水向身重
僧言自愧崇山下內史旌旗久未逢(張蠙詩)四面湖
光絶路岐鵾鵝飛起暮鐘時漁舟不用懸帆席歸去
乗風插柳枝(錢遜王倧詩)有時風掣浪聲到半夜月
排山影來(宋杜衍詩)中懷無絆外緣閒深掩禪扉客
到難勝景可曾飛錫去好山多祗捲簾看晝升講座
天花落夜步吟軒海月殘今日逢師堪論道歸心愁
思一時寛(王安石詩)飛來頂上千尋塔聞說雞鳴見
日升不畏浮雲遮望眼祗緣身在最高層(齊唐詩)電
鞭揮斷冠鼇峯飛下千巖秀色中掩映翠微開寺舍

參差碧樹捲簾櫳塔閒燈火晴霞閃井底波濤漲海通幾播緇塵到禪室講花吹散午天風（齊鄭詩）寶勢聳如龜簷牙照錦翬路盤危磴出僧觸斷雲歸萬井分塵界千巖列錦圖浮生任多事到此合忘機（張翎詩）城郭鎖山林目無塵土侵一峯來海上高榻起天心世道有盈縮靈泉無淺深使君今老矣閒處得閒吟（李邴詩）青燈映獨宿世事忽如遺一榻寒無夢高齋靜見詩長空消海氣遠壑淡烟姿欲問無生意高人不可期（王英孫詩）飛來幾千載臺殿壓岧嶤落日飛仙鼠秋風下健鶻山腰危露石海眼暗通潮堪嘆元英後詩名竟寂寥（王易簡詩）元度存遺跡元英有舊詩城中獨高處雪後最佳時拂壁書行記逢僧談故祠閑干頻徙倚不奈朔風吹（王昌符詩）何事詩家稱剪裁跨虛相繼有樓臺水涵春碧雨初霽山露曉青雲半開寶塔禮終僧舍靜粉牆題罷使車回此時欲結香蓮社祇爲陶潛醉不來（元鮮于樞詩）越國龜峯寺樓臺曜錦翬許詢初有造徐浩久相依開戶琅玕裂登山犖埆危昔聞禪板少今見講花飛禱雨靈

饅躍看雲老鶴歸童烹羅漢菜客禮國師衣白足三千指蒼松四十圍星河上界近烟花下方微浮世自榮辱深林無是非天台五臺遠何必更騑騑

大善寺在府東一里中有七層浮屠梁天監三年民黄元寶捨地有錢氏女未嫁而死遺言以奩貲建寺僧澄貫主其役未期年而成賜名大善屋棟有題字云天監三年歲次甲申十二月庚子朔八日丁未建宋建炎中大駕巡幸以州治爲行宫而守臣寓治于大善及移蹕臨安乃復以行宫賜守臣爲治所歲時内人及使命朝攢陵猶館於大善乾道中蓬萊館成

乃止慶元三年寺塔俱燬於火發塔中地得石刻乃
越州龍興寺宋太始元年唐太平元年造塔宋淳化
三年復燬景德元年重建石刻中多斷闕不可盡諳
龍興寺與龍興橋相近或謂提舉解舍是也明永樂
元年寺僧重修寺塔復煥然
光相寺在府西北三里許後漢太守沈勳公宅晉義
熙二年宅有瑞光遂捨爲寺安帝賜光相額世說許
掾年少時人以比王苟子許大不平時諸人士及林
法師並在會稽西寺講王亦在焉許意甚忿便往西

寺與王論理共決優劣苦相折挫王遂大屈許復執
王理王執許理更相覆疏王復屈相傳此卽西寺明
嘉靖十一年知府洪珠改爲越王祠萬曆末年僧廣
譽於祠西復建寺仍名光相後漸頹敗　本朝康熙
間僧智尚與其法嗣德心次第修之遂成名刹
至大寺在府北二里元至大四年僧本立購石氏故
宅建殿壁刻宋高宗御書詩尚存
戒珠寺在蕺山南晉右軍王羲之故宅或曰其別業
也其創始年莫考陳大建二年有僧定光來寓寺中

耳過其頂擘銀像長立不臥又有天竺一僧辯博神異及死葬山上其形數現後夢語其門人曰必爲臥像屋以壓之我則不現僧定光乃立臥佛像果不復現而所構華壯敞潔甲於郡內其臥佛殿後毀爲萬善戒壇明萬曆間僧越凡妙彩重建大殿南海僧募鑄銅佛像無所爲臥佛矣　本朝康熙間僧慈帆修之至五十七年僧法如募資重建今尚未落成〔宋熙寧中郡守程師孟與僧重喜遊于寺喜立成句〕行到寺中寺坐觀山外山〔李郱雪軒詩〕四山環繞翠峇嵬想見淩晨雪未消四萬八千修月手不知何處琢瓊瑤〔王十朋詩〕今日重登古蕺山勞生又得片時閒菊花今歲殊

不惡蓬鬆去年猶未斑藍水楚山詩典裏鑑湖秦望酒盃間醉中同訪右軍蹟題扇橋邊踏月還

天王寺在蕺山東麓寺後范蠡祠前職方調越别駕馬承學建泠然池越守洪珠書鐫石壁萬曆四年加祀文正仲淹恭獻純禮下有文正公香火院後唐天成四年吳越王錢鏐夢神人求祠宇或言祠本古天王院有魚池因建天王院建炎末與開元寺同時燬于火紹興中院僧惠廸再建佛殿西北隅山壁舊有陸少師題名石刻云虞駿元王源之吳廷瞻曹季明沈汞道孫元禮陳志行陸元鈞自戒珠寺雪軒過草

堂登上方尋徑到此政和八年三月二十八日元鈞題今剝落不存（宋陸游詩）遊山如讀書深淺皆可樂道旁小精舍亦自一丘壑凄凉四十年始復看着脚老僧逝已久講坐塵漠漠當時童子輩衰髮亦蕭索掃壁觀舊題歲月眞電雹文章畢不傳衣食窘如昨出門意惘然遼海渺孤鶴

永福寺在卧龍山後以上隸山陰

開元寺在府東南二里五代節度使董昌故宅也後唐長興元年吳越武肅王建寺蓋處一城之中四旁遠近適均重甍廣殿修廊傑閣大鐘重數千觔聲聞浙江之湄佛大士應眞之像皆雄麗工緻冠絕他剎

歲正月幾望爲燈市旁十數郡及海外商賈皆集玉帛珠犀名香珍藥組繡髹藤之器山積雲委眩耀人目法書名畫鐘鼎彝器玩好奇物亦間出焉士大夫以爲可配成都藥市宋咸平中僧曉原立戒壇遇聖節則開以傳度其徒建炎庚戌金人侵犯旣退羣盜投隙而至遂焚不遺一椽後雖興葺然未能如初今以爲習儀祝釐之所前門內西近建湯太守祠殿東建吳通判祠萬曆十三年僧眞秀募緣重修大殿易石柱

長慶寺在府東南一里宋永徽二年建即竹園寺

杏花寺在府東南四里周顯德二年錢承裔建號法華巖院後改旌教院宋時植杏甚茂至今猶謂杏花寺

大中禹跡寺在府東南四里許晉義熙十二年驃騎郭將軍偉捨宅建唐會昌中例廢大中五年僧居元詣闕請僧契真復興此寺并置禪院于北廡賜名大中禹跡寺門爲大樓奉五百阿羅漢甚壯麗初釋氏自達磨至慧能以來傳禪宗然禪院皆寓律寺至百

丈山懷海始創爲禪居乃不復寓律寺契眞亦懷海弟子是時禪寺雖創尚未盛行故猶寓禹跡北廡爲禪院宋紹興末曾文清公幾卜居於越得寺之東偏空舍十許間居之手種竹盈庭日讀書賦詩其中公平生清約不營尺寸之産所至寓僧舍蕭然不蔽風雨惟食奉祠之祿假二三老兵給使令而已（曾幾詩手自裁培千箇竹身常枕藉一牀書

延慶寺在府東南五里許唐大中十二年台州刺史羅昭權捨宅建（宋徐鉉述祖先生墓志序云門生彭汭登第補本郡司倉掾嘗與祉祭齊

于郡之延慶院獨處一室旣寢而精爽不寧展轉至四鼓乃得寐夢一白衣書生入戶謂汭曰某嘗述少文詞在此室司倉嘗見之也汭辭以未見書生曰試爲讀之言訖而去及寤猶四鼓因呼僕秉燭周視墻壁間意謂有留題者而都無所見惟戶扇下有石方尺餘塵土蒙之視彷彿有賀監字乃知此是也視事罷移置廳前以水濯之文字依然卽進士許鼎所撰祖先生墓誌也問主僧云十年前院側數十步官置瓦窑掘地得之而掌役者軍吏也不曉其所自但見有文因惜不毀而置此按賀監以天寶二年始得還鄉旣而天下多事遂與世絶止於吳越故老亦不能知其所終微彭子之夢則賀監輕舉之迹與祖君高尚之節皆湮沒矣其誌云通和先生祖君名貫字子元范陽人性寬平州里莫見其喜怒長短頗覽書尤工詩句人才默識少有倫似蓋修黃老之術初賀監得攝生之妙近數百年不死荷笈賣藥如韓康伯近在天台山升遐徧於人聽元和己亥年先生遇之謂曰子寬中柔外可以語至道也候十歲遇爾於小有

乃授斷穀丹經先盟而受之吞一粟則十年不飢一日謂門人曰賀公之期至矣沐浴委化

隆教寺在府東三里宋太平興國元年觀察使錢儀建號無礙浴院大中祥符元年改賜今額

龍華寺在都泗門內即陳江總避難所憩也俗呼龍王堂江總脩心賦并序太清四年秋七月避地於會稽龍華寺此伽藍者余六世祖宋尚書右僕射州陵侯元嘉二十四年之所構也侯之王父晉護軍將軍彪昔蒞此邦卜居山陰都賜里貽厥子孫有終焉之志寺域則宅之舊基左江右湖面山背壑東西連跨南北紆縈聊與苦節名僧同銷日用曉修經戒夕覽圖書寢處風雲憑棲水月不意華齋莫辨朝市傾淪以此傷情可知矣驟泣濡翰豈攄鬱結庶後生君子閔余此槩焉嘉南斗之分次肇東越之靈秘表檜風於韓什著鎮山於周紀蘊大禹之金書鐫暴奏

之狂字太史來而探穴鍾離去而開筍信竹箭之爲
珍何珷玞之罕植奉盛德之鴻祠寓安然之古寺實
豫章之舊圃成黃金之勝地遂寂默之幽心若鏡中
而遠尋面層阜之超忽邐平湖之迴深山條偃蹇水
葉浸淫掛猿朝落餓鼯夜吟菓叢藥苑桃溪橘林梢
雲拂石結暗生陰保自然之雅趣鄙人間之荒雜望
島嶼之邅回面江源之重沓流泛月之夜迴曳光烟
之曉匝風引蜩而嘶譟雨鳴林而翛颯鳥稍狎而知
來雲無情而自合邐乃野開靈塔地築禪居喜園迢
遞樂樹扶疎經行藉草宴坐臨渠持戒振錫度影甘
蔬堅固之林可喻寂滅之鄉蹔如異曲終而愁起非
木落而悲始豈降志而辱身不露才而揚己終風雨
之如晦倦雞鳴而聒耳幸避地而高棲憑調御之遺
旨抑四辨之微言悟三乘之妙理遺十纏之繫縛袪
五惑之塵滓久遺榮於勢利庶忘累於妻子感意氣
於疇日寄知言於來祀何遠客之可悲知自憐而可
已

華嚴寺在府東五里舊去七十里（唐嚴維和皇甫大夫夏日遊華嚴寺詩）福地華嚴會王家少長行到宮龍節駐禮塔雁行成蓮界千峯靜倚天一雨清禪庭未可戀聖主寄蒼生（宋陸游記）會稽五雲鄉有山曰黃塚山之麓原野曠水泉冽岡巒抱負嵩崒森立而地邪不治者不知幾何年矣或謂古嘗立精舍以待天衣雲門遊僧之往者有石刻具其事其後寺廢石亡慶元三年馬君正卿嵩卿以餘貲買地築室擇僧守之乃告于府牧丞相葛公以華嚴院額徙置焉 以上隸會稽

山陰天章寺在蘭渚山今蘭亭曲水在其側舊有右軍畫像及書堂宋至道二年仁宗降御書天章之寺四字額或謂仁宗書此額時本書真宗御集閣天章

之閣四字既成聖意未愜再書之前本遂不用有內侍奏章獻太后言越州天章寺天下名山今欲乞皇帝更書一寺字易閣字以賜太后與帝欣然許之此四字是也紹興八年高宗降御書蘭亭序石刻元季寺燬于火碑像猶在舊有供應田千畝今則蝕於豪右久矣

天衣寺在法華山前有十峯雙澗晉義熙十三年高僧曇翼結庵誦法華經多靈異內使孟顗請置法華寺至梁惠舉禪師亦隱此山武帝徵之不至昭明太

子遺以金縷木蘭袈裟遂以天衣名寺宋嘉泰中翼公所頂戴紫檀十二面觀音及梁太子遺舉公金縷木蘭袈裟紅銀藻瓶紅瑠璃鉢猶具在寺又有化身普賢及飛來銅像化身普賢即曇翼所立飛來銅像乃海南維衛無量壽佛像云是西域阿育王第四女以瘗貌寢陋冀其端嚴捨金銅冶鑄斯像四十九軀首飾火焰足飾蓮花布散天下爲衆生植福之本浮海而至梁武以施山中奉於西序寺多杜鵑花每歲盛開觀者競集寺後有十峯堂堂之前有唐李邕撰

碑斷石尚存元末寺燬於火佛像碑悉煨燼明洪武中再建寺嘉靖初僧亦稍修之田產尚盛三十五年召佃爲民業寺遂廢〔唐李邕碑〕昔者法王道開幡山相現信是大事職非小緣順喻非多證入彌遠故以三界爲宅五濁爲家四生爲子六度爲門轉致熱惱之衆延巢淸凉之都念兹在兹廣矣大矣法華寺者晉義熙十三年釋曇翼法師之所建也師初依廬山遠公後詣關公羅什早入禪慧尤邃佛乘與沙門曇學俱遊會稽觀秦望西北山其峯五連其溪雙帶氣象靈勝林壑虛開營卜蘭若專精法華感普賢菩薩爲下里優婆提稱子於竹筐寄釋稱於蓬室及杲日初上相光忽臨乘舍上漢師想望太息沈吟永懷葉公好龍已遇眞物羅漢測佛獲了聖心太守孟覬以狀奏聞因以爲寺則知妙法者眞如之正體蓮華者淨道之假名是故宗厥經署厥榜了無量義成不住因至若高僧慧基邑人陳載皆

蹕武宗跡傳燈襲明或五州絶堂或七寶規殿立普賢座進蓮佛藍固足以發慧印啓元門入位畢臻出家借應或慧擧以徽或昭明再造或簡文瑞像或武帝香爐寶扇吟風珠幡交露僧繇墨意盡長毫之妙光宮女綖功織大身之寶相百寶盈於九隅羣經備於三藏所以神鐘警夜保賢聖之大居祥鳥蕭賓迓軒蓋之雲集登山而野曠心空洛水而垢除意淨性通七事戒總八關金杖五分優劣既等繪綵四色功德豈殊頃者亳州刺史前此邪別乘太原王公名法海廣大慧去煩惱之外糠得慈悲之內實起普賢臺一級寫法華經千部廣化人吏大啓津途即普賢臺立法華社地效其靈山呈其秀夫名者事之華碑者物之表其或表不立則瞻仰失容名不興則贊述無地願言刻石是用齊山其詞曰會稽南山秦望北寺高僧還住聖跡標奇耆闍北峯法華取義羣佛護持歷國檀施陸寶大來海珍總萃幡影連珠象光發瑞臺壓龍首殿開鳥翅松巘蕭疎竹澗蒼翠綱紀有光禪律不墜椽曹正直別乘仁智作爲碑板贊述名字

宋之問遊法華寺詩高岫擬耆闍真乘引妙車空中結樓殿意表出雲霞後果纏三足前因感六牙宴林薫寳樹水溜滴金沙寒谷梅猶淺溫庭菊未華臺香紅藥亂塔影綠篁遮果漸輪王族緣超梵帝家晨行踏忍草夜誦得靈花江郡將何匹天都亦未加朝來沿泛所應是逐仙槎又薄遊京都日遙羨稽山名分刺江海郡竭來徵素情松露洗心眷象筵敷念誠薄雲界青嶂皎日騫朱甍苔澗深不測竹房閒且清感眞六象見垂兆二鳥鳴古今作盡跡中州莫與京林巘永棲業豈伊佐一生浮俗雖已夕事試去來成觀念辛相續庶幾最後明嚴維宿法華寺詩一夕雨沉沉哀猿萬木吟陰龍常護法長老密看心魚梵空山靜紗燈古殿深無生久已學白髮浪相侵皇甫冉奉和獨孤中丞遊法華寺詩謝君臨郡府越國舊山川訪道三千界當仁五百年巖空騶馭響樹密旆旌連閣影凌空壁松聲助亂泉開門得初地伏檻接諸天向背春光滿樓臺古製全羣峯爭彩翠百谷會風煙香象隨僧久祥烏報客先清心乘暇日稽首慕良緣

法證無僧偈詩成大雅篇蒼生望已久迴駕獨依然
劉長卿題靈祐上人法華院木蘭花詩庭種南中樹
年華幾度新已依初地長獨發舊園春映日成華蓋
搖風散錦茵色空榮落處香醉往來人苔蘚千燈徧
芳菲一雨均高歌儻爲懺度海有良因于良史春山
夜月詩春來多勝事賞翫夜忘歸掬水月在手弄花
香滿衣興來無遠近欲去惜芳菲南望鐘鳴處樓臺
深翠微方干詩砌下松巔有鶴棲孤猿亦在鶴邊啼
臥聞雷雨歸巖早坐見星辰去地低一徑穿緣應就
郭千花掩映似無溪是非生死多憂惱此日蒙師爲
破迷吳融詩寺近十峯陰穿緣一徑尋雲藏古殿暗
石護小房深宿鳥連僧定寒猿應客吟上方應見海
月出試登臨僧皎然法華寺望高峯贈如獻上人詩
風色秋天見松聲靜夜聞影孤長不在行道入深雲
冬日遊和盧使君幼平綦毋居士遊法華寺高頂臨
湖亭仁芳標絕境廉守躡高蹤天見纔分剎風傳欲
盡鐘城中歸路遠湖上碧山重水照千花界雲開七
葉峯寒空艾綬滿晴翠白綸濃逸韻知難繼佳遊恨

不逢仍聞無禪石爲我久從容（宿法華寺）心與空林共杳冥孤燈寒竹自青熒不知何處小乘客一夜風前誦佛經（江上人禪居）路入松聲遠更奇山光水色共參差中峯禪寂一僧在坐對梁朝老桂枝（宋王十朋詩）稽山高入雲鑑湖闊浮空禹秦有餘跡晉宋多鉅公我來歲及周夢寐懷清風茲欣天氣佳扶桑欲曈曨駕言天衣遊盍簪盡鵷鴻經夙戒行李如期集仙宮聯騎出城南行行指秦峯千巖競吐秀眼界清無窮招提在何許十里松陰濃林端忽鐘磬與客爲先容羣簪擁花界雙珮鳴寒空試將比天台大畧如思豐首讀邕浩碑妙理開昏蒙細觀元白詩丘壑羅胷中蕭壁尚棋面梁薪幾經烘慈宮現有相禪客談無同朝陽最嶄絕白雲抹其胷杜鵑天下無至今映山紅翼僧始開山道業聞清東惠舉詔不起高價傾江東袈裟縷黃金宮女自針工昭明親抱送禮意何太恭白馬忽渡江臺城喪英雄國破遺衣在丹青落塵容我輩皆書生意氣飄如虹蠟屐共尋幽寧求香火功載酒懷賀老招隱思戴顒賦詩效吹臺一飯敢

不忠況我賢使君德宇尤疎通楚醴餉百榼白衣走山中嗟余何爲者天資愧倥侗謬與酒中仙偶同戢山松同年妙詞章況有山水供古詩如古琴山高水溶溶背囊小奚拏捧硯長鬚僮勝遊與佳作二美今其逢品題徧羣英波瀾及孤蹤掬水弄花向比擬何凡庸茲會如蘭亭同行類荀龍盛事在詩史奚用呼畫工（明劉基詩三首）城上餘寒曉氣凝湖邊春樹綠層層三山獨表秦皇望衆水皆朝夏后陵白眼嗣宗終嗜酒青鞋杜子謾詩僧仙都石室烟霞裏早晚相攜策瘦藤（又）即看梅蕋發江南漸見柔桑可浴蠶日鑄雨餘峯似鬟雲門烟合樹如藍青猿不避遊人過碧澗能消宿酒酣況有山僧頗解事何妨聊駐使君驂（又）可愛寒潭似鏡淸淸光寒氣襲軒楹草根流水泠泠出石上潛魚箇箇横翠靄驚風和露滴白沙得而照人明故鄉近報猶豹虎愁對滄浪詠濯纓

法雲寺在府城西北八里本名王舍城寺久廢吳越

時有大校巡警見其地有光景乃復興葺宋時陸中允諸公又捨園地益之建炎初金兵入越有三騎至寺主僧道亨閉寺擊殺之尸諸門及後騎至遂焚寺道亨復營葺不少挫未成而卒其後自修契彝繼之乃成往時有重喜者不知何郡人爲童子時擁篲掃廊忽渙然有省遂能詩有傑句元豐中居法雲寺〔嘗作詩〕地爐無火客囊空雪似楊花落歲窮捨得斷麻縫破衲不知身在寂寥中

本覺寺在梅山後唐清泰三年節度副使謝恩恭捨宅建初號靜明寺有雲峯堂以曾文清詩得名亦有公手書行記後有適南亭可以望海又有子眞泉宋趙

〔朴詩〕上方金碧冠諸峯知是蓬萊第幾宮畫舫去尋湖面濶危亭登望海門通梅山舊說爲眞隱佛子新傳倡祖風却憶前春曾遍覽至今來往夢魂中

融光寺在城西三十里舊傳柯亭即其地也宋時接待院明正統十二年詔從侍郎王佑言賜經一藏

柯山寺在柯山下山產石爲民所採成巖洞巧匠琢爲佛唐以來創寺覆之後圮明萬曆間副使黄猷吉重建更名普照寺年久復頹　本朝康熙五十七年邑人南陽知府沈淵捐千金葺之石佛高五丈餘俱飾以金〔唐僧皎然詩〕江郡當秋景期將道者同跡高憐竹寺夜靜賞蓮宮古磬淸霜下寒山曉月

中詩情緣景發法性寄筌空翻譯推南本何人繼謝公

臨江寺在牛頭山晉天福中建上有石室旁有陸太傅書院嘉泰志無臨江寺而有延福院云在山陰縣西六十里牛頭山麓晉天福三年置建炎中火紹興五年重建乾道五年畢工景德初陸太傅軫與鄉士習業於此嘗遇大雪絕食禱山神獲二鹿焉及陸公直集賢院來守鄉邦遣衙校致祭書堂在寺西北隅今寺僧猶能識其處按此兩寺疑即一寺〔明劉基詩〕天下干戈靖未能遇山佳處且須登日烘灌木啼黃鳥風動殘花落紫藤埋迹自非逃世士息心也愛坐禪僧一聲

長嘯雲霞裏頭上蒼崖似欲崩（王冕詩）山靈本是愛山農況是登臨重復重海水浮來多怪石雲霄上接有高松志情淺淺溪小鳥不而深深洞底龍帶甲如今滿天地烟霞合此寄高蹤（錙續詩）旭日上高林千崖散佳色同胞忽相命力疾振輕策行覩林表峯過憇松畔石蘿逕互廻復草烟半明滅時過荷蓧翁復值逃禪客居然洽真賞談笑務相悅爲沽幽磴雲瓶煑陰崖雪念因靈境迷興爲故人發此地可逍遙云何成遽別（錙師邵詩）近水山開處中林客到時風高松子落露濕菊花垂陶令自躭酒遠公仍愛詩相隨小童子休道滯還期

安昌寺在清風鄉（唐孫逖立秋日題安昌寺北亭詩）樓觀倚長霄登攀及霽朝高如石門頂勝擬赤城標天路雲虹近人寰氣像遙山闔伯禹廟江落伍胥潮徂暑迎秋薄涼風是日飄果林惟苦李萍水覆甘蕉覽古嗟懷漫陵空愛泬寥更聞金剎下鐘磬晚蕭蕭

福安寺在塗山東麓地名西余後唐長興元年建（明羅頎詩）密密松篁覆古阡入林方見寶幢懸樓聽潮汐三江近山引滄洲七寺連棲鶻枝頭傳粥鼓眠牛溪上起爐烟老僧盡日巖扉底迎客推供禹井泉

上方寺在上方山晉天福二年建（明周祚詩）江邊靈氣聚孤寺發山隈萬竹鄭春暮群花入霧開秉閒移屐履遠眺棲樓臺一水毫茫見千峯襍沓來呼嘷雲日出蕩漾海風迴白日扶天表紅宮逼上台更疑金作地番訝繡成堆物色傷朝代虛無數刼灰階房金筆刻古瓦玉芝之裁披豁當荒野淹留對酒杯依然興不淺作賦擬鄒枚（魏直詩）閒來須到上方遊興盡還乘月下舟百里湖光烟樹晚萬家燈火水城秋世途自覺誇華促杯酒何妨逆旅謀更憶高人共登眺不勝烟景滿滄洲

花徑寺在花徑山元大曆中建（明僧懷讓詩）畫壁瘖塵凝蘿龕冷佛燈壞

垣欹老樹古塔擁殘僧齋斷禽長散樓傾客罷登生涯同幻泡興廢總難憑懷讓不知何地人嘗遊會稽諸寺題詩甚多

大慶尼寺在府城南三里晉永康元年有諸葛姥日投錢井中一日錢溢井外遂置靈寶寺唐會昌中毀廢大中復建常選名行尼主焉頗習經學勵行業今久廢

會稽石佛妙相寺在府城東五里唐太和九年建號南崇寺會昌廢晉天福中僧行欽於廢寺前水中得石佛遂重建宋治平三年賜今額石佛高財二尺餘

背有銘曰齊永明六年太歲戊辰於吳郡敬造維衛尊像凡十有八字筆法亦工嘉泰志曰會稽未嘗號吳郡隋嘗名吳州然在此後百餘年此佛既得之水中又一人可負之而趨者安知非吳郡所造而遷移在會稽耶

大禹寺在禹陵之左梁大同十一年建自唐以來為名刹唐孟浩然義公禪房詩義公習禪寂結宇依空林戶外一峯秀堦前衆壑深夕陽連雨足空翠落庭陰看取蓮花淨方知不染心

靈峯寺在府城東南二十二里宋開寶九年觀察使錢儀建初號三峯院治平元年賜今額明劉基活水源記靈峯之山其上曰金雞之峯其草多竹其木多楓櫧多松其鳥多竹雞其狀如雞而小有文彩善鳴寺居山中山

四面環之其前山曰陶山華陽外史弘景之所隱居其東南山曰日鑄之峯歐冶子之所鑄劍也寺之後薄崖石有闇曰松風菴上人居之有泉焉其始出石罅涓涓然冬溫而夏寒浸爲小渠冬夏不枯乃溢而西南流乃伏行沙土中旁出爲四小池東至山麓瀦爲大池又東注于若耶之溪又東北入于湖其初爲渠時深不踰尺而澄澈可鑒俯視則崖上松竹草木皆在水底故秘書卿白野公恒來遊終日坐水旁名之曰活水源其中有石蟹大如錢有小鰕魚色正黑居石穴中有水鼠常來食之其草多水松菖蒲有鳥大如鵁鶄黑色而赤嘴恒鳴其上音如竹雞而滑有三鸜鵒恒從竹中下立石上浴飲畢鳴而去予早春來時方甚寒諸水族皆隱而不出至是悉出又有蟲四五枚皆大如小指狀如半蓮子終日旋轉行水面日照其背色若紫水晶不知其何蟲也予既愛茲水之清又愛其出之不窮而能使羣動咸來依有君子之德焉上人又曰屬歲旱時水所出能溉田數畝則其澤又能及物宜乎白野公之深愛之也（詩二首）靈

峯寺閣倚松風風細松高閣更空何處流泉生石上有人鳴玉下雲中花飄霧露春香滿影動龍蛇曉日融安得身如列禦寇翩翩高舉共冥鴻（又）靈峯之中樓倚山山雲日夕棲其間九霄雲露隨高下六月風雷送往還靑嶂曉光浮藻棁銀河夜氣濕松關天台向上無多路鷲嶺烟霞此可攀

雲門寺在雲門山舊志云或謂雲門寺本面東主秦望而對陶宴等山如列屏障會昌廢寺後止存一小殿面南未毀遂附益以爲寺非復舊址而舊址乃多犂以爲田宋紹興中淮僧廣勤爲雍熙副院嘗因牛足陷得小銅維衛佛像於田中葢古雲門寺地也明天啓二年僧福坤於舊址重建有僧雪嶠住持本寺

壽卒瘞於寺之右隴

國朝順治十七年　賜帑銀五百兩修雲嶠塔奉有

上諭載雲嶠傳

雲門廣孝寺在雲門山晉義熙三年建寺有彌陀道場杭僧元照書額門外有橋亭名麗句亭刻唐以來名士詩最多先唐時雲門止有此一寺後乃裂而爲四雍熙者懺堂也顯聖者看經院也壽聖者老宿所棲菴也有宋高宗御書傳忠廣孝之寺六字碑寺之前有辨才塔今按虞集所撰記言雲門言廣孝其沿

華有分合矣寺在雲門山者皆得稱以雲門寺故昔人題詠動曰雲門今雲門與廣孝號分爲二又山中有六寺之目而題詠自昔共之無從分屬聊附於後云

〔元虞集雲門寺記〕今天下名山爲佛氏之奥區者有五臺峨嵋廬阜衡岳天台之屬皆雄高奇偉非堅志强力忘年歷險者不足以窮其勝也其在國都會府貴重嚴閟遊者以瞻望爲艱而一丘一壑昔人遺跡之所存其細大盛衰又不可一槩論也然則以風致言之其惟會稽雲門乎曩有斷江禪師恩公住吳郡之開元則韋太守賦詩之地予適吳與之遊未嘗不道雲門也蓋會稽有剡溪鑑湖蘭亭東山禹穴六朝以來幽人勝士之所經歷好事者喜傳之且其爲郡地偏而安俗醇而秀非有靈怪瓌異以蕩人心而故家遺俗流風餘韻接千歲而不泯良田沃壤可以自給無風塵陸梁之虞干戈不及士大夫尚文而

好靜樂仕是邦者或不復思去有餘不至於修不足不至於陋海内未有能過之者也予先世自永興公始仕於唐陪葬昭陵遂封其郡爲雍人永興公之父太傅公墓猶在定水院後也後遷蜀而至於予蓋二十世矣故開恩公之説悠然故鄉之思也且雲門之爲寺在秦望山之麓寛衍紆徐無捫歷之勞千仞可以馭至其人不厭賓客終年忘歸精舍靜居環數十里絶凡俗勢利之紛紜秦望之高巔杯分江海一顧盼而盡得之古人所謂山川景物應接不暇者東峯西崦不出於徙倚之從容而茂林修竹崇山峻嶺之内又詎可一言而盡乎自與恩公別二十有五年雖羈存殁而雲門常往來於懷也於是雲門僧住溧水之開福者曰清昱使其徒前龍興侍者法堅來請雲門寺記則猶有恩公之遺意也其言曰寺本中書令王獻之舊宅東晉安帝義熙三年有五色雲現其上事聞安帝是以有雲門之稱也高僧帛道猷始居之前有法曠之幽栖中有竺道一從猷之招而至後支遁道林講經於茲山焉逮至梁代受業雲門者則有

洪偃避兵縉雲歸葺廬舍結衆勵業智永名法極右
軍七世孫書有家法其兄子惠欣亦出家能書與永
齊名武帝重之改號永欣寺智果其弟子智諧其兄
師也皆以善書聞辯才永師之孫世傳寶藏右軍蘭
亭修禊序唐太宗使御史蕭翼以計取之其人也六
祖慧能禪師說法曹溪時秦望山有善現在弟子之
目代宗時茂亮以法師敎內庭不自安而歸其學者
曇一律師與之終老山中弘明法師誦法華經而能
水自滿靈一靈澈兩律師皆有盛名於是時徹通禪
觀詩文藏秘府數百年來與地相接因而聞者則有
任公釣石陶隱君書堂葛元井何胤基謝敷宅鄭弘
泉唐人之與寺僧遊而見諸吟咏者則有王維杜牧
之宋之問顧況劉長卿元微之嚴維郎士元皇甫冉
之流也會昌唐武宗沙汰寺毀宣宗大中六年觀察
使李褒奏請重建賜號拯迷寺五代之亂淨侶散去
海晏居之爲石霜諸弟子則靑原石頭藥山道吾之
緒也度人傳派以甲乙主之然門人去而爲禪爲敎
爲律不一也晉高祖天福中子濛作上庵宋建隆壬

戊希宴作看經院開寶壬申重曜作永興懺院雍從
大台韶國師學淳化五年又改曰淳化寺天禧中濟
外蘊言志智圓智端皆以其淨行願力入脩其寺慶
歷七年國子博士齊莱造山門殿棟有皇祐元年之
識焉彥強仲皎有詩名禪照大師者楊文公億錢太
傳惟演王學士隨皆賦詩送其歸雲門焉是時明教
嵩禪師嘗過之比至蜀還有詩賦其懷慕之意諸方
歸之咸淳中宋且亡廣勤居之勢家奏爲墳寺更曰
傳忠廣孝之寺云寺舊有地田山三百餘畝郡於南
宋爲畿甸將相家若韓若陸若賈等多所施與爲師
者求弟子極慎重視髮於寺者多衣冠子孫是以至
於我元而日加盛也其寺凡十二房曰紫霞丹井凝
暉朝陽長春雲壑西巖東隱東院東谷東巖寂照寺
常推尊宿以爲之主收租賦供給寺事每四房每歲
擇一人以相之豐則分其贏儉則助其不給又築三
庵於勝處曰龍山紫霞之曇密曰慶雲東巖之善用
曰深居則丹井之允若也僧皆修潔樂其幽暇不事
馳騖是以能久安山川之勝焉力相與謀曰前代之

可書者多矣而湮沒無文其可慨乎各錄其所知於書者允若淸昱起潛也其參伍不齊則稽諸法堅而得之數人者又皆能詩善書其所由來遠哉今雲門有寺六廣孝恩昱諸公所居也上庵曰廣福看經院曰顯聖永興懺院曰雍熙西曰普濟南曰明覺各有勝地歲月可書茲不盡記云〔唐宋之間遊雲門寺詩〕維舟探靜域作禮事尊經投迹一蕭散爲心自杳冥龕依大禹穴樓倚少微星沓嶂圍蘭若廻溪抱竹庭覺花塗砌白甘露洗山青雁塔褰金地虹橋轉翠屏人天宵現景神鬼晝潛形理勝常虛寂緣空自感靈入禪從鵲繞說法有龍聽劫累終期滅塵躬且未寧搖搖不安寐待月詠巖扃〔又宿雲門寺〕雲門若耶裏泛溢路纔通夤緣綠篠岸遂得青蓮宮天香衆壑滿夜梵前山空漾漾潭際月飄飄杉上風茲焉多嘉遯數子今莫同鳳歸慨處士鹿化聞仙公樵路鄭州北舉井阿巖東永夜豈云寐曙華忽葱蘢谷鳥轉尚澁源桃驚未紅再詠期春暮當造林端窮庶幾躡謝客開山投剡中〔孟浩然遊雲門寺寄越府包戶曹徐起

居詩〕我行適諸越夢寐懷所歡久負獨往願今來恣
遊盤台嶺踐嶝石耶溪泝林湍捨舟入香界登閣憇
旃檀晴山秦望近春水鏡湖寬遠行佇應接卑位徒
勞安白雲去久滯滄海堨來觀故國眇天末良朋在
朝端遲爾同攜手何時方掛冠〔又雲門寺西六七里
聞符公蘭若最幽與薛八同往〕謂余獨迷方逢子亦
在野結交指松栢問法尋蘭若小溪劣容舟怪石屢
驚馬所居最幽絕所住皆靜者密篠夾路旁清泉流
舍下上人亦何閑塵念俱已捨四禪合真如一切是
虛假願承甘露潤喜得惠風灑依止此山門誰能效
丘也〔孫逖奉和崔司馬遊雲門寺詩〕繫馬清溪樹禪
門春氣濃香臺花下出講坐竹間逢覺路山童引經
行谷鳥從更言窮寂滅廻策上南峯〔又酬萬八賀九
雲門下歸溪中作〕晚從靈境出林壑曙雲飛稍覺清
溪盡廻瞻晝剎微獨園餘興在孤棹宿心違更憶登
攀處天香盈袖歸〔王維宿雲門上方道一上人院詩〕
一公棲太白高頂出雲烟梵流諸洞徧花雨一峯偏
跡爲無心隱名因立教傳鳥來還語法客去更安禪

書涉松溪盡莫投蘭若邊洞房隱深竹靜夜聞遙泉向是雲霞裏今成枕簟前豈惟暫留宿服坐將窮年（劉長卿雲門寺訪靈一上人詩）所思勞日夕惆悵去西東禪客知何在春山到處同獨行殘雪裏相見白雲中請近東林寺窮年事遠公（又寄靈一上人初還雲門）寒霜白雲裏法侶自相攜竹徑通城下松風隔水西方同沃洲去不作武陵迷髣髴知心處高峯是會稽（又和靈一上人新泉）東林一泉出復與遠公期石淺寒流處山空夜落時夢聞細響處澹對淸漪動靜皆無意惟應達者知（皇甫曾送著公歸越詩）誰能愁此別到越會相逢長憶雲門寺門前千萬峯不然埋積雪山路倒枯松莫學白道士無人知去蹤（錢起奉陪使君十四叔晚憩大雲門寺詩）野寺千家外閑行晚暫過炎氛臨水盡夕照傍林多境對知心妄人安覺政和繩牀搖麈尾佳趣滿滄波（嚴維同韓翃員外宿雲門寺詩）中令遺蹤在前郎此夕過潭空觀月定澗靜見雲多竹翠烟深色松聲雨點和萬緣俱不有對境自垂蘿（又奉和獨孤中丞遊雲門寺作）絕

壑開花界耶溪極上源光擲三石座登陟五雲門
木鳴騶馭晴山耀武賁亂泉觀坐臥跡磬發朝昏
翠新秋色莽若積雨痕上方看度鳥後殿聽吟猿興
跡焚香對新詩酌茗論歸來還撫俗諸老莫攀援（又
聯句）（嚴維）喜從林下會還憶府中賢（謝良弼）石路雲
門裏花宮玉笥前（裴冕）風搖侵岸竹溪引出山泉（呂
渭）猿飲無人處琴鳴淺溜邊（鄭槩）黃粱誰共飯香茗
憶同煎（陳元初）暫與眞僧對遙知靜者便（靈一）清言
皆壘壘佳句又翩翩竟日懷君子沉吟對暮天（又謝
良弼）山中秋賞罷溪上晚歸時（呂渭）山谷泰人望經
湖謝客期（鄭槩）日斜愁路遠風夜畏舟遲（嚴維）章句
懷文友途程問楫師（裴冕）淺沙浮蚌蛤危日起鸕鷀（
陳元初）敗葉孤飛絮橫堂向古祠（蕭初和）行行都逸
興無處不相思（秦系）宿雲門上方（詩）禪室遙看峯頂
頭白雲東去水長流松間倘許幽人住不更將錢買
沃洲（姚合）詩二首千重山崦裏樓閣影參差未暇尋
僧院先看署寺碑竹深行漸暗石隱坐多時古塔能
蛇善陰廊鳥雀癡雲開上界近泉落下方遲爲愛青

桐葉因題滿樹詩（又）長松落落勝天台佛殿經窓牢
領開郭裏鐘聲山裏去上方流水下方參黔皃詩）幽
深誰掩關淸淨自多閒一雨收衆秋孤雲還遠山花
委綠苔上鴿乳翠樓閒嵐靄焚香夕容聽半偈還（劉
得仁詩）上方僧又起淸磬出林初吟苦曉燈暗露零
寒草疎舊山多夢到流水送愁餘寄寺欲經歲慚無
親故書（李嘉祐同皇甫冉赴官留別靈一上人詩）法
許廬山遠詩傳休上人獨歸雙樹宿歸與百花親對
却雖留與觀空已悟身能令折腰客遂想竹房春（項
斯詩）松葉重重覆翠微黃怜溪上見人稀月明古寺
客初到風度閒門僧未歸山果經霜多自落水螢穿
竹不停飛中宵能得幾時睡又被鐘聲催着衣（羅鄴
詩）千峯白露後石壁掛殘燈曙色海邊日經聲松下
僧意閒門不閉年去水空澄稽首如何問森羅盡一
乘（僧皎然詩）越山千萬雲門絕西僧貌古還明月淸
朝掃不行道歸松下眠禪看松雪（僧靈一酬皇甫冉
詩）湖南通古寺來往意無涯欲識雲門路千峯到若
邪侔山子敬宅古木謝敷家自可長偕隱那云別去

賦（僧德圓詩）若耶溪邊寺幽勝絶塵囂一洞花將發千巖雪未消依陰生徑竹野色映溪橋漸賞登高處鐘聲應寂寥（宋錢惟演詩）精舍依巖巘香林結薜蘿崇臺含夕靄危閣架春波淨飯供蒲寡眞詮譯貝多幾時輝晝錦松下駐鳴珂（蘇舜欽詩）翠嶂環合封白雲中有蕭寺三爲嶙老松偃蹇若傲世飛湍奔薄如避人蒼猿嘯斷夜月古丹花開落陽崖春盤桓幾日不忍去舟出耶溪猶惨神（王銍詩二首）慘慘楓林叫竹雞冥冥山路曉光微花間宿霧侵衣重石上春泉帶雨飛境好不妨俱入眼心閒到處是忘機天涯依舊生芳草何事王孫去不歸（又）青山春又到白髮策烏藤已是他鄉客還同寄住僧瘦松黏凍雪流水帶寒冰更覺蒼崖路雲深不可登（陸游詩七首）蕭寺久不到偶來幽興長蟻穿珠九曲蜂釀蜜千房雨過山横翠霜新橘弄黃年衰道不進珍重一爐香（又）花過木陰合溪雲生暮凉牛行響白水鷺下點青秧古寺宛如昔稚松森已行耆年不下榻童子爲燒香（又）小住初爲旬日期二年流滯未應非尋碑野寺雲生屨

送客溪橋雪滿衣親滌硯池餘墨漬臥看爐面散烟霏他年遊宦應無此早買漁蓑未老歸（又）乍行春野眼增明漸減春衣體倍輕人賣山花先穀雨鴉隨墦祭過清明柳塘水滿雙鳬戲稻壟泥深一犢行晚到三橋泛舟去掩關不復畏重城（又）經行猶記髮髫初所至渾如過故墟橋廢夕陽空鶴表碑亡春草沒龜趺荒郊渺渺牛羊下叢木蕭蕭鳥雀呼可恨一衰今至此右攜筇杖左人扶（又）度嶺穿林一徑斜旋篘新火試新茶箬包粉餌祠寒食雨濕青鞋上若耶石罅微泉來滴瀝溪崖老木臥槎牙不須苦覓東柯谷是處雲山可寄家（又）總角來遊老未忘背人歲月去堂堂栟松看到偃松蓋廢寺憶曾開寶坊佛几古燈寒焰短齋廚新粟午炊香興闌未恐登車去更倚溪橋立夕陽（釋如蘭詩）谿閣重重翠掩遮無時雲氣濕袈裟千峯樹色藏朝雨六寺鐘聲送晚鴉筆冢天寒收柿葉茶壇風細掃松花倦遊每憶消閑地早晚扁舟向若耶（明劉基詩）若耶溪頭過新雨雲門寺前芳草長好將裊裊紉衣帶更取辛夷結佩纕綠鬢朱顏非

昔日茂林修竹是仙鄉東風且莫吹花盡遠客傷春
易斷腸（毛鉉詩）積雪蔽招提空虛夜生白開門不見
人鳥棲山正寂疎星帶長汀淡月照幽壁遠樹看欲
無近水聞更滴旁觀雲外峯忽現青蓮色此境足安
禪何爲
迷所適

雍熙院在雲門寺南一里十步初僧重曜於拯迷寺
之西建懺堂號淨名庵宋開寶五年觀察使錢儀廣
之爲大乘永興禪院懺堂在佛殿後法堂前當時觀
音像猶在雍熙二年改賜今額紹興元年賜尚書陸
佃爲功德院院額錢惟治書院前橋亭曰好泉亭取
范文正巖有好泉來之句又有牧菴朝陽亭及范丞

相純仁兄弟章樞密粢曾舍人鞏晁侍讀說之江少卿緯康博士布題名今廢吳越忠懿王遺重曜第一書報雲門山淨名庵長老重曜今差人齎到白乳茶三十斤稜[illegible]香爐一隻牙香五斤金花合盛重五十兩仍支現錢一百千文足陌可親入懺保安遣此示諭不具押字付第二書報越國雲門山淨名庵長老重曜昨據節度使錢儀中所請爲宮中入懺保安重具悉師心鏡絶塵衣珠無纇脩釋氏務二之訓得淨名不二之宗洎掛錫寶坊棲眞玉笥節使素欽於景行遠有來聞國家因罄於精誠遂可其請況奇峯疋聳炎景斯煩非坐非行頗勞精進傾心引領尤媿忠勤今則再賜到乳茶三十斤乳香三十斤至可領也夏㶩想得平安好故茲告諭想宜知之不具押字付長老重曜二書俱勒石存院

寶嚴寺舊額顯聖寺也　本朝康熙四十六年

勅賜今額寺初名看經院周顯德二年建宋乾德二年賜號雲門寺至道二年改顯聖寺後廢明萬曆二十二年名僧圓澄重建圓澄字湛然具大慧力爲洞山中興之祖寺後有王子敬筆倉

壽聖院晉天福六年建初名上庵宋熙寧三年賜壽聖額隆興元年改廣福今廢嘉泰志云雲門四寺相比廣福最在其上小而秀邃可喜旁又有雲泉雲峯庵皆幽勝而虞記則云雲門寺六有普濟明覺要之二寺相去遠只四寺爲是宋陸游壽聖院記雲門寺自晉唐以來名天下父老

言昔盛時繚山並溪樓塔重複依巖跨壑金碧飛湧
遊觀者累日乃遍雖寺中人旬月不相覿也入寺稍
西石壁峯爲看經院又西爲藥師院又西繚而北爲
上方已而少衰於是看經別爲寺曰顯聖藥師別爲
寺曰雍熙最後上方亦別曰壽聖而古雲門寺更曰
淳化一山凡四寺壽聖最小不得與三寺班然山尤
勝絕遊山者自淳化歷顯聖雍熙酌煉丹泉闚筆倉
追葛稚川王子敬之遺風行聽灘聲而坐蔭木影徘
徊好泉亭上山水之樂饜飫極矣而亭之旁始得支
徑逶迤如綫修竹老木怪藤醜石交覆而角立破崖
絕澗奔泉迅流㵞呀而噴薄方暑凛然以寒正晝仰
視不見日影如此行百餘步始知壽聖嶄然孤絕老
僧四五人引水種蔬見客不知拱揖客無所主而去
僧亦竟不知辭謝好奇者或更以此喜之今年予來
南而四五人者相與送予至新谿且曰吾寺舊無記
願得君之文磨刻崖石予異其朴野而能知此也遂
與爲記然憶爲兒時往來寺中今三十年屋益古竹
樹益蒼老而物色亦幽奇予亦有白髮久矣顧未知

寺之文辭亦能少加老否寺得額以治平某年某月後九十餘年紹興丁丑歲十一月十七日吳興陸游記

普濟寺在府城東四十里宋乾德元年盧文朗建郎晉鴻明禪師誦經之地何充累請聽經故又號何山院今廢明劉基詩偶從靈峯來遂作雙峯遊雙峯何峩峩俯仰耶溪流炎天正埃鬱欲往安所投喜見農事成秔稻滿中丘步入古寺門信美無與儔深池對曲路水木自深幽飛蘿冒松栢上有猿與猴登樓散煩熱坐把山綢繆更愛山下泉冷冷洩陰溝青苔閟修竹竟日涼風留披軒眺西崖煥若丹霞浮神劍去安之起望空斗牛沉思終永夜月白銀潢秋

明覺寺在剡浯山唐開元十八年建會昌廢晉天福

八年復建有千歲和尚塔亦有碑而其說荒惟不可考質然院頗幽絕可愛門外諸峯如柳柳州所謂林立四野者入門石壁屹立盛夏爽然如秋今廢（宋王銍寺中見晚梅詩）遙山天際斂眉峯清淺溪邊淡粉容落日寺橋人獨坐一燈明滅數聲鐘（陸游詩）細路盤青壁層軒倚碧空天香散塵外僧梵起雲中藤絡將頹石風號不斷松尤憐扶杖處肩下數飛鴻（元韓性修寺記）沿耶溪而南十里許是為雲門溪回路轉蒼崖壁立佛燈僧梵危出山半稍上舉武數十步俯視飛鴻遠數衆皺山門横陳是為明覺寺寺右蒼石磊磊是為燕坐巖循廡而西有小浮屠是為寶掌師塔按舊碑師西印土人生周威烈王丁卯年魏晉間至中國唐貞觀中築庵浦江使人為真像像成語其徒曰吾始願住世千年加七十二表世壽也吾滅後六十年有僧取吾骨塔於他山慎勿止之言訖而寂乃聖

顯二年丁巳正月初九日也其徒爲浮屠以塟五十四年當唐永隆二年有僧自雲門至刺涪諸塔作禮祝曰吾與塔有緣塔當自啓纔而塔戶頓開僧携靈骨於此土因塔建寺寺毀於火塔巍然獨存僧因舊地稍營葺之寺完請記吾聞異境必有異人居之異境不越寰宇之外而異人固無聞之雖佛祖亦人耳上壽一百二十人之所同師獨千歲而加世壽焉誠異于人矣其果然耶是皆昧無生之源而揭厲乎貪生之末流也故或以爲疑嗟乎佛祖壽命無窮常人壽命亦無窮小知自私忘失眞我成住壞空之相尋認一漚爲溟涬三壽之期亦人間意也佛祖憫之故世雄以無生爲至而有無量壽之名師住世千歲有餘而卒顯泥洹之相示人生滅以破顛倒之見耳綜實而言千歲之遠與彈指何異予觀於此山水流花開霜飛葉落師之妙用無一日而不在也夫法身常住故招提常住與葺一時可以記可以無記雖然世間諸相不離實際記之是也遂書其歲月使刻之石塔之建以唐永隆二年寺之建以開元十八年賜明

覺額於治平二年燬於至元二十年後三十餘年而寺復完

泰寧寺在府城東南四十里周世宗時建宋陸佃請爲功德院賜名證慈米芾書額外築亭曰慶顯紹興初以其地爲昭慈孟太后攢宫遷寺于山南二里白鹿峯下賜名泰寧而徙證慈額于曹娥其後宋六陵皆在此地故寺益加崇葺明永樂中災正統中遣北京僧德顒重建（明戴冠詩）寺門斜掩獨鳴驂山色留人晚更堪雨後疎螢明宿草日邊啼鳥背晴嵐龍函經古神呵護骨塔年深鬼嘯談唯有道人星月下焚香猶自禮蘿龕（虞淳詩）不須崔駕與鸞驂布襪青鞋到處堪霽景遠分千里樹秋雲淸鎖一溪嵐漁翁放棹緣溪入釋子携經對石談回首城

南塵百尺可能飛到白雲龕（劉棟詩）繚繞烟花又十年青苔白石尚依然穿雲再放登山屐好事兼携載酒船石谷聽鶯春雨歇野田飛雉麥花鮮五峯白鹿天台路不是乘槎牛渚邊

東山壽寧寺在府城東二十五里宋宣和五年陸祠部傅所建初蔡京爲黨禁凡故二府臣僚名在元祐黨者皆奪墳刹例更其名爲壽寧陸左丞證慈院其一也政和中詔皆復賜之額亦復其故祠部適以家貲建東山院成遂請于州以壽寧名之方建寺時祠部年逾六十方手植檜松人或笑之及歿年九十餘松皆喬木云

泰安寺在府東南四十里晉永和年建有觀音巖羅漢壇遺址僧若濟重脩

寶山證慈寺在曹娥鎮本陸佃寶山功德院額以攢
宮在彼改名泰寧乃徙額于此
稱心資德寺在稱山下梁大同三年建唐會昌中廢
大中五年觀察使李褒重建寺前有馬跑井嘉泰志
云稱心在唐爲名山與雲門天衣埒宋考功之問守
會稽時有遊稱心寺詩考功詩名冠冕一代李適以
爲自康樂以後殆爲絕唱此詩尤高絕信乎其似康
樂也又有唐律二篇見集中雲門天衣至今遊會稽
山水者必至焉惟稱心在海隅獨以僻遠寺又蕪茀

故詩人騷客有終不一到者名亦㕑而不彰豈獨人材有不遇哉（唐宋之問詩）步陟招提宮北極山游觀千巖遞縈遶萬壑殊悠漫喬木傳夕陽文軒劃清渙泄雲多表裏驚湖每昏日問子金門客何事滄洲畔謬以三署資來刺百城半人隱尚未弭歲華豈兼玩東山芝桂芳明發坐盈嘆（又）釋氏懷三隱清襟謁四禪江鳴湖未落林曉日初懸寶葉交香雨金沙吐細泉望諧舟客趣思發海人烟顧樞仍留馬乘盃久棄船未憂龜負嶽且識鳥耘田理契都無象心冥不倚筌安期庶可揖天地得齊年（其一）首闕孫遜和崔司馬登題稱心山寺詩）郡府乘休日王城訪道初覺花迎步履香草藉行車倚閣觀無際尋山盡太虛巖空迷禹蹟海靜望秦餘翡翠巢蛛網鵾鷄閉綺疏地靈資淨土水若護貞如寶樹臨攀折禪雲白巷舒晴分五湖勢烟合九霙居生滅紛無象窺臨已得魚嘗開寶刀贈今日奉瓊琚（方干詩）水本深不極似將星漢連中州惟此地上界別無天雪折停猿

樹花藏洛宦泉師爲
終老意日日復年年

白塔寺在白塔山（唐獨孤及詩）賀監湖東越嶺學地
形平處有禪關塔高影落門前水
茶熟香飄院後山幽谷鳥啼青檜老上方僧坐
白雲間有人若問廣陵散叔夜曾經到此間

天華寺在府城東六十里周廣順三年建號無礙浴
院明向鄉陶履中重建于
東關（宋呂頤簡詩）賀家湖上天華寺一一軒窗向
水開不用閉門防俗客愛閒能有幾人來

福慶寺在府城東南七十里晉將軍何充宅也世傳
充常設大會有一僧形容甚醜齋畢擲鉢騰空而去
且曰此當爲寺號靈嘉充遂捨爲靈嘉寺寺有于闐
鐘大中祥符六年改今額

方廣寺在儈塘宋時華嚴寺之子院也

延安寺在黃龍山宋建隆元年建號護國保安院治平三年改今額舊有樵雲樓今燬于火〔明僧懷讓題樵雲樓詩〕天峯結小樓旭日隔林丘拂檻石雲重捲簾花雨浮鶴分雙樹蔭龍借半潭秋忽動九江興尋詩來上頭

清修寺在府城東南八十里晉開運三年建〔明劉基詩〕華池浸階月高下共清瑩燗如長明燈飛入大圓鏡又疑鉛汞爐伏火發霄映層軒開九秋萬象出昏暝月來池色動月去池色定窺臨足遊適玩味見心性珍重無生侶於焉托清淨冥坐六塵空百魔從律令

傳燈寺在化鹿山下舊有平陽觀羽士甚盛明初罹兵燹　本朝康熙五年名僧道忞掫寺道忞字木陳

世祖賜號弘覺禪師在內道塲備顧問緇流以國師
呼之遠近聞風輻輳而至寺規畫宏壯甲於雲門諸
剎後爲奎煥樓藏
御賜宸章經營甫就未有寺額土人因舊觀名遂稱
爲平陽寺康熙四十四年
皇上勅賜傳燈寺名五十二年復頒
御書金剛經一部五十八年復
命巡撫織造大臣親詣寺中蓋先是大殿燬于火僧
無力振興

皇上廉知之欲爲修復計令方相度舊址具疏奏

聞

雲臺寺在東化鹿山宋雲門六寺之附庸也後圮明萬曆三十二年重剏久之又頹　本朝康熙四十六年高僧德璿徙其基十餘步復建殿宇數十楹其舊址改爲茶亭

大闢寺在白鹿尖下寺本古剎見傳燈錄中後廢明萬曆四十四年僧深明重興深明字空修有梵行

本朝康熙三十六年復建塔院於寺東南

慶雲寺在阜步舊有寺久圮　本朝康熙三十年僧智定即故址重建

蕭山祇園寺在縣西一百步晉咸和六年許詢捨二宅建寺山陰者曰祇園此曰崇化唐會昌中廢宋建隆元年重建有閣藏仁宗御書後歸寶文閣治平三年改今額今為習儀之所〔唐丘丹詩〕東晉許徵君西方彥上人生時猶定見悟後了前因靈塔多年古高僧苦行頻碑存纔記日藤老豈知春車騎歸蕭沓雲林識許詢千秋不相見悟定是吾身〔綦毋潛詩〕寶坊求往跡神理駐沿洄鴈墖酬前願王身更後來加持將暝合朗悟豁然開兩世分明見餘生復幾哉〔僧澤方詩〕問寺何名許當年捨宅基兩生元度搭千古嶽陽祠樹老梁朝檜苔封晉

代碑自嗟生太晚不識彦禪師（宋沈仁果撰）感應塔
記　昔者瞿曇氏之化天竺也將弘妙法式振辯才既
演暢於嵊山復湧現於靈塔久居多寶契乎宿因純
化之瑞斯可見矣洎無憂王之治閻洲也寘捜舍利
遐構佛陀括囊於八國之中經營於一日之內被乎
世界爛若星羅鬼國之憂斯可見矣由是教傳東國
法仰西方伊塔廟之聿興遂支提而寖廣徵諸善者
可得言之晉義熙二年隱士許詢字元度捨衣俗態
脫屣浮名捨第宅兩區建迦藍二所其一則營於鏡
水號曰祗洹其一則立彼蕭山目之崇化逈於餘衍
樹以浮圖唯之相輪未全香刹旋於中夜忽爾飛來
既道俗而式瞻且規矩而暗合未幾有番僧邂逅繞
塔踟躕或問其來非無所以乃言國爲天竺寺實菩
提遽失相輪遍搜印度遂杖錫跋履尋光現貞衆復
詰之奚以爲證訴以七寶營構諒匪五金作爲驗之
不誣信矣何爽元度載發弘願當與來生果克爲王
重建是塔浮世空嗟於閱水善根有若於移山逮夫
梁武受圖蕭氏命族至嶽陽王詧除會稽郡守將欲

理棹訪于志公歷彼川塗訣之休咎乃日令之分命蓋還舊居請詢曇彥上人在彼香嚴精舍無何法眼早已經心遂約緇徒佇迎元度數日嶽陽適至畫隼爰來夫彼彥師已伺門首乃謂曰許元度來何暮昔日浮圖今如故嶽陽王應之曰弟子姓蕭名詧豈許元度耶彥師既知宿命未通豈造次能喻于時延入虛室遽爇名香乃以定慧加之於是斯須怳若豁開疑罔鎮悟前生洞究因緣了在心耳俄命同載適彼蕭山爰止舊廬遂禮遺像既現龕中舍利兼騰基上神光仍於龕室之間採出斧鑿之類且悲且喜千載于三尋率俸金別營鴈塔不日而就異世合符稽彼感通有如影響邇後年祀夐遠世故推遷緬尋搆之冀存顧基垌之空在累代而下一貫不留遐考厥由宜乎有待吳越監軍節度使渤海公文武傑出忠孝間生實惟霸王之心腹久居元舊之爵位中立無倚出言有章多重寶綠水紅蓮得蘇吾春風夏雨綠衣炳煥棣蕚芬芳虞縳養堂莫能比與陛凱侯族才足矜誇而能屬意真筌靈衿道樹側聞往事載動信心

遂與屬國夫人敦琴瑟之情表金石之固同發誠願
結彼勝緣務捨珍財再重瑞相而乃磨礱文石陶埏
磚瓦起自戊午年秋初訖於己未歲冬首甃成雙塔
並建五層其制超今其高邁古事符感徵妙盡雕鏤
東則雄標峩峩樹嶽陽之善本西則晶熒赫赫表元
度之良因其第一層則儼列天人師于石像其第二
層已上則湧起千佛而于四方衆寶莊嚴五綵繪素
聳鐵輪而崒漢懸金鐸以鳴風臺類須彌狀侔阿育
晉代之高蹤不泯梁朝之餘烈重光懇切思之信可
徵矣若非公讚許詢前誌應讖啓後身則何得契彼
三生成茲萬善夫如是亦何必志公復出曇彥重來
舉而論之固其宜矣樹德之盛積善攸歸雅述徽猷
稱乎璣琰仁裹才蹤魯頌學媲游梁雖藻騰芳徒懷
鳥厭激波飛譽揭比魚躍誰謂飾揚罔遺荒墜詎讓
弗克黽勉何多雖銳意於枳園必貽譏於畫虎其詞
曰粤靈壇之穹崇兮肇多寶之踴見列阿育王之鬼
功兮示閻浮之神變禮一念之勤拳闢萬善之關鍵
由感應之不誣遂祖述之斯薦有許詢之曠達樂蕭

山之蔥蒨捐爽塏之華居聿莊嚴於秘殿營窣漠之
俄成慊相輪之未建忽中夜而飛來實衆目之咸見
冀後世之再逢俾眞風之重扇造梁朝於帝族封蕭
詧於禹甸問所適於誌公遍宿命於曇彥果弘誓於
疇昔襲洪因於周遍涓年代之屢遷念頹毀之誰援
誕明公於海嶽列羣辟於方面鼓琴瑟之克諧捨金
玉之靡倦樹雙標之聳拔表三生之勇健燦熠熠之
金容累層層之玉現振象教之罔細開龍華之方便
輾不退之法輪正無漏之高邈
惟天上兮人間受豐穀之弘願

覺苑寺在憂筆橋北齊建元二年江淹之子昭元捨宅建唐會昌中毀大中二年重建賜名昭圓祥符中避國諱改今額寺有大悲閣熙寧元年沈遼爲之記又作八分書寺額四字筆意極簡古閣後壁有昆陵

淑舜臣水戚以畫水名家此壁尤爲識者所貴并沈睿達文及書謂之三絶明嘉靖十三年寺毁於風雨二十一年僧懷璁重建大雄殿今畫壁慢滅張即之書江寺二字扁於山門

（宋沈遼）大悲閣記浙江南游其地名曰蕭山往來吳越之間者橫流而濟望錢塘與蕭山相爲歸焉方其人蹈風波不測之虞怵生死一時之命必有動於中者於是大雄之尊能仁之道有以勝焉覺苑寺大悲閣者沙門智源之所造也源爲其像工未半而入滅慧嚴繼之嚴爲像矣以其事死非命太原王承渙乃與緣廣謀其閣焉閣未就而廣與承渙皆卒於是中廢垂三年人不敢復祀而聖像委仆在地其閣爲墟矣天台教主榮上人早以其道爲人所鄉一日慨然將與之使門弟子允中尸其事且孱工而中又不幸説者莫不以其像爲不偶而上人獨拳拳不懈決信不疑

熙寧元年秋八月既往遂克終事大啓法席以落其成善哉紫金之相巍巍堂堂千手應現千眼光明其崇三丈六尺重構外周寶華相鮮厥容千具於是人人知是爲吉祥善事也其始小基近教院之法堂而上人之道場也大衆圍繞成相稱贊曰聖像多難師既成成之則是師道場傳于後以廕以熏其有能嗣師以教導人者則爲主不能嗣師者斥毋以私爲累自今爲始大衆曰善於是其徒走錢塘爲余言其始卒之致將刻之余欲以侈贊功德之盛會病未果姑叙其大方以俟他日云

明化寺在西興鎮後唐長興三年吳越文穆王建名化度院宋景德三年改賜今額宋陳益公重建明化接待院記本院乃唐安國禪師道場寶西兩浙往來一都會風濤阻者於茲憩焉接中更兵燹乾道三年雲僧德休相糜基而興之淳熙寶老揮衣鉢募衆緣獲田七百餘畝然土壤瘠薄歲入僅了科役繼者交病相率逃去堂寮鞠草

香積無烟僧不遑安於人奚望嘉定十四年慈覺大師宗明來自劍津探禹穴偶經斯寺發慈悲心作根囘力罄巳橐槖爲法棟梁增至高田餘六百畝越三年今丞相魯國公聞之曰嘻吾志也爾其爲山主人因大出餘金俾竟其事度土裁基鳩工伐木門廊廡觀不日而成獨正殿巨棟尚缺其二工師旁午茫然無措忽寺旁渾水閘現起處寸許視之則木引而栽之二棟天成徑圍尺度不爽毫末吁亦大異矣殿既成復建坊于前曰施水宗明諗于衆曰斯寺創于唐燬燼于兵革興于休與賓中又衰絕及是復新撥厥所元皆今大丞相圓成之力也衆曰善請以寺爲史晉國公府功德寺求誌其實余謂佛雖投身割肉以餧饑餓有所不靳矧興廢植僵獨今丞相現宰官身正法眼藏分粟布金了此一大因緣宗明心領意會慨然承嘗踵遺規而增大植勝果於將來寺成之後遂舉明化付越僧淨連畧無顧惜如孤雲出岫來非有意去亦何心

可書也巳

廣恩寺在玉峯山梁大同三年建名安禪寺隋大業十三年廢晉天福七年重建改保安院宋景德二年改廣惠禪院寺多勝槩名人皆留題其中寺西有會景亭（宋柳永詩）分得天一角纖成山四圍（吳處厚詩）坐禪庵邃雲爲屋會景亭高石作層（范仲淹詩）越中山水絶纖塵溪口風光步步新求取會稽藏拙去白雲深處亦行春（葉清臣詩）雲中老樹冷蕭蕭溪上僧歸倚畫橈誰爲秋風乘興去松窗先聽富陽潮（元絳詩）雲外軒窗切斗牛倏然山路亦生秋青山屈曲無重數拘束溪光欵欵流（錢彥遠詩）寺跨長溪山四圍松杉微徑盡莓苔門前潮上不須看常恐塵埃隨水來（刁約過寺贈躬師善寫眞詩二首）賞遍林泉去未能却來溪口訪巖僧爲觀遠景尤奇處更陟危亭最上層（又）雲吐前峯疑霈雨泉飛別澗旋凝氷酒容憔悴煩躬筆待結錢塘九老盟（唐詢題廣慈躬上

入房詩）溪口相傳地最靈其間風物與人清鐘聲夜到江頭盡雲氣朝從檻外生幾幅輕綃供畫筆一林修竹寄閒情閑門終日無塵事臥看南窗自晦明

淨土寺在淨土山唐開寶五年即舊善名寺遺址建名彌陀院宋太平興國七年改號淨土寺後山有塔每夜令行者募油錢燃燈至曉不滅江海道途之人望以爲號紹興中塔上燈至二更忽滅寺僧疑行者乾沒油錢問之左右答曰每夜至更盡時則有如人形一羣飛自西來啾啾呼噉集塔上燈即滅寺僧疑其言次夜自登塔伺之至更餘果見一羣約千餘人

來搶上各蘸油敷瘡僧直前問之衆叩首曰其等乃淮上陣亡卒也見三寶慧光乞油敷刀箭瘡痕即愈便可托生僧問此番托生何道衆軍作四隊前後應荅後世當生爲富貴人只得此燈油瘡痕平愈便超度矣僧由是多買油更益燈盞搶上每夜鬼衆仍集取油敷瘡半年漸少久之不復來矣明永樂初寺搶併廢

惠濟寺在鳳堰橋北俗謂曰竹林寺晉天福八年悟眞禪師即古崇寺址建名資國看經院宋大平興國七

年改賜惠通院宋理宗朝醫僧淨暹有功掖庭改賜今額其術至今傳之（明朱天球詩）聞說竹林宜避暑與客登之眞可人一觴一詠動高興且眠且坐方怡神紫竹成林色弄脆黃楊蟠地陰如春淵明不作虎溪笑千載蹤跡得成塵（王守仁詩）停車古寺竹林幽石壁烟霞瀧素秋趺坐觀心禪榻靜紫薇花上月華浮

諸暨大雄寺在城中寶長山麓也吳赤烏年間建梁通普聞改名法樂寺唐會昌五年廢大中二年復改報國後改今額寺中舊有琉璃井琉璃軒先照樓（宋汪藻詩）暑雨倦行役依投得禪關空堂納清風坐見香霏還積水共天遠高僧與雲閒傳聞扁舟人宿昔廬茲山建立風千載諸峯尚雲鬟嘗時大功成止在談咲間今豈無國士震遊一何難渴高望行朝小雨猶

斑斑（姚寬詩）解榻無凝塵雲房愜幽素清寒薄衾枕微涼散庭戶夢破流水聲鈎簾看山雨時與靜者居爲擬湯休句（元黃溍先照樓詩）初日團圓出海東陵晨先照冠高峯不知今日華嚴界樓閣先開第幾重

翠峯寺在大雄寺左亦長山麓唐天祐元年建初名淨觀院宋乾德三年改今額今廢相傳舊有藏經之殿四字唐皮日休所書殿後墨竹宋劉叔懷所畫又有范蠡祠鴟夷井俗云范蠡故宅也

永壽寺在金鷄山之北梁大同二年建名延壽寺唐會昌中廢咸通十五年重建名長壽後改今額相傳晉咸和中丹陽人高悝浦中獲一金像後有西域五

僧至理家云昔遊天竺得阿育王像至鄮藏河濱亭
感謂吾東遊爲公所獲理驚出像五僧見之放光及
寺立敕送像藏於寺〔宋王十朋詩〕一林春色自啼鳥兩岸夕陽容釣舟
寶壽寺在寶聚山唐大中間建初名壽聖後改今額
舊有來青閣涵碧亭又藏經之殿四字唐柳公權書
〔明翁溥詩〕山徑青蘿遶禪房翠壁深洞門春寂寂花
木曉陰陰看竹頻移屐臨泉細聽琴平生幽興極況
復對珠林〔錢德洪詩〕微雨山徑深連岡倚危壁登眺
出雲岑邐迤懸蘿薜古寺松檜陰山房梯凳側嘉朋
攸屢來晤言見良覿結念屬清樽情深動歡躍坎坎
鼓聲淵蹲蹲舞衣窄清讌發孤嘯峯芳塵寄瑶席雲散
不知還班荆坐月夕寧
知後來者相尋繼出迹

正覺寺在菩提山中柯公尖之南晉開運元年建初名菩提院後改今額寺周圍皆山惟前一徑屈曲通山麓水從峽中出跨峽一小橋橋旁有一指石一指點之即動以手力推則屹然峽內又有喝開石相傳舊有菩提樹生子必一百八顆宋陳平章詩六月泉聲戛玉寒周圍環遶畫圖間一橋鎖斷無窮景不放浮雲過別山

永福寺在光山中初名應國禪院唐會昌間廢晉天福七年重建內有梁武帝讀書臺硯水井

崇勝寺在寶掌山是千歲和尚結茅處唐貞觀十五

年建

五洩寺在五洩山中唐元和三年靈默禪師建名三學禪院咸通六年賜名五洩永安禪寺天祐三年改應乾禪院後改今額

青蓮寺在縣西十五里羣山中晉天福四年建初名碧泉院宋至道二年改今額後漸蕪明嘉靖中僧道林復建之隆慶六年駱給諫問禮寓其中修縣志後山名金輿岡右一峯高聳名嶽峯寺前三池名伏龍池山下小溪名潄雪溪

餘姚龍泉寺在龍泉山晉咸康二年建唐會昌五年廢大中五年重建咸通二年賜今額宋建炎間燬高宗南狩幸龍山賜金重建元至元十三年燬元貞改元重建有彌陀閣千佛閣蟠龍閣羅漢院上方寺中天院東禪院西禪院鎮國院喚仙亭更好亭龍泉亭自山麓至絕頂殿閣儼然背山面水爲一邑佳處寺額三字作歐陽率更體或云卽歐書未知然否虞世南王安石輩皆棲遲於此宋天子幸之今漸蕪廢所存者惟山門大雄殿中天院而已大雄殿爲習儀之

前殿後近構觀音閣　唐虞世南碑

昔軒轅之基表於大荒之野靈光之殿存乎曲阜之鄉然皆起滅不停苦空無我遺風餘跡尚或可觀况乎佛剎淨居金剛福地百靈之所扶持宜其踰億劫以永存歷三災而彌固者也龍泉寺者晉咸康二年縣民王陽及虞弘賓等之所建立二人以宿植之良因修未來之勝果爰舍淨財與斯福事雖宏壯未極而嚴淨有餘其地勢則憑峻嶺以爲墉縈長江其如帶乃於形勝之所式建方墳背巘而流亭然孤立譬崑峯之望均澤若圓嶠之泚滄溟棲眞之致莫與爲儔道場之建于茲二百年矣值梁室版蕩大盜潛移四海沸騰中外交亂其壯騎之所蹂陵戎馬之所轥轢燎原薙草邑無噍類遺玉堂金穴餘構莫存甲第高門尺椽皆盡淅河之佐尤鍾其弊于時禹川殷阜舉袂成帷雲棟風櫺彫甍綺閣皆散漫滌蕩萬不一存潤屋爲墟暴骸如莽家靡餘爨路無行跡唯此伽藍巋然不動清梵夜響和鈴且揚行人宴默風塵無警或有履峯介士彎弧劍客莫不釋戈免冑望崖頂

禮豈非慈悲幽賛功德名符能伏遏徵善和慤敵斯固三寶之力不可思議但自創立以來多歷年所時經理亂道或汙隆冬室夏堂亟多頹毁禪思或擾分衛罕周乃有淸信士女咸撒布帛隨時喜捨步影提樾資待無闕有仁慈焉有淨衆焉藉四部之護持起十方之回向低頭合掌並趣菩提彈指散花皆成妙道然佛法難逢人身易失傳火交謝念念不留閲水成川滔滔莫返寧可宴安巢幕共寢積薪沉溺蓋纏不求解脱實宜共出愛網同護法城修福不捐至誠必感大悲汲引義非虚説庶憑願力俱證道場是用鏤之金石咸題姓氏貽諸不朽乃作銘云正教既隱像法斯備柰苑祇林香城金地鳥跋連屬鷄飛相次像設間安斯爲佛事乃建靈堬係江之泳棟宇既修彤龕斯整登貝巖面壑棲雲倒景澹爾智留嶷焉仁靖方丈淨室四柱寶臺運遷時謝日往月來桂棟或朽蘭橑將摧珠幡掩色寶網凝埃篤以情信共弘利益或捨衣裘或傾粟帛造新葺故呈材獻石地擬金繩供同香積世諦虛假色相非真棲托壽樹迴環苦輪

惟我淨域，出要良津，勝業可久，㬎光日新。維大周天授三載壬辰八月壬午，虞南撰，布衣董尋書。嘉泰志云：世南止曰虞，荔避太宗諱。古禮卒哭乃諱，世南卒於太宗時，未嘗單名南，此碑蓋書者追去之也。紀元中天地日月字，從武氏所製。宋紹興更建，碑刻字俱從舊，獨篆額不存，用進士虞時憲筆，實永興公之裔云。唐孟浩然疾愈過龍泉寺呈易業二上人〔詩〕停午聞山鐘，起行散愁寂。尋林採芝去，谷轉松蘿密。傍見精舍開，長廊飯僧畢。石渠流雪水，金子耀霜橘。竹房思舊遊，過憩終永日。入洞窺石髓，傍崖采蜂蜜。日暝辭遠公，虎溪相送出。〔方干詩〕牛斗正齊羣水末，鳥行橫截衆山腰。路盤砌下兼穿竹，井在巖頭亦統湖。海岸四更看日出，石房三月任花燒。未能割得繁華去，難向此中甘寂寥。〔施肩吾贈龍泉洞塵上人詩〕八十山僧眼未昏，獨尋流水到窮源。自然共得龍神語，擬作茅庵住洞門。〔僧圓丘寄白雲師詩〕自從相約問寒溫，吟得詩成欲共論。山犬自驚行客過，幾迴風雨誤開門。〔又〕占得荒畦半畝餘，一犂春雨自耕鋤。偶然吟得梅花句旋折松枝就地書（元黃溍贈詞上人詩）舜江東下纖宫船幾聽潮聲往復還老去未知重到日夢中誰識舊遊山秋風飛錫來天外滄海遺珠出世間爲問兒童强健否龍門高絶許誰攀（明倪宗正登翠微房詩）雙鬟凌風亂雪迷白雲深處覓舟梯路經絶巘長松立門掩寒山翠竹低古洞天遥環珮杳清江日落鳳凰棲山僧報我梅花牖相引壺觴過礀西（徐渭詩）龍山蟋蟀幾千年半屬豪家半屬禪再過千年能有幾肯留一榻與僧眠（又）青山無主仗誰賒願得寛閒要種茶來此題詩便煎吃到頭依舊與僧家

白雲寺在四明鄉唐閩中高僧巘雲披荊而廬講餘白雲將時入戶晉開運間錫是名（宋王商翁詩）幽人何處住古寺白雲扃問路不知遠到山方覺勞半窻看竹石一枕聽松濤我亦清幽者烹茶讀楚騷

普濟寺在上林湖山之西麓俗謂之西山寺山勢廻

抱地師多稱之以爲可亞四明之天童唐大中元年普光法師建號上林院宋大中祥符元年改賜普濟院〔宋〕陳堯咨詩 山遶峯巒碧林疎葉葉紅凭闌對僧語如在畫圖中〔明〕岑觿詩 每憶蟠龍山上寺白雲深處布袍行長松萬箇似人立秋水一泓如鏡平抱子黄猿垂澗飲肅雛蒼隼護巢鳴千年故舊唯公在林下相逢眼倍明

普明寺在從山〔元〕黄溍記 餘姚江支流由州署之西磬折北出二十里所水踰堰而入後支爲兩又北行五里所有山隆然突起兩水間按郡志是曰松山或曰是蓋名從山從山者言衆峯離立水外東西拱揖其勢如相從山之南麓普明寺在焉僧法炬爲予言山之未有寺也里人陳氏居之有以身爲僧而以家爲寺者是爲文通法師山之初祖也寺建於唐天祐惟吾浮圖氏廟搶在人間興廢相尋

如瀝起電滅茲山之香灺燈炷闕幾成壞而不與刼俱化蓋吾祖之蒙被其胄胤者深且厚也然其言行於僧經佛史一無所登載所度五弟子亦莫之有聞焉獨近代夢菴華禪師爲山陰陸公遊方外交又幸隱不耀願有述俾後之人知吾徒所憑藉須予始至其處見其池深而木寒甍桷戶牖隱顯烟際意以爲此仙聖之宅必有化佛靈僧寓跡其間而渠言如此飛鴻印雪爪趾宛然固無俟予之擬諸形容也

積慶寺在獨溪湖之梅梁山宋史巖之功德院也清流當門景物頗幽勝寺前石碑宋理宗御書積慶教寺四大字上又作行書賜史巖之四字鈐以玉璽今後殿已廢惟正殿在四壁亦不完僧房十餘間別在溪邊而山十餘頃田三百餘畝僧猶享其利御書碑

今折爲兩段半埋草中

嚴之碑銘

惟南大嶽有師思大傳智者師提得三昧妙法云何比象蓮華圓頓深入眞淨不瑕燕于姚江象教流盪旋對鷲山西遊龍藏聚以成佛合掌入聖一念元關十方圓鏡相維燭湖嶠峯分秀赤城在東天姥殿右章奇現前太白東吳三乘八部僉習聖徒梅蘚龍根飛躍天禦風雨悲鳴復其本處衡昏未曉陰遨失道慧鑑慈鐙佛日霄杲神光絢發玉璞金精山中夜枕惕然震驚旃檀之林曰惟爾隣夜夢大士現宰宮身爾昧呂師惟慧惟覺盡契圓常得原極樂剏惟九峯飛雲相望聯言此山我潤之陽慨兮如存昔式斯藏相彼越人昔我攸牧梅在于闕梔在于輿珠瓔效異毫相絢耀璀璨承佩銀黃拂揚夕鐙晨香祝我睿明皇心載嘉賜迴下飾錫爾多慶徧于萬國法弃曇華三千大千臣拜稽首天子萬年天龍擁護以引以翼沙數有盡金堅無極寶祐四年四月吉日記張郎之書

明眞寺在靈源山東晉支遁許詢講道之所後唐長興元年建號四明院宋治平改賜今額元元貞至元間再新之（宋樓扶記）越多名山水經晉人遊覽處又輒不同過姚江而南村以許稱即元度所居里里有古道場道林許詢時嘗講經地二家金蘭逮今諸尚水雪坐靈源而鳴瞻一峯高入雲表作航海者指南舊號四明治平中賜今額寥寥數千載蹤照人昏危而不持鐘鼓幾於泯響嘉熙三年春日雲堂僉舉妙銛主斯席始至憮然日晉韻縱遠台宗其可墜乎廢興有時吾惟圖其新首倡以躬開之者咸用勸助願力宏固不數載化蕪礫爲寶所内外粲整凡教肄所當有皆種種畢完開門授徒法音演暢余善潛山僧文珦道所以然相與歎嘉余未識銛盍歸而語諸室廬宏矣器用備矣學者萃止擷其英而教育之毋徒爲觀美人傑地靈今無異昔安知不有風期高亮之士如林公者才藻新奇花爛映發十地虧

悟三乘愀然神駭不覺梵壢凌霄者作逝玩試譯厥旨淵乎與時艤棹問徑倚松斲泉清風明月悠悠我思又安知元度輩不在人間耶（明宋元僖序）吾鄉靈秘山物元七八所營有軒曰背翠曰逍遙有室曰觀樹有蓬曰雪蓬有閣曰怡雲曰西閣西閣之前有隙地植茶曰苦茶原植薇曰紫薇坡曰離卉木曰芭蕉亭閣之右偏有大沼瀦山泉而益竇垣下入溝溝廣四尺泉流湍而潔經閣前不絶通溝植蓮有小木梁跨其上曰白蓮港港之前有地可遊息曰垠玗塢塢之左偏有小屋可宴坐曰桐陰舍其流循舍下注石竇以出而瀦于垣外曰鷺池其曲曰鸂鶒灣殿閣池館皆齣其妙時海內兵興桴鼓之聲達于境內明眞當萬山之秀而物元營構之勝又可賞適故一時文人名士多避地于兹物元者名如阜精修梵行洪武四年以高僧徵至京館于天界寺無疾而逝

上虞等慈寺在城內梁天監二年邑人王圭捨宅建

曰化民院尋廢唐咸通元年復與後唐長興四年吳越王錢鏐更院爲寺宋大中祥符改今額今爲習儀之所明萬曆十三年縣令朱維藩重修

國慶寺在東山相傳謝氏故宅唐元和四年安禪師重建咸通九年賜今額有白雲明月二軒及無塵閣明嘉靖中俱燬於火餘姚謝氏捐貲再建寺後爲謝氏家廟〔宋李光詩〕永夜金莖下九天郊坰風物正淒然百年寶地空蕭瑟十里清江自接連局上笑談棋易勝坐中奇險句難聯定回老衲應相問淨社何時到白蓮〔陸游詩〕豈少名山宇宙間地因人勝說東山江橫銀練秋波淡峯削芙蓉翠嶂環別墅有棋莎緑緑斷碑無字蘚班班幾更梵宇勲名在不與

薔薇樓殘
奉國報恩寺在縣西南三十里唐光啓一年寺僧清永建其址在衆山中頗稱形勝或曰有龍穴焉寺之田山十九爲人所佔明萬曆十三年知縣朱維藩以僧詞往勘之見寺址尚存老僧依草麥間因斷復其田六十畝地六畝山八十畝仍許葺其寺

智果寺在縣東北十餘里後唐清泰初建名建福院宋大中祥符元年改今額（宋陳堯佐詩）蘿巖山下寺靜境絶過從芳草二三月碧雲千萬峯窗間鳴落日樓迥響踈鐘却恐重來晚庭前記偃松

瑞象寺在縣西南十五里舊爲古源院唐時燬于火晉天福六年吳越王復創開運四年吳越給額瑞象院宋紹定中華度陳文貴改建爲寺（明陳縉詩）竹徑連松圖山門近水濵野雲陪鶴影落日轉牛羣石乳蒼崖墮巖泉碧澗分潛天空有論姓字與誰聞

大嶽廣福寺在縣南六十里爲晉白道猷結菴之地唐清泰元年陳恩益等改建爲寺

廣教寺在縣西南四十里昔置官窑三十六所於此有官院故址在焉

嵊惠安寺在城中坐剡山南向不審創始初號般若

臺寺唐會昌中廢咸通八年重建改法華臺寺天祐四年吳越武肅王改典邑寺宋大中祥符元年改今額舊傳有獵士陳惠度射鹿此山鹿孕而傷産子死猶以舌舐之鹿母亦死惠度因棄弓矢投寺爲僧鹿死之處生草號鹿胎草舊錄云晉義熙二年西天竺國有高僧二人入金華師道深弟子竺法友授阿毘譚論一百二十卷甫一宿而誦通道深遂讚法友釋迦重典金光授記遂往剡東岬山復於剡山立般若臺寺是則始建寺者道深也高僧傳有竺潛法深嘗

居鄮山豈即其人歟十道志曰西臺寺今法臺寺是也陳惠度所立未審孰是舊有應天擔灌頂壇增勝堂幽遠菴元至元中寺廢明宣德中僧永寧重建景泰中僧巨源修應天擔并建山門寺有棲雲宿雲房弘治二年僧廣達建翠寒亭（唐張繼題灌頂壇詩）九燈傳象法七夜會龍華月靜金田廣幡搖銀漢斜香壇分地位寶印辨根牙試問因緣者淸溪無數沙（趙嘏早發法臺詩）暫息勞生樹色閒平明塵事又相關吟辭宿處烟霞去心負秋來水石閑竹戶半開鐘未絕松枝靜霽鶴初還明朝一倍堪惆悵回首塵中見此山（宋王銍題增勝堂詩）心是華嚴境圓機更善根一塵猶可見十勝不爲煩放鶴歸松徑呼猨開竹門妙高松頂住客到亦忘言（明張性寓惠安寺詩）溽暑蒸人勢莫禁偶來山寺

滌煩襟長松遶檻連三樹秀竹當簷恰半林斷續香烟凝佛座氤氳清氣透禪心老僧更喜能留客煮茗論情到夜深

實性寺在縣西三百步剡山之麓唐乾元中建號泰清院會昌中廢晉天福七年重建宋大中祥符元年改今額後歸併下鹿苑寺明永樂十一年復建弘治三年再修葺嘉靖初縣令呂章廢之周通判震遂佃爲宅已而悔焉萬曆二年復捐爲寺〔知府彭富實性寺興復記一統志嵊諸梵宇獨載實性寺以邑之官師於此習儀祝聖壽也寺創自唐年有賜田饒甚嘉靖中邑令呂章以私恚毀寺徙萬歲龍牌伽藍神像於下院三峯莊僧亦寓棲以供額稅然寺之名卽不可没而寺之隙

地爲鄉進士周君震佃而得焉遂治爲宅益買旁近地廣之居三十年矣周君後爲衡州别駕歸忽悔恨不樂謂其子庠生夢秀曰古人行一不義雖得天下而不爲也且晉唐名賢如王内史陸宣公皆捨宅爲寺予乃佃寺爲宅負不義之名吾寧塡死溝壑弗忍居於是矣汝必復之而平湖陸司寇五峯與周君同年厚善聞而義之數移書贊決會冢子今大理卿五臺先生自南容寄歸俸金以供甘旨公許捐金以助贖寺之廢田而歸之僧萬曆二年冬周君寢疾會其族父兄子弟而囑之曰吾願及見寺之復也吾待而瞑矣於是周生立以其宅并益買旁近地請復爲寺以狀來上余懼然嘉歎判而復之邑令朱君一柏即召寺僧法彰等還寺如故有異議者亍巡諸上官皆絀之周生既捨宅乃徙居他舍他舍敝陋人所不堪周生性以克成父善爲樂已而周庠二公皆即世大理公啓其父橐得向所遣俸金三十餘盡捐以贖寺田諸生佃田者聞大理公父子之義或受價或不受價或半價不浹辰而得田二十畝地四十五畝僧

於是乎始有香燈饘粥之費事具分守參政朱公案中余惟弘德以前士大夫無毀寺爲業者畏國憲而謹儒行也近世始有借口異端之闢以恣其利便之私周別駕君少年佃寺晚獨知非毅然改決於臨殆之頃有曾子輿易簀之義陸司寇公成人之美覩蘧大夫恥獨爲君子若合一轍二公之行事古之人哉大理公善承父志感動羣情周生蔓秀不忘父命自甘困若是皆足以敦厲末俗而障頹流者也乃詳記之屬新嵊令譚君禮勒之石

下鹿苑寺在剡源鄉宋元嘉二年建號靈鷲寺唐會昌中廢咸通十四年重建宋治平元年改下鹿苑寺山有龍潭潭泄水下爲飛瀑對瀑水爲玉虹亭有隱天閣（宋盧天驥登玉虹亭詩）饑鼯愁玃號窮冬層巒秀壁撑晴空閒拖小藤借餘力來看霜巖飛怒

虹小溪催呼老款段淪甖篝火烹團龍餘甘入口齒頰爽雨腋便欲生清風悠然千里墮眼界金篦刮膜開雙瞳乃知足力不到處別有天地生壺中國恩欲報已華髮征車未去先晨鐘玉川乘雲紫星家謫仙騎鯨河泊宮聊追二子歸

禹穴碧空轉首山重重

圓超寺在剡山之巔奉觀音大士號靈鷲庵宋大中祥符間改今額久廢明永樂十一年僧會法濟復建之半嶺有挾溪亭嶺側有俯山堂（宋王銍詩）松間清月佛前燈庵上危峯更上層犬吠一山秋夜靜敲門知有夜歸僧（明釋懷讓詩）香閣俯孤城登臨敞竹扃水流雙澗白烟散萬家清華雨迷蓮坐松陰護石界何嘗來借住重著息心銘

悟空寺在崇仁鄉周廣順元年建今廢（宋盧天驥詩）山在江城外

盡頭招提無處着清幽寒沉水底長畱月冷入天圍不剰秋村静不遺看鶴戸溪寒只受釣魚舟眼前佳事能如許恨不常爲隱地游

龍藏寺在靈芝鄉梁天監二年建號龍宫院有巨井深浚水色紺寒疑有蛟龍居焉又有老松如龍數百年物也唐李紳少嘗經游後領郡因新之復爲作文刻石以記今廢（李紳詩并序此寺摧毀積歲貞元十八年予爲布衣來遊有僧曰修眞自言居龍宫寺謂予言異日必當鎮此爲修此寺時以爲狂易之言不之應至元和三年予以前進士爲故薛平常侍招至越中此僧已卧疾使門人相告曩日所言必當鎮此修寺之托幸勿見忘僧言寺有靈祇相告爾予問疾已不能對及後符其言而詢其存殁則僧及門人悉殂謝召僧會眞以俸錢爲葺之累月

而畢以成其往願也（詩）銀地溪邊遇衲師笑將花雨指潛知定觀元度生前事不道靈山別後期真相有無因色界化成興滅在蓮基好令滄海龍宮子長護金人舊浴池（宋僧擇璘詩）弔古有心懷短李拂塵無力看豐碑李碑今不復存

新昌寶相寺在南明之陽東晉曇光開山齊永明中僧護嘗隱於此護始到夜聞鐘磬仙樂之音又時現佛像煒煌可駭由是啓願鑿百尺彌勒像像成端嚴偉特名聞中外其取異者像自石中鑿出今佛身之後石壁之上有自然圓暈如大車輪正當佛首而四方潤狹一同無毫釐差佛身高廣則咸平僧端辯嘗

記之云按劉勰舊記齊永明四年有浮屠氏厥號僧護嘗茲矢誓期三生躬造彌勒之像梁天監十二年二月始經營開鑿之洎畢龕高一十一丈廣七丈深五丈佛身通高十丈座廣五丈有六尺其面自髮際至頤長一丈八尺廣亦如之目長六尺三寸眉長七尺五寸耳長一丈二尺鼻長五尺三寸口廣六尺二寸從髮際至頂高一丈三尺指掌通長一丈二尺五寸廣六尺五寸足亦如之兩膝加趺相去四丈五尺壯麗殊特四八之相罔弗畢具天下鮮可比擬者後

梁開平中吳越王鏐賜錢八十萬貫造閣三層東西七間高一十五丈又出珍寶鉅萬建屋三百餘楹後鏐之孫俶又列二菩薩夾侍閣前身高七丈宋景德間邑人石湛鑄銅鐘一口董遂艮等捨錢百萬粧飾金像又詣闕請經一藏石氏又起轉經藏并寶殿以安之賜額寶相厥後侍像亦壞元元統二年僧普光更爲坐像二高六丈五尺又以銅絲爲網護于其前明永樂九年住持僧爾重建三門毘盧閣凡三層五楹高十三丈五尺正統中悉燬于火今惟僧房十數

開而已宋胡娛老石城春遊詩世亂英雄工逐鹿不
聞歆錫爲民福嗟嗟百年吳越國祇爲緇流
營土木石城寺甲浙之東塡坑跨谷塗青紅華榱碧
錯相疊重觀者如賦阿房宮年年二月春風裏遊人
拔宅來如蟻誰知五代亂離間乃祖當家愁似鬼典
兒鬻子若征輸笞榜叫囂無日虛而今雲礽醉歌舞
當時膏血
腥王府

興善寺在十都晉太康十一年西域僧幽閒建唐盧綸與
善寺後池詩隔窻棲白鳥似與鏡湖鄰月照何年樹
花逢幾世人岸莎青有路苔徑綠無塵願得依僧住
山中老此身

天姥寺在天姥山中周廣順元年僧德韶建旁有棱
台館上官及使客往來俱宿於此寺舊有額田二百

六十畝後漸爲豪强所侵明嘉靖十九年知縣何孟倫核正還寺三十年知縣卓爾鐫之石

院

府城内圓通妙智院在府東南三里會稽地宋開寶八年皮少卿文燦捨地建先是吳越王鏐患目疾醫禱弗效一夕夢美人以藥饋之愈鏐以爲神無何甬東人在海上以所得沉香觀音來獻鏐竦然曰此即前夕之美人也及文燦建寺因置觀音于其中號觀音院熙寧中太守趙抃奏爲祈禱之地賜額圓通宋高宗駐蹕宣賜御書金剛經板初有興福院併入

圓通或云圓通本典福之觀音懺堂後寖盛别爲院而典福日衰至無一僧乃併有之事之興廢有如此今院已久廢

會稽淨勝院在府城南二十里唐中和三年齊肇以其祖丞相抗書堂建號水雲塔院宋治平二年改今額按齊唐集有葺聖壽寺詩唐自注云初遠祖相國以所居石傘書堂建是院中間嘗爲聖壽寺矣今廢（齊唐詩）建中天子寄瀰綸築隱商巖舊業存麟筆有文藏冊府駟車流慶屬衡門金繩寶構新空界劍樹眞遊接九原藐矣諸孫愧前躅脫身仍謝北山猿

餘姚長慶院在梅川鄉唐長慶四年建號柯城道場院會昌間廢大中二年重建天祐六年吳越王改前額（明宋元僖詩）古寺歷塵刦空山見清秋木葉日夜落海氣東北浮滌煩慰微迹望遠增隱憂行吟厓礫間盛觀焉可求草露豈常濕巖雲應暫留轉思學仙者脫身事長游在世得自苦起滅同浮漚

隆慶院在上林僊居山梁大同元年建號上林院唐文德元年改僊居院宋大中祥符元年改賜前額俗謂之東山寺宋亡邑之縉紳羣至寺中哀麻哭臨元季兵興爲士者亦多避難於此（元岑安卿詩）東山景物吾州移蓬宮璀璨浮春輝過湖人騎白雪馬待客僧立青苔磯花邊舉杯酒一斗石上解衣松十圍最愛東岡老禪伯夜窗

爲我談

元機

新昌千佛院在石城山齊永明中建佛塔上有宋咸淳九年邑中鄉薦題名謝在杭佛塔題名記癸酉紹歲會稽八邑魁鄉薦登賢書者莫南明盛臈月三日揖髦俊燕鹿鳴是日也衣冠濟鏘頭角崢嶸躋彼公堂酌彼兕觥于以陳勸駕之章于以餞春官之裝既宴遂題名於古塔將相期千萃三魁之美而近天子之光也時同寅陪集者嚴陵徐德馨貿山戴嘉樵李孫謀猷古杭俞應僉南宮上客三十又四人書者各以齒序天台謝在杭記

庵

府城內蛾眉庵在縣東北一里蛾眉山上

清凉庵在龎公池南

小隱庵在山陰學前相國朱賡別業也　本朝康熙

三十年太學潘銘購之建爲庵

廣成庵在西門內北海坂康熙二十二年僧廣成建

以上隸山陰

五雲庵在都泗坊隸會稽

栴心庵在亭山之陰　本朝順治間邑人張世烇建

庵舊無名康熙五十四年知府俞卿題額

弘濟庵在謝墅小珠山名僧智尙之塔院也康熙三

十八年建外爲茶亭

玉笥庵在玉笥峯下　本朝順治初僧睿德自詢同

建

萬壽庵在鷲鼻峰之麓明萬曆中僧明寵建後燬

本朝康熙六年僧永覺重興德璿修之

龍德庵在天柱峯明萬曆中建高僧智陵德清重修

表勝庵在爐峯之陰舊有佛寺湮沒明萬曆三十五年里紳張汝霖重葺庵下有奇石攢爲蓮花峯折而上兩石峽對峙如門內有鷗虎軒矸閣冷香亭後改爲石屋禪院　本朝康熙初高僧智驤修其廢敗爲名藍

渡船庵在南堰門外有二船渡往來者淸流汪洋景頗佳

龍南庵在龜山南遼山東明嘉靖中天池高僧玉芝來謁王文成問道相契遂留於此結庵而居之俗呼新庵〔玉芝秋晚寓龍南山居詩〕小院開松塢溪深曲自通遠峯圍夕翠高樹著霜紅江屋催寒杵鄰燈急夜舂近聞滄海報尤喜息狼烽〔又〕駐錫千峯下高齋是燕居溪光搖霽席葉響墮寒墟作供鄰分米鎖閒客借書心空本無際誰復計寅初

龍潭庵在秦望山北俗呼龍王堂有龍潭禱雨輒應萬曆中僧圓朗重修境極幽勝

普濟庵在雷門鄉明萬曆中僧如曉建

會稽仙姑庵在禹山巔土人以祀鮑郴二仙姑

日鑄庵在日鑄山

妙高庵在陽明洞天之側明萬曆中僧道中建

六雪庵在郡城北二十里舊智慧庵也 本朝康熙中僧德嶠重建

廣福庵在郡城東十五里明萬曆中僧大化建後圮

本朝康熙間僧正中重興正中建庵外復積餘資於五雲昌安二門往來之所各搬茶亭以飲行者又置

田四十餘畝爲薪火資

普濟庵在郡城東十五里阜步之南　本朝順治初里人周應龍捨地建

蕭山先照庵在石巖山上宋紹興中建

陸墳庵在西山宋紹興中建

曹林庵在湘湖南宋咸淳中建　明洪鍾詩逶迤小徑入林間野寺蕭蕭枕碧山與客登臨且乘興浮生能得幾時閒　王守仁詩好山兼在水雲間如此湖須如此山素有卜居陽羨興此身爭是未能閒

施水庵在西興鎮宋寶慶中建

諸暨萬壽庵在橋亭側久廢　本朝康熙四十六年高僧德禧重建

新昌清虛庵在桃源觀西宋乾道間晦庵先生遊水濂還訪梁平叔同宿于庵（梁平叔詩）幽齋共坐論功夫借問先生識此無悟得此中眞妙訣人間姑信有仙壺（晦庵題來月軒詩）夜吟惟覺月來遲正憶先生獨坐時離緒幾多無着處不堪添氣入詩脾

半嶺庵在陳公嶺連嵊界明訓導呂華捨田四畝又孫唐石三姓捨田十五畝烹茶供往來者

法通庵在嶺頭嵊界道人金覺渭置田五畝亦爲茶

費

塔

上虞起鳳塔在縣東五里山上山是縣之巽峯明萬曆五年知縣林廷植建旁有庵三間

奎文塔在縣東二里縣東無山水直下而無砥柱士民請爲塔以障之明萬曆二年知縣林廷植始構兩層十二年朱維藩成之

紹興府志卷之二十三終